roro

Worum ging es bei der Finanzkrise noch mal genau? Was hat Griechenland damit zu tun? Und warum müssen wir jedes Mal zahlen? Kaum jemand blickt noch durch bei dem, was Banker, Manager und Politiker so treiben. Höchste Zeit, dass jemand auf unterhaltsame Weise Klarheit schafft. HG. Butzko hat sich für uns schlaugemacht: was Privathaushalt und Staatshaushalt gemeinsam haben, wieso Finanzgeschäfte Pokern ohne Einsatz sind und was wir von den Bergleuten über den richtigen Umgang mit der Kohle lernen können. Wirtschaft muss nicht öde sein!

«Butzko hat zu den besten Politkabarettisten aufgeschlossen.»
Süddeutsche Zeitung

«Herrlich frisch.»
Kölner Stadtanzeiger

«Ein Juwel.»
Basler Zeitung

HG. Butzko, 1965 in Gelsenkirchen geboren, macht seit fast fünfzehn Jahren politisches Kabarett. Er lebt in Düsseldorf.
Weitere Informationen unter *www.hgbutzko.de*

GELD
HG. BUTZKO ODER
LEBEN

**Eine Reise durch
den Wirtschaftswahnsinn**

Rowohlt Taschenbuch Verlag

2. Auflage August 2011

Originalausgabe
Veröffentlicht im Rowohlt Taschenbuch Verlag,
Reinbek bei Hamburg, August 2011
Copyright © 2011 by Rowohlt Verlag,
Reinbek bei Hamburg
Redaktion Jörg Erb
Umschlaggestaltung ZERO Werbeagentur, München
(Umschlagabbildungen: echtzeit.com; FinePic®, München;
Foto des Autors: Jü Walter)
Satz aus der Garth Graphic, InDesign, bei
Pinkuin Satz und Datentechnik, Berlin
Druck und Bindung Druckerei C. H. Beck, Nördlingen
Printed in Germany
ISBN 978 3 499 62738 5

MIX
Papier aus verantwor-
tungsvollen Quellen
FSC® C019821
www.fsc.org

Das für dieses Buch verwendete FSC®-zertifizierte Papier
Lux Cream liefert Stora Enso, Finnland.

Ein Banker ist ein Mensch,
der seinen Schirm verleiht,
wenn die Sonne scheint,
und ihn sofort zurückhaben will,
wenn es zu regnen beginnt.
Mark Twain

Die Börse funktioniert nur,
solange es mehr Aktien als Idioten gibt.
André Kostolany

Ich weiß nicht immer, wovon ich rede.
Aber ich weiß, dass ich recht habe.
Muhammad Ali

◢ INHALT

➤ **VORWORT**

Liebe Leserinnen und Leser,

ich weiß ja nicht, wie es Ihnen geht, aber fragen Sie sich nicht auch seit einiger Zeit: «Was ist denn hier los?» Und in der Tat, diese Frage ist berechtigt. Ich mache seit 1997 politisches Kabarett, und in all den Jahren habe ich mich mit Gestalten wie Helmut Kohl, Gerhard Schröder und Angela Merkel auseinandergesetzt. Bis es im Herbst 2008 zur Finanzkrise kam. Das war der Moment, in dem ich mich fragte: «Wenn du dich mit den Mächtigen beschäftigen willst, wieso hältst du dich dann mit Politikern auf?»

Das Problem dabei ist, dass ich von Finanz- und Wirtschaftsdingen so gut wie keine Ahnung habe. Alles, was ich darüber weiß, habe ich von meinem Großvater gelernt. Der war früher Bergmann in Gelsenkirchen und hat noch richtig unter Tage gearbeitet. Mit anderen Worten: Mein Opa wusste, wie man an Kohle kommt. Und abends in der Kneipe hat er seine Zeche auch immer bezahlt. Er wusste also außerdem, wie man eine Wirtschaft ohne Schulden hinterlässt. Mein Großvater hat mir damals zwei Dinge beigebracht:

➡ 1. Man soll das Fell des Bären nicht verkaufen, bevor man ihn erlegt hat.
➡ 2. Bäume wachsen nicht in den Himmel.

Auf gut Deutsch: Mit Einnahmen kalkulieren, die noch nicht auf dem Konto sind, funktioniert nur, wenn man Wachstum für unendlich hält. Und damit wäre unsere derzeitige Wirtschaftspolitik auch schon präzise auf den Punkt gebracht. Denn mal ehrlich: Endlos wachsen kann man nur im Winter seine Skier.

Die Resultate dieser Strategie können wir jedenfalls seit Jahren begeistert bestaunen. Was aber auch damit zusammenhängen könnte, dass ich nicht der Einzige bin, der von Wirtschaftsdingen keine Ahnung hat. Denn wie sagte Angela Merkel einmal? «Problematisch finde ich, dass wir Politiker ständig Dinge beschließen müssen, von denen wir nicht viel verstehen.» Na bitte, als hätten wir es nicht schon immer geahnt.

Also habe ich mich auf den Weg gemacht, herauszufinden, ob wenigstens ich etwas von diesen Dingen verstehen könnte. Eine folgenschwere Entscheidung. Denn um das Dickicht unserer Finanzen zu erforschen, musste ich Alterspyramiden besuchen, Schuldenberge besteigen, Luftschlösser besichtigen, in Abgründe blicken, Hintergründe beleuchten sowie diverse andere Ungeheuer- und Abenteuerlichkeiten aushalten. Vor allem befand ich mich plötzlich in einer ganz neuen Zeit von Wirtschaftswunder – nämlich einer Zeit, in der ich mich über unsere Wirtschaft wunder.

Um Ihnen davon zu berichten, habe ich dieses kleine Büchlein geschrieben. Es ist mit Sicherheit weder wissenschaftlich noch politisch korrekt – und mit noch größerer Sicherheit auch nicht vollständig. Aber alles, was ich Ihnen hier schildere, habe ich wirklich mit eigenen Augen so gesehen. Nichts davon ist frei erfunden, zumindest nicht alles, einiges eventuell schon. Was genau, weiß ich allerdings selber auch nicht mehr. So was passiert, wenn man eine Reise in den Wirtschaftswahnsinn macht. Außerdem sind zwischen

Abgabe des Skripts und Erscheinen dieses Buches 3 Monate vergangen. Genug Zeit für die Entscheider an den Hebeln der Wirtschaft, den Wahnsinn gehörig weiter voranzutreiben. Sollte sich also in der Zwischenzeit einiges von meinen Ausführungen längst überholt haben, beschweren Sie sich ruhig bei mir. Wenn die Wettervorhersage nicht zutrifft, heulen Sie ja auch nicht nachts den Mond an.

Viel Spaß wünscht Ihnen
Ihr HG. Butzko

,36	98,37	+1,01%		+0,99	108,80		75,90	109.345.500	13:49
50	112,55	+0,84%		+0,95	126,00		98,20	216.851.318	13:49
9	50,68	+0,81%		+0,41	51,09		38,00	12.069.089	13:4
7	28,56	+0,77%		+0,22	32,29		19,69	21.841.874	13:
	40,00	+0,61%		+0,25	51,56		36,02	101.469.718	13
	7,11	+0,61%		+0,04	8,31		4,13	54.102.028	1

↗ PRIVATWIRTSCHAFT

Odyssee im Geldraum

Wenn man alles Geld auf der Welt gleichmäßig unter allen
Menschen auf der Welt verteilen würde, hätte jeder eine
Million Euro – habe ich jedenfalls einmal so gehört. Es kann
aber auch sein, dass das gar nicht stimmt. Vermutlich ist es
weniger. Oder mehr? Oder vielleicht doch genau eine Million? Sie sehen, wie unanfechtbar wirtschaftswissenschaftliche Erkenntnisse sind.

Dabei ist es eigentlich ganz einfach. Ich will doch nur,
solange ich hier auf Erden bin, ein schönes Leben haben.
Ist das nicht alles, worum's geht? In die Sonne blinzeln,
den Wind auf der Haut spüren, einen Sternenhimmel bei
wolkenloser Nacht bewundern, klasse Musik hören, ein
spannendes Buch lesen, mit guten Freunden ein gutes Essen
genießen – und gelegentlich dem FC Bayern München beim
Verlieren zusehen. Herz, was brauchst du mehr?

Doch irgendwann kommt das Unvermeidliche, und ich
bekomme die neuesten Kontoauszüge meiner Bank. Und
wenn ich sie erst einmal in der Hand halte, dann lasse ich
mich auch nicht lumpen: Ich blättere sie einmal durch. Und
dann, wenn ich alle Auszüge durchgeblättert habe, was mache ich als Nächstes? Ich fange mit dem Blättern von vorne
an. Und warum mache ich das? Weil ich glaube, einen Aus-
zug irgendwie überblättert zu haben, nämlich den mit dem
höheren Wert auf der Haben-Seite. Und wissen Sie was? So

scheint es jedem zu gehen, ganz egal, wie hoch der Saldo am Ende ist. Da unterscheiden sich die großen Leuchten nicht von den kleinen Lichtern – Til Schweiger nicht von Christina Köhler.

Der Saldo ist immer zu niedrig, selbst wenn man als braver Bürger Monat für Monat all das gemacht hat, was die Regierung von einem erwartet: Man war produktiv und kreativ, hat gearbeitet, geschuftet, geackert und gerackert, hat sich eingebracht und mitgedacht, angepasst und mitgemacht, gejobbt, gemobbt, geschleimt, zusammengereimt, sich krummgelegt und verbogen, verleugnet und verlogen, mit Kompromissen kompromittiert, marginal optimiert und mental prostituiert. Aber egal, auf welchen Strich man auch gegangen ist, was unter selbigem übrig bleibt, sieht aus wie das Ergebnis eines Fünfjahresplans der DDR, nämlich voll im Soll.

Und es geht ja anscheinend nicht nur mir so. 70 Prozent der Deutschen besitzen am Gesamtvermögen im Land nur zehn Prozent, während zehn Prozent der Deutschen am Gesamtvermögen 60 Prozent besitzen – und 120 Prozent der Deutschen von Prozentrechnung keine Ahnung haben. Da fragt man sich doch: Wenn das Freiheit, Demokratie und Wohlstand sein sollen, warum fühlt sich das dann so häufig nach Stress, Depression und Burnout an? Wenn das alles so in Ordnung ist, warum hängen dann die Mundwinkel unserer Bundeskanzlerin bis zu ihren Kniekehlen runter? Nun, vielleicht weil sie mal wieder einen Blick auf unsere Finanzen geworfen hat. Da knirscht es nämlich an allen Ecken und Konten. Etliche Steuerschrauben sind locker. Während einige auf dem Börsenparkett das Finanzbein schwingen, schlucken andere bereits ihre letzten Kröten. Und bedroht vom schwarzen Haushaltsloch stellt sich die Frage: Haben die auf der Kommandobrücke noch alle Kassen im Schrank? Oder befindet man sich dort bereits in einem Paralleluniversum? Nach dem Motto: Der Geldraum – unendliche Pleiten!

Wie kann das sein? An mir kann's jedenfalls nicht liegen! Blicke ich auf meinen Kontoauszug, dann sehe ich nämlich, dass meine Regierung sich von meinen Einnahmen regelmäßig einen Teil einfach abzweigt. Und zwar nicht zu knapp, also nicht zu knapp für die Regierung, für mich schon. Einfach so, ohne mich zu fragen! Weil das so Gesetz ist. Für Steuern und ähnliche Dinge. Hallo? Ich meine, ich gebe ja gern. Und es wird ja auch dringend benötigt. Aber könnten die mich vielleicht bitte erst einmal fragen?

Bioroboter mit Systemabsturz

Das habe ich neulich auch dem Bundestagsabgeordneten meines Wahlkreises gesagt: «Lieber Herr Abgeordneter», habe ich zu dem gesagt, «Sie behalten Steuern von mir ein, ohne mich zu fragen. Weil das so Gesetz ist. Bei Sachen wie Waschmaschinenkauf, Theaterabo, Taubenzuchtverein oder Ähnlichem muss ich vorher etwas unterschreiben – einen Vertrag, einen Aufnahmeantrag, zumindest aber eine Vereinbarung. Selbst, wenn ich bei einer ganz normalen Bank ein ganz normales Girokonto eröffnen will, muss ich etwas unterschreiben, nämlich, dass die ‹Allgemeinen Geschäftsbedingungen› dieser Bank von mir anerkannt und akzeptiert werden. Also, lieber Herr Bundestagsabgeordneter, zeigen Sie mir doch bitte einmal die von mir unterschriebene Einverständniserklärung, dass ich bei Ihren Gesetzen überhaupt mitmachen will!»

Da hätten Sie sein Gestammel erleben müssen. Aus einem Menschen mit Parteigehorsam wurde plötzlich ein Bioroboter mit Systemabsturz. Probieren Sie das mal selber aus. Sie sind doch inzwischen Wutbürger. Also los! Gehen Sie beim nächsten Wahlkampf einfach mal an die Wahlstände aller Parteien, und dann stellen Sie an jedem Stand die Frage: «Wo habe ich eigentlich unterschrieben, dass ich das alles so mitmachen muss?»

Spätestens dann wissen Sie, warum ein Abgeordneter eigentlich Abgeordneter heißt. Das ist nämlich jemand, mit dem auf dem Schulhof früher niemand spielen wollte. Denn die Steigerung von abgelehnt, abgewiesen, abgeheftet hat als Superlativ: abgeordnet. Und vermutlich aus Rache dafür ziehen die uns heute einfach von unseren Einnahmen etwas ab. Weil wir damals nicht mit denen spielen wollten, spielen die dafür jetzt mit unserm Geld. Zur Strafe. Wenn sie wenigstens damit zum Therapeuten gehen würden. Aber selbst der hat wahrscheinlich Angst vor denen.

Selig ist der Steuerzahler

Und weil der Staat ungefragt Steuern erhebt, hat man als Steuerzahler im Grunde nur zwei Möglichkeiten:

➡ 1. Man kann das alles einfach hinnehmen und nichts daran ändern.
➡ 2. Man kann anfangen, sich für die Zusammenhänge zu interessieren, die Hintergründe zu erforschen, die Strukturen zu durchleuchten – und dann genauso wenig daran ändern.

Wobei Letzteres natürlich erst einmal nur für die Lohnsteuerzahler gilt. Denn deren Abgaben werden von der Regierung praktischerweise einfach gleich einbehalten. Deswegen heißt diese Steuer ja auch Lohnsteuer, weil sich für deren

Zahler ein Gegensteuern kaum lohnt. Wohingegen die Zahler von Einkommensteuer sehr wohl etwas ändern können, und zwar durch eine Steuererklärung, in Fachkreisen auch «kreative Buchführung» genannt. Darin kann man beispielsweise das Parfüm für die Gattin zum Werbegeschenk erklären, die private Taxifahrt als Dienstreise absetzen oder gleich sein komplettes Vermögen nach Liechtenstein.

Und weil das so ist, gibt es einen Unterschied zwischen brutto und netto, zwischen «vor Steuern» und «Nachsehen». Letzteres hat man, wenn die Regierung Steuerzahlungen verlangt – was ja überwiegend normal ist. Richtig super wird es, wenn man das zu entrichten hat, was sich «Nachträgliche Vorauszahlungen» nennt. Wer diesen Begriff erfunden hat, gehört allein dafür sechs Monate in die Beschwerdestelle eines Finanzamtes eingesperrt – und zwar ohne Ohropax. Dabei sind Nachträgliche Vorauszahlungen etwas, das früher oder später jedem blüht, der selbständig ist. Es ist schon gemein: Gestern hast du noch unschuldig im Sandkasten gespielt, und plötzlich will man Geld von dir. Aber keine Angst. Beim ersten Mal, da tut's noch weh, danach tut's dann noch schlimmer weh.

So kann es nämlich durchaus passieren, dass man zum Beispiel im Jahr 2009 tatsächlich Geld verdient und dies im darauffolgenden Jahr dem Finanzamt auch erklärt. Schwups kommt ein Beamter daher und sagt: «Sehr geehrter Herr Butzko, hiermit unterstelle ich Ihnen, dass es im Jahr 2010 bestimmt genauso gut gelaufen ist.» Und das finde ich wirklich interessant, denn ich kann mich nicht daran erinnern, auch für 2010 bereits eine Steuererklärung abgegeben zu haben. Ich weiß zwar nicht, wieso meine Regierung mir plötzlich so viel zutraut, aber aufgrund dieser Unterstellung fordert das Finanzamt ganz legal, dass ich für 2010 dieselbe Summe an Steuern abdrücke wie für 2009. Und zwar sofort. Sind

Unterstellungen, wenn sie böswillig sind, nicht eigentlich verboten? Spätestens jetzt kann ich gut verstehen, warum Finanzbeamte froh sind, dass der Privatbesitz von Schusswaffen in Deutschland weitestgehend verboten ist.

Denn es kommt noch viel doller, nämlich dann, wenn das Finanzamt aufgrund all meiner bisherigen Zahlungen jetzt außerdem noch schätzt, wie viel Geld ich in den kommenden 12 Monaten wohl verdienen werde. Wie kommen die auf so was? Früher wurden Subjekte, die sich als Seher anpriesen, mit einem Gewicht an den Füßen in den See geworfen – eine hübsche Sitte, die leider völlig zu Unrecht in Vergessenheit geraten ist, denn mein Finanzamt übt das Sehertum weiterhin aus. Und aufgrund seiner Vermutungen kassiert es bereits heute – also jetzt und sofort – dafür gleich noch mal Steuern. Da bekommt der Begriff «Wertschätzung» eine völlig neue Bedeutung.

Mit anderen Worten: Ich zahle plötzlich sämtliche Steuern für die Jahre 2009, 2010 und 2011 auf einmal. Und wer dieses Spielchen mit dem Fiskus schon einmal mitspielen musste, weiß aus eigener Erfahrung, dass da innerhalb kürzester Zeit ein Tsunami von Zahlungsforderungen auf einen zukommt, weswegen die Regierung auch ganz begeistert war von der Idee, dass die Bürger in Zukunft ihre Steuererklärungen nur noch alle 2 Jahre einzureichen brauchen. Warum? Damit man gleich richtig absäuft. Und bei aller Solidarität mit Lohnempfängern und Geringverdienern, die jetzt vielleicht denken: «Solche Probleme möchte ich haben» – ich verspreche Ihnen: Nein, das möchten Sie nicht!

Einmal Rente süßsauer

Auf meinem Kontoauszug tauchen noch weitere Abzüge auf, zum Beispiel die für die Rente. Der Begriff ist abgeleitet von dem Wort «rentabel»: Das ist englisch und heißt übersetzt: «Miete eine Glocke». Das mag sich zunächst schwachsinnig anhören, ergibt aber durchaus einen Sinn: Spätestens nach 50 Jahren hört man nämlich die Alarmglocken läuten. Und zwar an dem Tag, an dem man auf seinem Kontoauszug die Summe entdeckt, die man als Rente erhält. Wenn man diesen Betrag mit den dann aktuellen Preisen vergleicht, erinnert dieser Klingelton stark an «Hells Bells».

Jeder einzelne Euro, den ich heute in die Rentenkasse einzahle, hat aufgrund der Inflation nach 50 Jahren nur noch die Kaufkraft von 25 Cent. Wahnsinn, oder? Und das hat nicht einmal etwas mit Demographie und Bevölkerungszahlen zu tun, hier geht es um den ganz normalen Kaufkraftverlust. Der Betrag auf dem Rentenbescheid mag aus heutiger Sicht noch beachtlich erscheinen, aber die Brötchen, die man sich davon in Zukunft leisten kann, werden mit der Haftcreme um den Platz zwischen den dritten Zähnen erbittert konkurrieren.

Ist das nicht schön? Da macht man 50 Jahre lang alles mit, was die Regierung von einem erwartet, um am Ende eines langen Arbeitslebens keinen einzigen verantwortlichen Politiker mehr zu finden, dem man nur mal so zum Dank mit dem nackten Arsch ins Gesicht springen könnte. Kennen Sie beispielsweise noch Norbert Blüm, besser bekannt als «der laufende Meter der CDU»? Norbert Blüm ist unter anderem auch Träger des Ordens wider den tierischen Ernst und Träger des Karl-Valentin-Ordens. Die hat er wahrscheinlich bekommen, weil er es als Einziger die vollen 16 Jahre als Minister unter Kanzler Helmut Kohl ausgehalten hat. Vielleicht ist aber auch sein berühmtes Mantra dafür verantwortlich gewesen: «Die Rente ist sicher.» Kein Wunder, dass der Mann auch noch den Münchhausen-Orden erhielt. Das ist kein Witz. Kurz darauf machte der Langzeitminister übrigens richtiges Kabarett. Und zwar zusammen mit Peter Sodann; auch das ist kein Witz. Als Arbeitsminister hat Blüm offenbar einmal die Pointe vergessen. Er hätte sagen müssen: «Die Rente ist sicher zu wenig, als man zum Leben braucht.» Und das ist leider erst recht kein Witz.

Die Alten lasten

Haben Sie auch schon einmal diesen Brief von der Deutschen Rentenversicherung erhalten, worin Ihnen dargelegt wird, was Sie am Ende Ihres Arbeitslebens an Rente zu erwarten haben? Ich habe den neulich erst bekommen. Nachdem ich ihn durchgelesen hatte, dachte ich: «Ich zieh durch wie Johannes Heesters.» Da stand nämlich drin: «Sehr geehrter Herr Butzko, vor 20 Jahren haben Sie angefangen in die Rentenkasse einzuzahlen. Wenn Sie heute (im Alter von 40 Jahren) in Rente gehen würden, dann bekämen Sie einen monatlichen Betrag von ...» Und dann stand da ein Betrag. Und dann habe ich den Betrag mit dem verglichen, den ich zurzeit monatlich für meine Miete aufbringen muss. Und dann dachte ich: Andersrum würde es gehen.

Damit aber nicht genug, denn als Nächstes stand in diesem Brief von der Rentenversicherung ein weiterer Satz, und der lautete: «Wenn Sie auf diesem Niveau die nächsten 27 Jahre weiterhin Beiträge einzahlen, dann erhalten Sie mit 67 eine Rente von ...» Und dann stand da wieder ein Betrag. Da habe ich mir nur noch gedacht: Hoffentlich schicken die mir, wenn es so weit ist, den Bescheid auf Esspapier zu, damit ich wenigstens noch einmal feste Nahrung zu mir nehmen kann. Ich schwöre, sollte mir an diesem noch fernen Tag zufällig Norbert Blüm über den Weg laufen, dann drücke ich dem eine komplette Monatsrente von mir einfach in die Hand und sage: «Da, Nobby, ich spendier dir einen Fallschirmsprung.»

Als ich dann weiterhin noch erfahren durfte, dass in zirka 25 Jahren auf einen Rentenbeitragszahler ungefähr fünf Rentenempfänger kommen, da bemerkte ich, dass erstens der Begriff «Altlasten» spätestens dann eine völlig neue Bedeutung kriegt und dass zweitens das Bundesverfassungsgericht anscheinend nicht mal ansatzweise Bedenken gegen unser Rentensystem hat, obwohl doch Kettenbriefe und Pyramidenspiele in Deutschland eigentlich verboten sind.

Am deutschen Gesundheitswesen soll die Welt genesen

Aber das ist längst nicht alles. Da wird ja noch mehr von meinem Konto abgezogen, es gibt ja schließlich noch Krankenkassen. Also die, die es noch gibt. Und die bekommen auch Geld von mir. Das wird ebenfalls gleich automatisch abgezogen, wenn man gesetzlich krankenversichert ist. Ich bin gesetzlich krankenversichert. Und in einer gesetzlichen Krankenkasse bekommt man wirklich was geboten fürs Geld. Nicht unbedingt Leistung, aber Entertainment. Hier eine kleine Geschichte – ist zwar schon ein paar Jährchen her, bleibt aber trotzdem ein schönes Beispiel.

Vor einiger Zeit litt ich an einem Bandscheibenvorfall. Nichts Schlimmes, musste nur operiert werden. Sie kennen den Unterschied zwischen Jesus und mir? Jesus war erst bei Pontius Pilatus und dann am Kreuz. Ich hatte es erst am Kreuz und rannte dann von Pontius bis zu Pilatus. Fast jeder

Patient hat vermutlich schon einmal diese Geldbeschaffungs-Safaris für die Apparatefinanzierung der Schulmedizin mitgemacht. Irgendwann hat man davon die Schnauze voll und probiert es bei Heilpraktikern und Homöopathen. Wenn es aber sämtlichen alternativen Methoden, wie etwa Rolfing, Aquabalancing, Akupunkturing und Hot-Bath-Taking nicht gelingt, die Bandscheibe zwischen die Wirbel zurückzuquetschen, kommt der Moment, da kriecht man auf allen vieren dem OP-Messer entgegen und fleht den Chirurgen nur noch wimmernd an: «Mach et Otze!»

In meinem Fall sah ich in die trübglasigen Augen eines Arztes, der wohl seit längerer Zeit Stammgast einer Bar, nämlich der «Scheinbar Desillusioniert», war und mir lakonisch beschrieb, wie er mir erst den Rücken aufschnibbelt und dann – «nicht ganz ungefährlich» – um die Wirbelsäule herum weiterkratzt, um schließlich die vorgefallene Bandscheibe abzurasieren. Mit Krankenhausaufenthalt und anschließender Reha: drei Monate Arbeitsunfähigkeit, bei Narbenbildung an der Bandscheibe unter Umständen auch länger – im ungünstigsten Fall zuzüglich einer Nach-OP. Ich war begeistert.

Und fast hätte ich zugesagt, hätte ich nicht einen Tipp bekommen für eine minimalinvasive OP-Methode: um zwölf Uhr krumm und bucklig in die Klinik rein, vier Stunden später, 16 Uhr, frisch operiert und kerzengerade wieder aus der Klinik raus. Dazwischen lokal betäubt, winziges Löchlein im Rücken, Narbenbildung so gut wie ausgeschlossen. Und jetzt kommt's: arbeitsfähig nach 48 Stunden (!) bei gleichzeitig einsetzender Reha. Kostet halt nur etwas mehr als die herkömmliche Technik.

So, und jetzt raten Sie mal, welche der beiden Methoden meine gesetzliche Krankenkasse bezahlen wollte und welche nicht – und mit welcher Begründung. Und warum sie nicht mal den Mindestbetrag erstatten wollte, den die billigere Methode gekostet hätte. Dass ein solches System übrigens Gesundheitswesen genannt wird, trifft die Sache fast auf den Punkt. Es fehlt nur die Silbe «ver» zwischen «Gesundheit» und «wesen».

Noch mehr lernt man über dieses System, wenn man erfährt, dass 70 Prozent aller Ärzte genau dieselben Maßnahmen, die sie ihren Patienten verordnen, bei sich selbst auf gar keinen Fall anwenden würden. Was ungefähr so ist, als würden drei von vier Piloten kein Flugzeug besteigen, wenn sie wüssten, dass sie selber am Steuer sitzen. Aber wen wundert das, wenn man darüber hinaus erfährt, dass in Deutschland jedes Jahr rund 15000 Menschen durch falsche Medikamentierung sterben. Das sind doppelt so viele, wie im Straßenverkehr ums Leben kommen – und da wurden aber schon die mitgezählt, die von Ärzten überfahren wurden.

PKV = Peinliche Kassen Versagen

Und daran ändert sich übrigens auch nichts, wenn Sie privat krankenversichert sind. Zugegeben, einen Unterschied gibt es schon, und der besteht darin, dass Ihre private Krankenkasse (PKV) nicht nur alles bezahlt, was Sie wollen, sondern auch all das, was der Arzt sonst noch an Ihnen verdienen möchte. Dafür zahlen Sie aber in die private Kasse mehr ein als in die gesetzliche. Und zwar vor allem dann, wenn Sie in Rente gehen. Und nicht nur mehr als die Rentner in der gesetzlichen, sondern auch mehr, als man Ihnen in der privaten versprochen hatte, bevor Sie Rentner wurden. Dumm gelaufen, oder?

Der Grund dafür liegt in dem genialen Konzept der privaten Kassen. Das ist wirklich super. Es funktioniert nämlich so, dass der privat Versicherte in jungen Jahren mehr einzahlt, als er die Kasse kostet. Das klingt gemein, ist es auch. Weil nämlich die Versicherung diesen Überschuss am Kapitalmarkt anlegt – oder sagen wir lieber: riskiert. Denn Sie kennen ja den Kapitalmarkt. Das ist der Markt, der 2008 wegen diverser «Subprime-Kredite» fast implodiert wäre. Und mit den Gewinnen aus diesem Kapitalmarkt werden die Mehrkosten eines Patienten finanziert, wenn er alt geworden ist. Genial!

Dumm ist nur, wenn die Kasse plötzlich – aber so was von überraschend und aus gänzlich heiterem Himmel – herausfindet, dass diese Rendite für die Kosten im Alter inzwischen nicht mehr ausreicht. Wie konnte es nur dazu kommen?

➡ 1. Weil der medizinische Fortschritt immer teurer und teurer wird.

➡ 2. Weil selbst die Menschen in privaten Krankenversicherungen älter und älter werden – wer hätte denn so etwas ahnen können?

➡ 3. Kommt dann noch eine Finanzkrise hinzu, und die Zinsen bewegen sich nicht in den Sphären, die zur Aufrechterhaltung dieses Gebildes zwingend notwendig sind, findet man sich unversehens in einem Teufelskreis wieder, der selbst Marilyn Manson auf einen Horrortrip schicken würde.

Denn erhöht man jetzt als Gegenmaßnahme die Beiträge für die jüngeren Jahre, schreckt man neue Mitglieder ab. Sinkt aber die Zahl der jungen Mitglieder, steht die private Krankenkasse vor der Insolvenz. Will man also nicht bereits bei den jüngeren Versicherten höhere Beiträge fordern, so hat man nur noch eine Möglichkeit: Man muss wohl oder übel die Beiträge im Alter erhöhen. Und zack, hastenichgesehen, zahlen Sie im Alter in Ihre private Krankenkasse höhere Beiträge ein als ursprünglich vorgesehen. Und dann zahlen und zahlen und zahlen Sie. Was aber kein Problem ist, denn Wissenschaftler haben festgestellt, dass der Mensch mit steigendem Alter immer leistungsfähiger, produktiver und reicher wird. Anschließend haben sich diese Wissenschaftler ihren Scheck bei den privaten Krankenkassen abgeholt.

Aber was will man machen? Wenn's Geld nicht reicht, muss man eben die Beitragsdauer erhöhen. Irgendwann kommt dann bestimmt der Moment, in dem Sie sich fragen: Warum habe ich Idiot bloß die Gesetzliche verlassen?

Mietest du noch, oder wohnst du schon?

Aber auch damit ist es noch nicht genug. Denn wenn ich jetzt meine Kontoauszüge weiter durchblättere, entdecke ich eine weitere Summe, die mir abgebucht wird. Ich will es mal so formulieren: Warum zahle ich als Mieter jemand anderem eigentlich die Raten für dessen Immobilienkredit ab?

In der TV-Sendung «mieten, kaufen, wohnen» wurde mal ein schönes Fallbeispiel gezeigt, wie unser kapitalistisches System funktioniert. Eine Dame, alleinstehend und in fortgeschrittenem Alter, entdeckt, dass auf der anderen Straßenseite ihr Traumhaus mit Gartengrundstück zum Verkauf angeboten wird. Also geht sie zu einem Immobilienmakler und erklärt ihm, dass sie außer einer mickrigen Rente kein Eigenkapital besitzt, aber unbedingt in diesem Haus wohnen will. «Kein Problem», sagt der Immobilienmakler und erklärt der Dame einen phantastischen Plan. Sie soll zwei Kredite aufnehmen. Einen für das Einfamilienhaus mit Grundstück gegenüber und einen zweiten für ein 12-Parteien-Mietshaus, das er außerdem im Angebot hat. Und jetzt kommt's: Die

Mieteinnahmen aus dem Mehrfamilienhaus finanzieren beide Kredite! Ich weiß auch nicht, wie das geht, aber es funktioniert. Jetzt arbeiten zwölf Familien dafür, dass eine alte Dame ihren Arsch in ihrem neuen Garten in die Sonne legen kann. Ist das Leben nicht schön?

Man fragt sich, warum das eigentlich nicht alle so machen. Ja, das ist wirklich eine gute Frage. Fragen Sie sich doch mal: Und wenn das nun alle machen würden? Die Antwort gibt es im Kapitel über den Ausbruch der Finanzkrise. Oder mit anderen Worten: Unser System funktioniert nun mal nicht mit Gleichmacherei. Es funktioniert nur, solange es genug Deppen gibt, die den Cleveren ihr Cleversein bezahlen.

Voll im Soll – Mit Laune am Limit

Wenn wir schon dabei sind, auf den Kontoauszug zu blicken, dann entdecken wir da noch weitere Abzüge, zum Beispiel für Strom, Heizung, Wasser, Gas, Öl, Telefon, Internet, Auto, öffentliche Verkehrsmittel, Lebensmittel und Rauschmittel – also legale natürlich, die illegalen werden ja bar bezahlt. Und wenn man das alles zusammenzählt, wie viel ist dann noch übrig? Haben Sie da jetzt eine Zahl ermittelt? Gut, und von dieser Summe ziehen Sie jetzt noch Ausgaben für Hobby, Urlaub und Freizeitgestaltung ab. Wie bitte? Das ist auch noch möglich? Wow, Sie Besserverdiener! Okay! Wenn Sie das aber auch abgezogen haben, wie viel haben Sie jetzt noch übrig? Immer noch was? Soso! Dann wird es jetzt aber höchste Zeit, dass Sie aufhören, in diesem Buch nur rumzublättern, statt zur Kasse zu gehen und es zu kaufen. Schließlich habe ich in diesem Jahr erst dreimal Urlaub gemacht, und irgendwann muss ich mich ja auch mal erholen.

Angesichts all dieser Verpflichtungen ist es dann aber auch nicht mehr verwunderlich, wenn man erfährt, dass in Deutschland jedes Jahr zirka 100 000 Privathaushalte von der Insolvenz bedroht sind – Hunderttausende andere haben das schon hinter sich. 100 000 Haushalte! Zahlungsunfähig. Pleite. Ohne Hoffnung und Perspektive. Das sind ungefähr 300 000 Menschen. Das ist eine komplette Stadt, wie Mannheim zum Beispiel. Und wer Mannheim einmal besucht hat, kann den Eindruck gewinnen, dass diese 300 000 auch alle in Mannheim leben. (Aber keine Sorge, liebe Mannheimer, nächstes Jahr ist dann Bonn dran. Und das Jahr darauf dann Wiesbaden. Wo soll das alles enden? Gut, in Wuppertal. Hat also auch Vorteile.)

Der Gang an die eigene Börse

Und so stehe ich dann am Monatsende da, in der einen Hand den Kontoauszug, in der anderen Hand die Krankenkassenbeiträge – und in der dritten Hand den Rentenbescheid. Und dann frage ich mich, warum ich eigentlich kein Geld übrig habe, um mir Sebastian Vettel als Chauffeur einstellen zu können. Gut, tröste ich mich dann, weil ich ja im Auto nicht ständig über der Kotztüte hängen will.

Ach, es ist schon zu blöd, dass ich von Wirtschaft keine Ahnung habe! Obwohl ich ja eine Ich-AG bin. Sogar mit Aufsichtsrat. Und wenn ich sie (!) dann frage: «Meine liebe Aufsichtsratsvorsitzende, warum waren unsere Ausgaben letzten Monat höher als unsere Einnahmen?», dann höre ich ihre liebliche Stimme anmutig antworten: «Höhere Gewalt!» Hm, wirklich blöd, dass ich von Wirtschaft keine Ahnung habe.

Hätte ich nämlich Ahnung, dann wüsste ich zum Beispiel vom optimalen Marketingmix betreffend «product, price promotion and placement» sowie vom «perspective personal processing» und «physical surrounding» im «investigations controlling» für das «optimal balancing» zwischen «shareholder value» und «stakeholder interests» beim «corporate governance» im «information management». Oder auf gut Deutsch: «Jedes Unternehmen möchte möglichst viel Geld einnehmen und möglichst wenig ausgeben. Sonst wär's kein Unternehmen. Sonst wäre es eine Ehe.» Klingt dann nur halt nicht mehr so blendend.

Was genau ist der Unterschied zwischen einem Unternehmen und einer Ehe? Der Anfang. Ein Unternehmen wird eröffnet, eine Ehe geschlossen. Hm, wer hätte das geahnt? Damit wird übrigens klar, wie so manche Ehe zustande gekommen sein muss: Der Mann glaubte, er ginge aufs Standesamt, um mit der Frau dort Schluss zu machen – ein fataler Irrtum.

Wenn ein Unternehmen Schluss macht, dann nicht am Standesamt, sondern am Standort. Und als Begründung hört man immer den Satz, dass der Standort keine Zukunft mehr habe. Was aber auch nicht wirklich überrascht. Denn dass außer einer Vergangenheit nichts mehr übrig bleibt, steckt ja schon im Wort drin. Schließlich heißt es «Stand»- und nicht «Wird-stehen-Ort». Ein Umstand, an den Sie sich übrigens erinnern sollten, wenn mal wieder ein Politiker einen Standpunkt einnimmt.

Denn was haben eine Ehe, ein Unternehmen und ein Politiker gemeinsam? Antwort: Eine gewisse Tendenz zur Untreue. Was aber ist der Unterschied zwischen einer Ehe, einem Unternehmen und einem Politiker? Antwort: Ein Ehepartner weiß meistens noch, dass ein Betrug sich nicht gehört. Ein Unternehmer weiß meistens noch, wem ein Betrag noch nicht gehört. Und ein Politiker weiß meistens nicht, wie viel denn der Betrag noch mal betrug.

Wirklich blöd, dass ich von Wirtschaft keine Ahnung hab. Sonst wüsste ich nämlich: Wenn man alles Geld auf der Welt gleichmäßig unter allen Menschen auf der Welt verteilen würde, hätte jeder eine Million Euro. So weit, so bekannt. Aber schon eine halbe Stunde später wären die ersten Personen bereits wieder total pleite. Der Hammer, oder? Und was soll ich sagen, eine davon kenne ich. Ich will es mal so formulieren: Sollte ich jemals eine Million Euro erhalten, ich wüsste, was ich damit täte – ich würde es auf ein meiner Frau gänzlich unbekanntes Konto legen.

Genau an dieser Stelle befinden wir uns jetzt mittendrin im Auge des Hurrikans. Denn damit nicht nur das Leben lebenswert ist, sondern unsere Rente später auch bezahlbar, brauchen wir Nachwuchs. Und um Nachwuchs zu bekommen, brauchen wir eine gewisse Annäherung von Mann und Frau. Also dachte ich, dass man das irgendwie kombinieren könnte: die Ehe quasi als ein Unternehmen zur Produktion von Rentenbeitragszahlern. Deswegen habe ich fusioniert. Meine Ich-AG mit einer Frau-AG. Und dann haben wir ein Joint Venture getroffen und eine Holding gegründet, eine Wir-AG. Mit Genehmigung der Kartellbehörde, also vorm Standesamt.

Und um unseren Mutterkonzern, die Deutschland-AG, vor dem Konkurs zu bewahren, haben wir zunächst einmal ein Konsumprogramm aufgelegt zur Ankurbelung der Binnenkonjunktur. Denn das ist ja unsere neue Religion: Nach dem Christentum das Wachstum! Und darum üben wir auch täglich den Gang an die Börse, denn so schwierig ist der Griff ins eigene Portemonnaie gar nicht. Deswegen haben wir bei Amazon ein Guthaben, zapfen an der Tankstelle regelmäßig zehn Liter in die Böschung für die Mineralölsteuer und zahlen demnächst Mautgebühren, wenn wir nachts aufs Klo gehen müssen.

Aber wie der Blick auf unseren Kontoauszug verrät, will das mit unserer Joint-Venture-Strategie trotzdem nicht so recht klappen. Was machen wir nur falsch? Irgendwie müssen wir doch mal unsere Finanzen in den Griff kriegen. Sollen wir uns etwa für solides Wirtschaften die Regierung zum Vorbild nehmen? Gute Idee. Und gleich danach nehmen wir uns die katholische Kirche zum Vorbild für antiautoritäre Kinderbetreuung. Und anschließend Lady Gaga zum Vorbild für die Folgen von antiautoritärer Kinderbetreuung. Wirklich zu blöd, dass ich von Wirtschaft keine Ahnung habe.

9,36		98,37	+1,01%		+0,99	108,80		75,90	109.345.500	13:49
,50		112,55	+0,84%		+0,95	126,00		98,20	216.851.318	13:4
09		50,68	+0,81%		+0,41	51,09		38,00	12.069.089	13:4
7		28,55				22,29		19,69	21.841.874	13:
5		40,00	+0,61%		+0,25	51,56		36,02	101.469.718	13
		7,11	+0,61%		+0,04	8,31		4,13	64.102.028	1

◆ MARKTWIRTSCHAFT

Von Idioten und Fachidioten

Sollte es Ihnen auch so gehen, dass Sie von Wirtschaft keine Ahnung haben, dann sind wir jetzt schon zwei. Man könnte auch sagen, dass wir, wirtschaftlich betrachtet, zu den Idioten gehören, was uns aber nicht allzu sehr beunruhigen sollte. Denn wir machen ungefähr 99 Prozent der Menschheit aus. Der Umkehrschluss bedeutet übrigens, dass der Anteil der Menschen, die sich in der Wirtschaft auskennen, lediglich 1 Prozent beträgt – das sind die Fachidioten. Die wiederum haben zwar Ahnung, aber trotzdem nichts zu sagen. Denn die Entscheidungen treffen welche aus dem Kreis der 99 Prozent, was uns viel mehr beunruhigen sollte. Denn das sind die Vollidioten.

Um sich nämlich nicht nur grob, sondern fundiert in der Wirtschaft auszukennen, muss man eigentlich Wirtschaftswissenschaften studieren, genau genommen sogar gründlich. Studierende dieses Fachs kann man zu allen Tages- und Nachtzeiten in diversen Universitätsstädten in einschlägigen Cafés und Kneipen begutachten, und zwar je nach Papis finanzieller Unterstützung sowohl vor als auch hinterm Tresen. Das ändert sich schlagartig, nachdem sie ihr Studium erst einmal abgeschlossen haben. Dann werden die Begriffe «fundiert» und «gründlich» noch erweitert um das Wörtchen «relativ» – denn dann sieht man diese Damen und Herren relativ häufig auf den Fluren der Arbeitsagenturen, oder wieder in diversen Cafés und Kneipen, dann aber nur noch vor dem Tresen.

Weil ich mit unserer Wir-AG nun aber mal langsam die Verlustzone verlassen und stattdessen die Champagnerkorken knallen lassen will, dachte ich mir, dass es nicht schaden könnte, sich eventuell mal etwas schlauzumachen. Wobei das mit dem «schlaumachen» und «nicht schaden» ebenfalls relativ gesehen werden sollte. Denn, mal ehrlich, ob das Hirn in der Wirtschaft wirklich unbeschadet bleibt, ist wissenschaftlich nicht belegt. Betrachten wir nur die Persönlichkeitsstrukturen diverser Wirtschaftsminister der letzten Jahre – angefangen von Otto Graf Lambsdorff über Michael Glos bis zu Rainer Brüderle –, dann dürften die durchaus als wandelnde Beweise fürs Gegenteil betrachtet werden.

Aber man muss ja nicht nur in Cafés und Kneipen rumhängen, um sich in der Wirtschaft umzusehen. Es reicht manchmal auch ein Blick ins Internet – diese offene Form der geschlossenen Psychiatrie –, um festzustellen, dass das Wahngebäude in der real existierenden Wirtschaft sich von der virtuellen Paranoia oft nur minimal unterscheidet. Wussten Sie beispielsweise, dass die Wirtschaftswissenschaft laut Definition eine Unterdisziplin der Sozialwissenschaften ist? Der Hammer, oder? Ich meine, das wurde aber auch höchste Zeit, darauf hinzuweisen, dass die Wirtschaft eigentlich dem Sozialen untergeordnet ist. Denn gerade in den letzten Jahren wurde ja immer wieder überdeutlich, dass die Wirtschaft enorm viel Soziales hervorgebracht hat, wie etwa, äh ... und dann noch ... sowie ... und nicht zu vergessen ... Genau. Ich bin mir sicher, Sie könnten die Lücken spontan mit so vielen Beispielen ausfüllen, dass Sie gar nicht wüssten, wie viele gepunktete Linien ich tatsächlich zur Verfügung stellen müsste, um allen Beispielen genügend Platz einzuräumen. Und wenn

Sie jetzt den letzten Satz auf Anhieb verstanden haben, sind Sie sozial wesentlich bessergestellt als ich.

Aber wie wird man am besten vom Idioten zum Fachidioten? Wie kann man sich als Wir-AG durch diesen undurchdringlichen Dschungel von wirtschaftlichen Fakten und Zusammenhängen einen Weg bahnen, ohne durchzudrehen? Die Antwort ist schlicht und lautet: Gar nicht. Aber vielleicht haben wir die besten Chancen, geistig gesund zu bleiben, wenn ich vorne beginne. Und zwar ganz vorne: Werfen wir also mal einen Blick in die Steinzeit. Und damit meine ich jetzt nicht einen Truppenbesuch mit dem Verteidigungsminister in Afghanistan, sondern einen Besuch bei unseren Vorfahren im Neandertal. Deshalb bitte ich Sie nun um anständiges Benehmen, schließlich treffen wir jetzt unsere Verwandten.

Neulich in der Steinzeit

Vor ungefähr 200 000 Jahren war das so: Die einen gingen auf Bärenjagd, und die anderen sammelten Beeren. Außer, wenn die Beerensammler plötzlich einem Bären begegneten. Dann wurden auch sie schlagartig zu Jägern. Oder sie wurden selber zu Gejagten, je nach Größe des Bären. Aber wenn alle gesund und munter nach Hause kamen, dann konnte es vorkommen, dass die Bärenjäger einen Bärenhunger auf Beeren hatten (es tut mir leid, aber dieses Wortspiel konnte ich mir jetzt einfach nicht verkneifen).

Wie auch immer, jedenfalls fragten hinterher die Bärenjäger die Beerensammler, ob sie ihnen ein paar von den Beeren abgeben könnten, zum Beispiel von den Himbeeren, den Brombeeren oder den Stachelbeeren. Nicht zu verwechseln mit Stachelschweinen, um die kümmerten sich natürlich die

Jäger. Die Beerensammler bedankten sich für die Nachfrage nach Beeren und sagten, dass sie selbstverständlich gern ein paar von ihren Beeren den Jägern anbieten würden. (Sie bemerken vielleicht die geschickte Einführung der Begriffe «Angebot und Nachfrage». Ja, in der Wirtschaft des Neandertalers muss man «höhlisch» aufpassen – aber dazu später mehr.)

Die Jäger sagten, dass sie einen Bären erlegt hätten und den Sammlern davon auch gern anbieten wollten. Und so tauschten Jäger und Sammler Bären und Beeren, bis alle von beidem genug hatten. Zugegeben, heutige Trennkostexperten werden die Hände überm Kopf zusammenschlagen, aber das war auch damals kein Problem. Damit es nämlich besser rutscht, hatte noch jemand entdeckt, dass das Trinken von vergorenen Beeren die Verdauung anregt und auch ganz nebenbei die Stimmung hebt. Und so gab er den Sammlern und Jägern von dem Trunk, und die gaben ihm vom Obst und Fleisch. Alle sangen und tanzten und lebten glücklich bis an ihr Lebensende. Und wenn sie nicht gestorben sind, dann teilen sie noch heute. Ist die Welt nicht schön?

Klingt komisch, ist aber kein Witz: Die Menschheit ist ca. 200 000 Jahre alt (nur das Publikum vom ZDF-Sonntagsgarten ist älter). Und die ersten 90 Prozent dieser 200 000 Jahre lebte die Menschheit ohne Hierarchie, also ohne Anführer. Das heißt, die ersten 180 000 Jahre der Geschichte waren wir Menschen uns absolut darüber im Klaren, dass wir gleichwertig sind. Bis dann eines Tages ein großer Jägersmann mit blond gewellten Haaren sagte, dass das so nicht ganz fair sei. Schließlich seien die Jäger größeren Gefahren ausgesetzt und müssten weitere Wege gehen und müssten schnell rennen und wild kämpfen und doll töten, nur um am Ende ein einziges Beutetier nach Hause bringen zu können. Während die Sammler einfach nur über die Wiese hopsten, links pflückten, rechts pflückten und körbeweise Obst nach Hause schafften. Die Jäger leisteten also wesentlich mehr als die Sammler. Und Leistung müsse sich schließlich lohnen. Und deswegen sollte man den Tausch gerechter gestalten, und zwar so, dass Jäger und Sammler nicht einfach alles miteinander teilten, sondern, wer mehr leistete, sollte auch mehr bekommen. Und bum! – hatte man den großen Jägersmann mit seinem blond gewellten Kopf einfach vor die Höhlenwand gekloppt, und dann war erst einmal Ruhe.

Als er dann aber nach einer Erholungszeit wieder zu krakeelen anfing, dass man doch wohl noch mal aussprechen dürfe, was ohnehin alle dächten und sich nur nicht zu sagen getrauten, machte man sich Sorgen, ob nicht ein Bekloppter den Bestand der ganzen Horde gefährdete. Und so setzte man den Schreihals dezent im Moor aus. Aber anstatt sich in der Wildnis von wilden Tieren fressen zu lassen oder vom Blitz erschlagen zu werden, kam der einfach wieder. Und dann behauptete er, dass ihn das Anspruchsdenken der Sammler an die spätrömische Dekadenz erinnern würde. Die gebe es zwar noch nicht, aber man werde schon noch sehen. Und damit war es passiert! Jemand, der mysteriöses Zeug redet, muss mit den Göttern im Bunde sein – von jetzt auf gleich war der Gedanke an die Leistungsgesellschaft geboren. Dieser Tag ging als Gründungstag der FDP in die Geschichte ein.

Von nun an begann man, den Dingen unterschiedliche Werte beizumessen und beim Teilen genau auf die Mengen zu achten, sodass es ab sofort eine Handvoll Bär nur noch gegen zwei Handvoll Beeren gab. Kinder kennen das bis heute, wenn sie auf dem Schulhof ihre Tauschgeschäfte machen. Da gibt es auch etwa drei Leberwurststullen für eine Kindermilchschnitte. Oder ein Apple G4 gegen zehn Gramm kolumbianisches Kokain. Oder die neueste Carhartt-Jacke gegen keine Kugel aus der Baretta. Kinder können ja so geschäftstüchtig sein – vor allem, wenn es die eigenen sind.

In der Steinzeit ergab es sich manchmal, dass eine Horde den Weg einer anderen Horde kreuzte. Und wenn man bei so einer Gelegenheit entdeckte, dass die Mitglieder der fremden Sippe Dinge mit sich führten, die weder nach Bären noch nach Beeren aussahen, sondern länglich und mit Schuppen versehen waren, auf die Bezeichnung «Fisch» hörten und essbar erschienen, wuchs die Neugier rapide. Das hatte oft zur Folge, dass man den Mitgliedern der anderen Gruppe zunächst einmal ungefragt sofort die Köpfe einschlug. Auch das ist ein Verhaltensmuster, das bis heute gelegentlich Anwendung findet, nur das mit dem «ungefragt» und dem «sofort» hat sich inzwischen ein bisschen kultiviert. Und auch das Einschlagen der Köpfe wird heute eher mit modernerem Kriegswerkzeug erledigt.

Damals endete die Klopperei jedenfalls immer damit, dass nur wenige Mitglieder aus einer Horde übrig blieben, und die haben sich die Esswaren der anderen einfach angeeignet. Blöd war nur, dass niemand von den Siegern wusste, dass Meeresfrüchte nicht so lange haltbar sind, sondern sofort gegessen werden sollten, sodass die restlichen Höhlenhelden nicht selten an Fischvergiftung dahinsiechten. Und weil dieses dauernde Dezimieren der eigenen Horde den restlichen Mitgliedern irgendwann auf den Keks ging, machte jemand den Vorschlag, man könne die anderen ja auch einfach fragen, ob sie nicht tauschen wollten. Eine völlig ungewohnte und gewagte Idee. Deswegen verabredete man sich auf neutralem Boden. Und weil dieser neutrale Boden zufällig ein Platz in der Mark Brandenburg war, nannte man diesen Boden Marktplatz. Ich weiß, eigentlich müsste es konsequenterweise Markplatz heißen, also ohne das «t». Aber beschweren Sie sich dafür bitte bei unseren Vorfahren.

Mit Plan zum Markt – Der Tag, an dem die Mauer fiel

Wie auch immer, irgendwann begann die Menschheit also, auf einem Marktplatz Waren auszutauschen, und siehe da, die Marktwirtschaft war geboren. Wobei man an dieser Stelle auch erst mal klären sollte, was eigentlich genau mit Marktwirtschaft gemeint ist. Klar, was ein Wirt ist, das wissen wir. Ein Wirt ist ein Gastgeber, ein Herbergsvater, ein Mundschenk. Wobei schenken nicht im Sinne von «umsonst geben» gemeint ist, sondern im Sinne von «einschenken», beispielsweise vergorenen Beerentrunk. Wenn dieser Wirt also seinen edlen Tropfen auf den Markt brachte, war er ein Marktwirt. Logisch. Und ganz viele Marktwirte auf einem Marktplatz bildeten eine Marktwirtschaft. Im Gegensatz übrigens zu den Herstellern von Abdeckplanen. Kamen die nämlich zusammen, sprach man von einer Planwirtschaft. Manchmal ist es so einfach, Begriffe zu erklären.

Marktwirtschaft heißt also: Jeder, der eine Ware anbieten will, darf selber dafür sorgen, wie er das anstellt. Planwirtschaft heißt: Die Partei, die Partei, die hat immer recht und hat deswegen einen Plan, wer was wann und wo anbieten darf. Der Vorteil der Planwirtschaft besteht darin, dass keine kapitalistischen Bonzen die arbeitende Klasse zum eigenen Vorteil unterdrücken und ausbeuten können. Das übernehmen in der Planwirtschaft die Parteibonzen. Den Nachteil der Planwirtschaft haben wir uns dann im November 1989 ansehen dürfen. 16 Millionen Ostdeutsche wurden ohne Narkose und bei vollem Bewusstsein dem kapitalistischen Volkskörper einverleibt. Und dann bekamen sie sämtliche Vorteile der Marktwirtschaft beigebracht, wie etwa «Jeder ist seines Glückes Schmied». Was für ein toller Spruch. Dumm ist nur, wenn verschwiegen wird, dass nicht genügend Ambosse für alle vorhanden sind.

Wie die Integration unserer Mitbürger mit ostdeutschem Migrationshintergrund vonstattenging, durfte ich übrigens aus nächster Nähe betrachten. An jenem 9. November 1989 befand ich mich nämlich im nordostoberfränkischen Provinzstädtchen Hof. Und während im Fernsehen begeisterte Jubelbilder vom Brandenburger Tor gezeigt wurden, lief die Sache vor Ort ein kleines bisschen kühler ab. Und zwar verhielt es sich so, dass jeder Ostbürger 100,– DM Begrüßungsgeld erhalten sollte. Womit allen gleich mal klargemacht wurde, was genau eigentlich mit Freiheit, Demokratie und Menschenrechten gemeint ist. Wie aber wurde die Austeilung des Begrüßungsgeldes organisiert? Sensationell!

Jeder Erwachsene sollte nämlich bei der Geldausgabestelle seinen ostdeutschen Personalausweis vorzeigen und erhielt dafür 100,– DM sowie einen Vermerk in den Personalausweis, dass er sein Geld bereits erhalten habe. Kinder brauchten ihren Ausweis nicht dabeizuhaben. Die gingen einfach mit einem Elternteil zur Ausgabestelle, bekamen auch jeweils 100,– DM und der Erwachsene einen Vermerk in seinen Perso, dass seine Kinder jeweils 100,– DM erhalten hatten. Also hatte Papi mit den zwei Kindern jetzt zusammen 300,– DM bekommen. Wie schön. Als Nächstes ging Mami los, aber nicht einfach so, sondern ebenfalls mit denselben zwei Kindern, und schon hatte die Familie noch einmal 300,– DM erhalten. Sapperlot! Also hatte man bereits 200,– DM Gewinn, und zwar durch nichts anderes als Schlange stehen. «Des hädds unnerm Ärisch awer nisch gäbbn.»

Damit aber nicht genug. Außerdem galt jetzt nämlich noch die Anweisung, dass ein Ostdeutscher, der seinen Ausweis nicht dabeihatte, auch andere Papiere oder Pässe vorlegen durfte. Was Vati auf die Idee brachte, sich mit einem anderen Ausweis und den zwei Kindern abermals anzustellen. Und nach Papa wiederholte dies auch ein weiteres Mal die Mama.

Und schon hatte diese Familie am Ende des Tages 1200,– DM erhalten und somit 800,– DM Gewinn gemacht. Wenn sie schlau war. Wenn sie oberschlau war, hat sie ihre Kinder auch noch an alleinstehende Erwachsene ausgeliehen. Gegen Provision. «Rent-a-Begrüßungsgeld» – jeder ist seines Glückes Schmied. Willkommen in der Marktwirtschaft.

Man muss an dieser Stelle aber noch einmal differenzieren. Denn Marktwirtschaft und Kapitalismus sind ja nicht ein und dasselbe. Für das Funktionieren einer Marktwirtschaft muss nämlich nicht unbedingt Kapital vorhanden sein. Und damit meine ich jetzt nicht nur das Leben unserer Höhlenbewohner in Brandenburg, sondern wir alle haben einen solchen Zustand vor kurzem noch am eigenen Leib erlebt, nämlich während der Finanzkrise 2008. Das waren Wochen, in denen unsere real existierende Marktwirtschaft eine Zeitlang streng betrachtet ohne Kapital funktionieren musste. Was aufzeigt, dass für das Funktionieren einer Marktwirtschaft einfach auch das Vorhandensein von Waren und Gütern reicht.

Umgekehrt muss aber auch für den Kapitalismus nicht unbedingt eine Marktwirtschaft vorhanden sein. Ein aktuelles Beispiel kennen wir unter dem Namen China. Darüber hinaus durften wir im letzten Jahrhundert außerdem noch diverse süd- und mittelamerikanische Diktaturen erleben, die sich mit Unterstützung der USA gerne auch mal am Kapitalismus ohne Marktwirtschaft versucht haben, was Gott sei Dank inzwischen überwunden ist. Heute gibt es solche Diktaturen nur noch im Nahen Osten. Wobei auch deren Unterstützung durch die USA nur noch von kurzer Dauer sein dürfte. Erste Auflösungserscheinungen sind bereits zu beobachten. Näheres dazu in dem Kapitel: Wenn das Öl zu Ende geht.

Auch die Nachfrage ist nur ein Angebot

Aber zurück zu unserem steinzeitlichen Marktplatz in Brandenburg. Dort ging nach Einführung der Marktwirtschaft die Tauscherei so richtig los, denn alles war nur eine Frage von Angebot und Nachfrage. Eine Frage, die Ihnen auch nicht unbekannt sein dürfte. Denn wie oft haben wir alle schon von diesem Wörterpaar gehört, das uns ähnlich oft um die Ohren gehauen wird wie Philemon und Baucis, Skylla und Charybdis, Pat und Patachon, Waldorf und Statler. Oder vielleicht treffender: Dick und Doof!

Was genau ist eigentlich Angebot und Nachfrage? Wir alle kennen die Nachfrage, wenn wir etwas nicht verstanden haben, sodass wir dann nachfragen müssen, wie etwa die Nachfrage an den Händler auf einem Marktplatz: «Darf ich noch mal nachfragen, ob diese Beeren auch wirklich frisch sind?» Für den Anbieter der Beeren ist diese Nachfrage ein Angebot, nämlich ein Angebot, darauf eine Antwort zu geben. Wobei der Antwortgeber, also jemand, der Angaben macht, kein Angeber ist, sondern eher ein Angebotgeber. Jemand, der zwar auch Angaben macht, also etwas gibt, aber weniger im Sinne von: «Dir gebe ich gleich eine aufs Maul, wenn du noch mal so blöd fragst!», sondern eher im Sinne von Geben und Nehmen. Weil nämlich der Nachfrager etwas nehmen möchte, genauer: mitnehmen, zum Beispiel eine Handvoll Beeren, worauf der Anbieter recht in der Annahme geht, dass der Nachfrager das Angebot der Mitnahme annimmt und der Anbieter es also nicht dem Nachfrager nachtragen muss, was der ja sonst nachtragend fände.

Mit anderen Worten: Eine Nachfrage ist also nicht nur eine Nachfrage des Nachfragers, sondern auch das Angebot einer Nachfrage an den Anbieter. Ohne dieses Angebot würde der nämlich auf seinem Angebot sitzenbleiben, was aber zwei weitere Nachfragen nach sich zieht:

➡ 1. Weiß der Autor eigentlich noch selber, was er sich da gerade zurechtschwurbelt?
➡ 2. Was war eigentlich zuerst da: Angebot oder Nachfrage?

Nun, erstens: keine Ahnung. Und zweitens: Das kommt ganz auf Ihre Bedürfnisse an. Zunächst gibt es Bedürfnisse wie Hunger, Durst und das Aufrechterhalten einer Körpertemperatur von knapp unter 37 Grad – das sind sogenannte Grundbedürfnisse, und die waren natürlich zuerst da. Diese Grundbedürfnisse sind nichts anderes als eine Nachfrage nach Essen, Trinken und warmer Bekleidung. Glücklicherweise hatte die Natur für diese Grundbedürfnisse von Anfang an ein Angebot im Angebot, wie etwa trinkbares Wasser, essbare Pflanzen, Tiere, die außer Fleisch auch Felle lieferten, sowie Brennholz. Anderenfalls wäre die Geschichte der Menschheit eher kurz verlaufen, was im Hinblick auf einige ihrer heute existierenden Nachfahren auch als bedauerlich angesehen werden könnte. Aber selbst Exemplare wie Naddel Abd El Farrag sollten uns mit Ehrfurcht daran erinnern, dass die Evolution eben manchmal auch Irrwege einschlägt, um erfolgreich fortschreiten zu können.

Friss und stirb

Mittlerweile wurde aber auch die Befriedigung menschlicher Grundbedürfnisse auf so manche Irrwege umgeleitet, oder auf Neudeutsch: perfektioniert. Und das aus keinem anderen Grund, als das Spielchen von Angebot und Nachfrage umdrehen zu können, vor allem bei der Befriedigung des Grundbedürfnisses Nahrungsaufnahme. Hier kommt inzwischen immer öfter erst ein Angebot, und danach wird die entsprechende Nachfrage künstlich erzeugt. Was aber nicht überrascht, wenn man einmal hinter die Kulissen der Lebensmittelindustrie blickt und entdeckt, dass die Zutaten dieser Angebote inzwischen ebenfalls künstlich erzeugt werden.

Das fängt zum Beispiel damit an, dass eine Firma wie Nestlé das Säugen von Neugeborenen mit der Mutterbrust für ungesund erklärt, um ihr Milchpulver erfolgreich verkaufen zu können. Das geht weiter über die Kampagne von Firmen wie Hipp, die gezuckerte Babynahrung zu einem hippen Produkt erklären, weil sie Mütter für zu blöd halten, das Essen für ihr Kind selber zu süßen. Und das erreicht einen vorläufigen Höhepunkt im XXL-King-Size-Menü inklusive eines Liters brauner Brause, verfeinert mit linksdrehenden Kulturen, Antioxidantien und wertvollen Cerealien. Wobei Letzteres der Beweis dafür ist, dass das Ganze mit natürlichen Zusammenhängen nichts mehr zu tun hat, denn das Wort «Cerealien» setzt sich ja zusammen aus den Wörtern «Cere» und «Alien», ist also eine Bezeichnung für die Außerirdischen vom Planeten Cere. Wie ja darüber hinaus auch «Fastfood» ein Begriff ist, dessen Nährwert schon im Wort selbst steckt, denn Fastfood heißt ja übersetzt: «beinahe Essen». Im Gegensatz zur Schonkost. Das ist schon Kost.

Das alles sind die inzwischen typischen Begleiterscheinungen der Generation «Wasser heiß machen, umrühren – fertig!». Nehmen wir mal als Beispiel für den Gipfel der Evolution die Tütensuppe. Das ist ein Pulver, das durch das Hinzufügen von heißem Wasser zur Gemüsepampe wird. Das schafft nicht mal Harry Potter: «Inspector Patronum!» und zack! – aus einem Krümel wird eine Karotte. Und der Effekt ist, je mehr solcher Fertiggerichte auf dem Markt sind, desto mehr verlernen wir, aus frischen Lebensmitteln selber etwas zuzubereiten. Und unsere Kinder übernehmen das dann von uns. Und deren Kinder übernehmen das wieder von ihren Eltern – und so weiter, und so weiter, bis Dr. Oetker & Co. irgendwann gelingen wird, wovon Adolf Hitler nur träumte, nämlich die Eroberung des gesamten Lebensraumes bis hin zur totalen Weltherrschaft. Unsere Vorfahren in der Steinzeithöhle wären bestimmt stolz auf uns.

Bevor Sie jetzt aber auf die Idee kommen, das zu verteufeln, bedenken Sie, dass dadurch unglaublich viele Menschen ihre Existenz aufrechterhalten. Angefangen von unzähligen Mitarbeitern in den Lebensmittelkonzernen inklusive Biochemikern, Aromadesignern und Gentechnikern, gefolgt von einer ganzen Armada in der Diät- und Fitnessindustrie, bis hin zu Dutzenden Fernsehköchen, die verantwortlich sind für eine nicht enden wollende Flut von Kochsendungen im deutschen Fernsehen. Wer aber geglaubt hätte, die laufen da zur Anregung, hat sich getäuscht. Die laufen da zur Erinnerung. Kochsendungen sind so eine Art gastronomischer Geschichtsunterricht, quasi Guido Knopp für den kulinarischen Legastheniker. Und das alles gipfelt dann in Hunderttausenden von überforderten Ärzten und Zahnärzten, die bei gesunden Ernährungsgewohnheiten eher weniger beschäftigt wären, und zwar noch weniger als zum Beispiel plastische Chirurgen, die mangels überschüssigen Fetts überhaupt nichts mehr abzusaugen hätten. Dadurch fehlte denen dann die Einspritzmasse, die aus schmallippigen Damen schmollmundige Großmäuler macht, bei deren Anblick man immer sofort loslaufen möchte, um Fischfutter zu kaufen. Und davon leben aber wieder unzählige Aquarienhändler und Zierfischzüchter. Sie sehen, in der Wirtschaft hängt eben alles zusammen.

Das waren jetzt aber nur die Grundbedürfnisse Essen

und Trinken. Was meinen Sie, welchen Bekanntheitsgrad außerdem narzisstisch gestörte Kasperlefiguren, wie beispielsweise Karl Lagerfeld, hätten, wenn unsere Nachfrage nach wärmender Bekleidung nicht dominiert wäre von eingeredeter Minderwertigkeit, die wir angeblich haben, sobald wir den falschen Look tragen. Heute sitzen Leute wie Bruce Darnell oder Peyman Amin in einer Jury und dürfen über das Talent anderer Menschen urteilen. Früher wären die als Dorfdeppen durchgegangen und dabei vermutlich auch nicht verhungert.

Und über unsere Grundbedürfnisse hinaus gibt es natürlich auch noch weitere Bedürfnisse, wie etwa den Wunsch nach hundertprozentigem Deoschutz, Verwöhnaroma, porentiefer Reinheit, 15-Zoll-Flatscreen-LCD-Bildschirmen, nicht zu vergessen das Rundum-Sorglos-Paket für Ihre Vollkaskoversicherung. Das alles ist zwar nicht unbedingt so wichtig fürs Überleben eines Individuums, aber immens wichtig für das Überleben von 99 Prozent aller Firmen und Unternehmen auf unserem Planeten und somit zur Aufrechterhaltung unseres kompletten Gesellschaftssystems. Wie konnte es nur so weit kommen? Ich habe nicht die leiseste Ahnung. Darum forschen wir einfach weiter nach bei unseren Ahnen.

Geld giert nach der Welt

Auf dem ersten Marktplatz in Brandenburg jedenfalls war die Befriedigung der Grundbedürfnisse noch klar und überschaubar geregelt. Drei Fische gegen eine Handvoll Beeren. Fünf Handvoll vergorener Beerentrunk gegen eine Bärenkeule. Ein Lendenschurz aus Bärenfell gegen zwei Auftritte der Zillertaler Schürzenjäger. Alle waren glücklich und zufrieden bis an ihr Lebensende, und wenn sie nicht gestorben sind, dann tauschen sie noch heute. Ist die Welt nicht schön? Bis dann eines Tages das blond gewellte FDP-Gründungsmitglied der einheimischen Jäger mal wieder – diesmal sogar freiwillig – mit dem Kopf vor die Höhlenwand gelaufen ist und bemerkte, dass diese dauernde Tauscherei natürlich auch Nachteile bedeutete. Wenn man zum Beispiel für die große Geburtstagsfeier im Kreise der ganzen Sippe größere Mengen zum Tausch benötigte und die aber keiner schleppen konnte. Ich meine, bitte schön, tragen Sie doch mal drei komplette Bären auf Ihren Schultern zum Markt, um sie gegen 7 500 000 Johannisbeeren einzutauschen.

Und vor allem, was glauben Sie, wie lange das dauert, bis die alle vom Verkäufer einzeln abgezählt sind. Und Sie als Einkäufer müssen diese 7 500 000 Johannisbeeren dann natürlich auch noch mal überprüfen, mit anderen Worten: nachzählen. Damit der Verkäufer Sie nicht übers Ohr haut, dieser Drecksack. Beim letzten Tausch hatten Sie schon so ein Gefühl, dass der bescheißt. Und wenn Sie die Anzahl dann überprüfen, dürfen Sie sich natürlich auch nicht verzählen. Sonst müssen Sie von vorne anfangen. Und wenn Sie dann im 27. Anlauf endlich alle durchgezählt haben und zu dem Ergebnis gekommen sind, dass der Verkäufer Ihnen zu wenig ausgehändigt hat, dann glaubt der Ihnen natürlich nicht. Also zählt der dann auch noch mal nach. Nur, um Ihnen zu beweisen, dass Sie derjenige sind, der sich verzählt hat. Und bis dann endlich beide Seiten sich über die Anzahl der Johannisbeeren einig sind, können Sie diese natürlich nur noch zur Beerdigungsfeier des inzwischen verstorbenen Geburtstagskindes nach Hause in die Höhle schleppen. Und so etwas geht Ihnen als FDP-Mitglied dann durch den Kopf, wenn Sie mit dem vor die Höhlenwand rennen. Ein hartes Los.

Wie auch immer, jedenfalls war es an der Zeit, sich

über Alternativen zum direkten Tausch von Waren den Kopf zu zerbrechen, und zwar ausnahmsweise mal nicht an der Höhlenwand. Und so kam es, wie es kommen musste, nämlich zur Erfindung des Geldes. Schließlich sollte diese ewige Schlepperei und Zählerei von Bären und Beeren doch irgendwann mal ein Ende haben. Zumal so manches Essen verderblich und somit für den Tauschhandel ebenfalls nicht gerade förderlich war. Joghurt und Schimmelkäse waren als Feinkost in Brandenburg damals noch nicht bekannt. In Asien übrigens bis heute nicht. Dort gelten Milchprodukte als Brechmittel. Und zwar grundsätzlich alle, und nicht nur die mit den erhöhten Dioxin-, Glykol-, Antibiotika- und Schweinegrippewerten. Dafür wird aber in Asien heute noch auf den Märkten alter, vergammelter Fisch, der noch aus der Steinzeit stammt, als Delikatesse gehandelt. Kein Witz. So gleicht sich alles aus im Leben.

Und weil man aber in Markt Brandenburg zu dem Ergebnis kam, als Tauschmittel für Waren keine Waren mehr benutzen zu wollen, brauchte man irgendetwas, das für beide Tauschpartner einen Wert symbolisierte, anhand dessen man Dinge tauschen konnte, ohne die Dinge selbst zu tauschen. Was mochte das also sein? Panini-Bildchen von Mesut Özil gab es damals ebenso wenig wie Pornobildchen von Dolly Buster, und ob die wirklich auch für alle Tauschpartner einen Wert symbolisiert hätten, wäre wahrscheinlich von den weiblichen Sippenmitgliedern bezweifelt worden. Den Gegenvorschlag, Bildchen von Take That oder George Clooney zu nehmen, hätte hingegen jedes Männchen abgelehnt, außer vielleicht das blond gewellte.

Deswegen griff sich also einfach jemand das Nächstbeste, was da auf dem Boden so herumlag. Das war zufällig eine Muschel. Und dann sagte der: «Eine Muschel ist ab sofort wie eine Handvoll Bär oder drei Handvoll Beeren.»

Worauf ein anderer sagte: «Ganz toll. Vor allem, weil es im Landesinneren so viele Muscheln gibt.» Also beschloss man, das Ganze auch mal mit Vogelfedern auszuprobieren, mit Salz, Perlen oder Ähnlichem mehr. Und das klappte besser. Deshalb einigte man sich darauf, dass je nach Küstennähe Muscheln oder Federn und so weiter einen Tauschwert darstellen sollten. Zugegeben, das klingt nicht nur banal, das ist es auch. Und zwar bis heute. Immer noch gibt es Dinge, die einen symbolischen Tauschwert haben, allerdings handelt es sich dabei eher um Diamanten, Gold, Silber, Platin oder Käthe-Kruse-Puppen.

Wobei man sich aber selbst heutzutage stets darüber im Klaren sein sollte, dass auch Gold und Diamanten eben nur Dinge sind. Und dass diese Dinge einen Wert darstellen, liegt nur daran, dass auch andere dieser Meinung sind. Sollte irgendwann eine Mehrheit der Meinung sein, dass man sich auch für Gold und Diamanten nichts kaufen kann, dann können Sie sich zu Hause vor Ihren Spiegel stellen und Ihren verhungernden Körper mit Ihrem Schmuck behängen. Wenn Sie Pech haben, gibt es Lebensmittel dann nur noch gegen Käthe-Kruse-Puppen. Und plötzlich ist die schrullige Nachbarin zwei Stockwerke drüber die reichste Sau im Haus.

In der Steinzeit jedenfalls gab es also zunächst Naturalien als Tauschmittel, und zu denen zählte eben irgendwann auch Metall, wie Gold, Silber, Kupfer, Bronze oder Eisen. Denn Metall war zur Herstellung von Jagdwaffen begehrt. Um Bären töten zu können, musste man Metall verarbeiten, das man dann erhielt, wenn man getötete Bären auf den Markt brachte – Sachen gibt's. Und deswegen erhielt man als Tauschmittel dieses Metall irgendwann praktischerweise bereits in Form von Pfeilspitzen. Worüber sich die Jäger natürlich sehr freuten. Bei den Weibchen hingegen rief das eher ein Murren hervor. Und jeder Jäger weiß, wenn das Weibchen murrt, dann sollte man sich etwas einfallen lassen. Deshalb erfand man aus diesen Metallen auch noch Ringe, die sich Frau Jäger an den Finger stecken konnte, und alle waren erfreut.

Bis irgendwann dann ein obergescheiter Schlauberger auf die Idee kam, die Form von Ringen und Pfeilspitzen auch mal zu kombinieren. Wir merken, Mode- und Schmuck-designer waren schon zu allen Zeiten nicht unbedingt die Entdecker der Relativitätstheorie. Was aber auch Vorteile hat, denn aus welcher anderen Berufsgruppe hätte Oliver Pocher sonst eine Frau bekommen? Als man also einen Ring mit einer Pfeilspitze kombinierte, kam dabei ein flacher Ring heraus, der innen eine geschlossene Fläche aus Metall auf-wies und Münze genannt wurde. So was Blödes aber auch. Unnütz. Unpraktisch. Sinnlos. So prognostizierte man diesem Entwurf auch keine lange Lebensdauer. Zu Recht! Denn wie lang eine lange Lebensdauer dauert, ist schließlich relativ.

Sie mögen jetzt einwenden, dass es diese Münzen doch heute noch gibt. Und da liegen Sie auch gar nicht daneben, aber das heißt ja nicht, dass es sie morgen noch geben muss. Okay, oder übermorgen. Oder überübermorgen. Oder in 300 Phantastilliarden Jahren. Egal. Wenn irgendwann unsere Sonne verglüht ist, wird es auch keine Münzen mehr geben. Sehen Sie? Und wenn dann Außerirdische unseren ver-kohlten Planeten besuchen, haben die nichts, was sie in den Parkautomaten werfen können, und müssen gleich wieder abfliegen. «There is no human intelligence on this planet.» Das ist doch ein toller Abwehrplan, oder?

Durchgesetzt hatte sich die Münze damals vor allem, als ca. 640 vor Christus ein gewisser König von Sardes anfing, unzählige Mengen von diesen Dingern zu prägen, was seinen Reichtum legendär werden ließ. Und zwar so legendär, dass noch heute jeder weiß, dass es sich bei diesem König um einen gewissen Herrn Krösus handelte, Vorname: «Ich bin doch nicht» oder je nach Übersetzung: «Du glaubst wohl, ich bin».

Blöd war allerdings, dass mit der Erfindung der Münze das eigentliche Problem immer noch nicht gelöst war. Sie erinnern sich an die ursprüngliche Problemstellung? In der Höhle sitzt ein Geburtstagskind und wartet auf seine Party. Und wenn Sie meinen, dass drei Säcke Münzen weniger wiegen als drei Bären, dann lassen Sie sich mal beides aufbinden. Jaja, ich weiß, irgendwann hängen Ihnen diese bescheuerten Wortspiele auch mal zu den Ohren heraus. Aber solange es an der Börse noch Bullen und Bären gibt, sollten Sie froh sein, dass ich nicht auch noch mit Bullensprüchen anfange.

Außerdem waren die Metalle in diesen Münzen, wie Kupfer oder Nickel, auch ein Problem für Allergiker, und deswegen überlegte man sich, was man statt Münzen wohl noch tauschen könnte. So kam man auf die Idee, erst einmal das Papier zu erfinden und dann auf das Papier Zahlen zu schreiben, die bedeuteten, dass man berechtigt ist, dieses Papier gegen die darauf angegebene Anzahl in Münzen eintauschen zu dürfen. Alles, was man dazu braucht, ist nur die Einigkeit darüber, dass diese Regelung gültig ist und von allen eingehalten wird. Anders gesagt: Wenn Münzen zu schwer waren, hätte man jetzt eigentlich auch wieder Federn oder Muscheln nehmen können. Aber wie sagt der Kapitalist: «Vorwärts immer! Rückwärts nimmer!» Oder war's der Katholik? Egal.

Deswegen hat man sich also auf das Papiergeld geeinigt. Und wer hat's erfunden? Nun, darüber streiten sich die Geister, sowohl die seriösen als auch die der Verschwörungstheoretiker, sofern man bei Letzteren überhaupt die Anwesenheit eines Geistes unterstellen darf. Aber es gibt Berichte, nach denen im Jahr 1275 ein gewisser Marco Polo schwer beeindruckt gewesen sein soll, weil die Chinesen mit sogenannten Wertscheinen «den Stein der Weisen» entdeckt hatten. Und weil die Wertscheine aus diesem pergamentartigen Papier bestanden, sprach man schon damals von der gelben Gefahr. Sollte also eines Tages die Welt am Geld zugrunde gehen, dann wissen wir jetzt zumindest, wer Schuld hat: die Chinesen. Und mal ehrlich, das hatten wir doch schon immer geahnt. Wie beruhigend.

Werbeunterbrechung –
Zeit, die Seele baumeln zu lassen

Damals auf dem Marktplatz in Brandenburg wurde das Geld jedenfalls bereitwillig angenommen, und wieder einmal waren alle glücklich und zufrieden bis an ihr Lebensende. Und wenn sie nicht gestorben sind, dann bezahlen sie noch heute. Ist die Welt nicht schön?

Bis dann eines Tages das FDP-Gründungsmitglied der einheimischen Jäger der Meinung war, dass es mal wieder an der Zeit sei, freiwillig mit dem Kopf vor die Höhlenwand zu laufen. So bemerkte er, dass das Angebot der fremden Jäger den einheimischen Jägern Umsatzeinbußen bescherte – auf diese Weise könne man doch nie wohlhabend werden. Und das sei doch aber der Sinn des Lebens. Deswegen stellte er sich auf dem Marktplatz auf einen kleinen Felsbrocken und schrie, dass das Fleisch der fremden Jäger nicht so lecker sei wie das der einheimischen, und deswegen sollten alle bitte schön nur bei den einheimischen Jägern einkaufen gehen. Fleisch sei schließlich ein Stück Lebenskraft, und Vegetarier würden sowieso alle in die Hölle kommen. Und siehe da, schon war die Werbung geboren. Und deswegen muss an dieser Stelle auch mal diese Frage gestellt werden: Was genau eigentlich ist Werbung? Interessant, oder?

Egal, wohin wir unsere Sinne wenden, wir haben täglich Werbung um uns herum. Aber nur ganz selten fragen wir uns, was genau Werbung eigentlich ist. Warum? Weil wir uns damit abgefunden haben. Werbung ist uns so selbstverständlich geworden wie die Luft zum Atmen. Keiner fragt sich mehr, wie es ohne wäre. Meine Vermutung: Wenn wir eines Tages unseren letzten Atem aushauchen, werden wir vermutlich von einem Engelschor empfangen. Und der singt dann: «Gegen Mundgeruch hilft Odol!»

Was genau ist also Werbung? Ganz einfach. Werbung ist nichts anderes als Balzverhalten: «Ich bin besser.» «Ich bin der Beste!» «Und ich bin Dieter Bohlen.» Früher ging es dabei vornehmlich um die Eroberung von Weibchen, heute um die Eroberung von Absatzmärkten, oder mit deutlicheren Worten: schon wieder um die Eroberung von Weibchen. Denn wenn Sie als Männchen keine Absatzmärkte erobern, kann es passieren, dass das Weibchen Bedenken an Ihrem Einkommenspotenzial bekommt und lieber auf dem Absatz kehrtmacht und sich einem Konkurrenten zuwendet.

Deswegen ist Werbung inzwischen ein eigener, durch und durch professionell betriebener Wirtschaftszweig geworden, der unter dem Begriff «PR» (Public Relations) läuft. Und wenn man PR ausspricht, klingt es ähnlich wie «Brrrrr», was nicht selten ein Ausdruck von Frösteln ist. Und wenn man erfährt, dass in der PR-Branche unendlich viele talentierte Menschen mit verdammt viel Geld dafür bezahlt werden, ihr kreatives Potenzial nicht mit so unwichtigen Dingen zu verschwenden, wie zum Beispiel ein Mittel gegen Aids zu entwickeln, den Klimawandel zu erforschen oder den Nahostkonflikt zu beenden, sondern stattdessen lieber dringend erforderliche Slogans zu formulieren – da kann es einem dabei schon mal kalt über den Rücken rieseln. Was für eine intellektuelle Herausforderung! Und ganz nebenbei entstehen hier auch dramatische Dialoge, wie zum Beispiel folgender.

Neulich beim Speed-Dating

Ein Mann und eine Frau begrüßen sich. Er gibt ihr ein kleines Geschenk.
Er: «Die wahrscheinlich längste Praline der Welt.»
Sie: «Der Duft, der Frauen provoziert.»
Beide nehmen Platz.
Sie: «Wohnst du noch, oder lebst du schon?»
Er: «Come in and find out.»
Sie: «Wir können alles außer Hochdeutsch.»
Er: «Nichts ist unmöglich.»
Sie stoßen an.
Sie: «Des Wodkas reine Seele?»
Er: «Ich trink Ouzo. Was machst du so?»
Sie: «Gesunde Vitamine naschen.»
Er: «Aktiviert Abwehrkräfte.»
Sie: «Da weiß man, was man hat.»
Er: «Wer hat's erfunden?»
Sie: «Fragen Sie Ihren Arzt oder Apotheker.»
Sie trinken.
Er: «Willst du viel?»
Sie: «Spül mit Pril.»
Er: «Ich bin doch nicht blöd.»
Sie weint.
Er: «Das flenst!»
Sie: «Auto Emotion.»
Er: «Alles, nur nicht männlich.»
Sie: «Sind Sie zu hart?»
Er: «Bist du zu schwach.»

Er ergreift ihre Hand.

Sie: «Nur gucken, nicht anfassen.»

Er weint.

Sie: «Du darfst.»

Er: «Eine Allianz fürs Leben.»

Sie flötet: «Di ba di ba du.»

Das kommt dabei heraus, wenn man zu viel Werbung guckt. Meine Frau allerdings ist nicht wirklich begeistert, dass ich hier meinen Heiratsantrag veröffentliche.

Heute nimmt Werbung so viel Platz im Leben ein, dass man ohne Werbung weder Zeitung noch Radio noch Fernsehen, Kino oder den Besuch von Sportveranstaltungen bezahlen könnte. Was allerdings die Frage aufwirft, warum es dann eigentlich auch noch Werbung im öffentlichen Raum geben muss. Eine Zeitung kann man weiterblättern, Radio und Fernsehen wegschalten; statt ins Kino oder zu Sportveranstaltungen zu gehen, kann man auch zu Hause bleiben. Aber wem gehört eigentlich der öffentliche Raum? Ich zahle doch schließlich Steuern. Wofür also bestraft man mich, indem man mir an irgendwelchen Straßenecken von irgendwelchen Plakatwänden auch noch das Wurstgesicht von Johannes B. Kerner entgegengrinsen lässt. Soweit ich weiß, hat der doch schon ein Weibchen.

Falls Sie Johannes B. Kerner nicht kennen – früher gab es mal eine gallertartige Masse als Spielzeug zu kaufen, die «Slime» hieß. Heute heißt diese Masse Johannes B. Kerner. Und dieser Johannes B. Kerner müsste übrigens ins Guinness-Buch der Rekorde eingetragen werden, und zwar als der einzige Mensch auf der ganzen Welt, der 24 Stunden am Tag damit beschäftigt ist, nicht auf seiner eigenen Schleimspur auszurutschen. O.K., nicht der einzige, denn es gibt ja auch noch Markus Lanz. Der ist ebenfalls 24 Stunden damit beschäftigt, nicht auf Kerners Schleimspur auszurutschen. Jedes Mal, wenn Markus Lanz jemanden interviewt, muss ich hinterher unterm Fernseher trocken wischen. Kommt noch Peter Hahne dazu, muss ich schon vorher einen Eimer drunterstellen, bei Peter Klöppel ein Schlauchboot aufpumpen und bei Reinhold Beckmann auf den Schrank klettern. Aber bei Johannes B. Kerner krieche ich gleich ins U-Boot.

Wahrscheinlich weiß das der Kerner, und aus purer Rache glotzt der mich dann an unzähligen Straßenecken von einer Plakatwand an und stopft sich dabei eine Scheibe Wurst ins Maul. Nur, um seinem Weibchen zu signalisieren: «Schau her, Weibchen! Fleisch! Hab ich selbst gerissen.» «Ganz toll, Johannes», möchte man ihm zurufen, «und jetzt wisch die Höhle trocken.» Andererseits muss man aber auch entschuldigend anbringen, dass ja die Wurst, die der Kerner da mampft, aus Geflügel hergestellt wird. Und ich weiß jetzt nicht, inwieweit all das dioxinverseuchte Zeug Auswirkungen aufs Gehirn hat, aber beim Kerner würde das doch manches erklären.

Das Blöde auf dem Marktplatz damals war aber Folgendes: Als der blond gewellte Jäger anfing, sich als Marktschreier zu betätigen, bemerkten das leider auch alle anderen Jäger. Denn taub waren die nicht. Und prompt fingen sie ebenfalls an, auf dem Marktplatz herumzuschreien. Was jetzt auch die Fisch-, Beeren- und Fellhändler bemerkten und deswegen ebenfalls anfingen, laut zu brüllen. Bis eines Tages alle wild durcheinanderschrien und dieses Geplärre als Gründungsveranstaltung der Fischer-Chöre in die Geschichte einging.

Weil aber jetzt alle krakeelten, war der Effekt der, dass alle Kunden wieder bei denselben Händlern einkaufen gingen wie vor Beginn der Schreierei, nur war es jetzt nicht mehr so leise. Ein Umstand, der bis heute anhält und die Einkommensquelle von Hunderttausenden von Werbetextern, Graphikern, Marketing-Strategen und Product-Placement-Profis sichert. Das hat zur Folge, dass das Bedürfnis nach Ruhe und Erholung wiederum einen regelrechten Boom von Wellnesshotels mit Meditationswochenenden und Ayurveda-Kuren ausgelöst hat, über deren Angebotspalette Sie sich mit ausreichender Werbung hinreichend informieren können. Aber was tut man nicht alles, um auch mal Andacht und Stille zu erleben? Denken Sie an die letzten Worte von Saddam Hussein: «Einfach mal die Seele baumeln lassen.»

Jede Politik hat ihren Preis

Weil also Werbung außer für PR-Agenturen keinen Nutzen brachte, dachte unser FDP-Veteran, es sei mal wieder Zeit für eine geniale Idee, und rannte in Höchstgeschwindigkeit ein weiteres Mal mit dem Kopf vor die Höhlenwand. Anschließend verkündete er, dass die fremden Bärenjäger längst nicht so produktiv seien und viel weniger leisteten als die einheimischen. Deswegen seien Fleisch und Felle der fremden Jäger weniger wert, und darum brauchten die einheimischen Jäger ihr Bärenzeug nicht für dasselbe Geld anbieten, sondern sie dürften stattdessen mehr dafür verlangen. Super Idee! Und zwar so super, dass die Kunden tags darauf nur noch vor den Marktständen der fremden Jäger standen, weil sie dort mehr Fleisch und Felle fürs Geld bekamen als bei den einheimischen. Und siehe da, schon war die Preispolitik entdeckt.

Preispolitik, das muss man wissen, ist einer der spannendsten Faktoren der Marktwirtschaft, und zwar deswegen, weil sie sich in einer Spanne bewegt. Logisch, sonst wäre sie ja nicht spannend. Würde sie sich zum Beispiel in einer

Spinne bewegen, hieße das ganz anders, und zwar spinnend. Obwohl ich gestehen muss, dass ich diese Spanne manchmal tatsächlich spinnend finde. Denn diese Spanne befindet sich zwischen der sogenannten Preisuntergrenze und der Preisobergrenze. Das sind beides Begriffe der Wirtschaftswissenschaften, von denen ich nicht die geringste Ahnung habe, obwohl ich tatsächlich innerhalb unserer Wir-AG regelmäßig damit in Berührung komme.

Nehmen wir mal ein Beispiel, das Sie sicher auch schon mal so oder so ähnlich erlebt haben. Wenn ich mir nämlich vornehme, für ein Paar Schuhe höchstens 100,– Euro auszugeben, dann ist das meine persönliche Preisobergrenze. Geht meine Frau jedoch mit ins Schuhgeschäft (natürlich nur als meine Beraterin), dann wird aus meiner Preisobergrenze gerne mal ganz schnell eine Geizunterschwelle. Und zwar genau in dem Moment, wo meine Frau zufällig (!) diverse Damenschuhe erblickt und mir – wenn ich nicht wie vorgesehen reagiere – unterschwellig Geiz attestiert. Einen Geiz, den sie übrigens entgegen der Aussage eines langjährigen Werbeslogans überhaupt nicht geil findet. Was wiederum meine Strategie für die weitere Abendgestaltung gehörig gefährdet. Ich bin doch blöd! Ich dachte, das törnt sie an.

Dem Inhaber dieses Schuhladens geht es dabei übrigens nicht viel anders. Während ich auf meine persönliche Preisobergrenze achte, guckt der, was er zuvor bei der Herstellung der Schuhe ausgegeben hat. Und um einen Gewinn zu machen, addiert er zu den Kosten eine Zahl. Das ist seine Preisuntergrenze. Drunter geht's auf gar keinen Fall. Drüber schon. Drüber geht's bis zu seiner Preisobergrenze, irgendwo zwischen Reibach und Unverschämtheit. Für einen Verkäufer liegt die Preisobergrenze nämlich da, wo er so gerade noch jemanden findet, der bereit ist, ein Aktiendepot gegen ein Paar Guccis oder Pradas einzutauschen. Aber drunter geht's beim besten Willen nicht. Da kann man wirklich nichts mehr machen. Leider, leider! Gut, bis zum nächsten Schlussverkauf, das ist klar. Da muss dann alles raus, und der Preis wird doch noch mal gesenkt. Drastisch. Bis ins Bodenlose, dem anderen Ende der Unverschämtheit. Kein Wunder, dass ich angesichts dieser Spanne zu spinnen beginne und laut ausrufe: «Im Schlussverkauf sehen wir uns also wieder.» Worauf meine Frau dann zu mir sagt: «Und wir uns aber vorher auch nicht.»

Halten wir fest, das Ziel der Preispolitik ist also, möglichst viel Gewinn zu machen. Und der Gewinn eines Schuhverkäufers ist dabei gerne mal direkt mit meinem Gewinn verbunden. Denn je eher ich ihm seine Schuhe an seiner (!) Preisobergrenze abkaufe, umso angenehmer wirkt sich das auf die Abendgestaltung mit meiner Frau aus. Eine klassische Win-win-Situation. Baby, you can turn me on!

↗ BETRIEBSWIRTSCHAFT

Cash-Kurs

Weil die Preispolitik zu den Grundlagen der Wirtschaftswissenschaften gehört und ich davon erst recht keine Ahnung hatte, dachte ich, dass es an der Zeit sein könnte, selber kräftig mit dem Kopf vor die Wand zu rennen, um mich erstens weiter schlauzumachen und zweitens konsequent auf dem Weg vom Idioten zum Fachidioten fortzuschreiten. Schließlich konkurriert das Loch in der Haushaltskasse unserer «Wir-AG» nach wie vor mit dem Ozonloch über der Antarktis.

Aus diesem Grund habe ich bei uns in der Volkshochschule einen kleinen Crash-Kurs in «Wirtschaft für Einsteiger» belegt, beseelt von der Hoffnung, mir etwas Know-how in den Königsdisziplinen Korruption, Steuerhinterziehung, Insolvenzverschleppung und Bilanzenbetrug aneignen zu dürfen. Dabei habe ich einiges herausgefunden, was man alles über Wirtschaftswissenschaften wissen müsste oder zumindest könnte, wenn man müsste oder sollte, wenn man dürfte und am liebsten gleich wieder vergessen würde, wenn man's könnte. Aber auch eine «Wir-AG» braucht eine Unternehmenspolitik mit der richtigen Balancestrategie zwischen Logistik und Lobbyismus, Personalmanagement, Wertschöpfungsketten, Verlustrechnungen, Bilanzen und Cashflow. Letzteres bitte nicht verwechseln mit Cashcow: Das Erste ist ein Begriff für Liquidität, das Zweite bin ich.

Das alles will ich Ihnen hier jetzt auch nicht vorenthalten. Schließlich halten Sie ein Buch in Händen, auf dessen Titelseite der Begriff «Wirtschaft» steht. Und wenn Sie da jetzt Erlebnisberichte vom Ballermann erwarten, dann haben Sie eben Pech gehabt. Sie können natürlich auch gleich zum nächsten Kapitel weiterblättern. Aber dann wundern Sie sich bitte nicht, wenn Ihr Dispo das Einzige bleibt, mit dem Sie eine tiefe Beziehung haben.

Dem Anfänger sei zunächst mal gesagt, dass vernünftiges Wirtschaften eigentlich ganz einfach ist. Man braucht im Grunde nur der Regel zu folgen: Gib weniger aus, als du einnimmst, oder nimm mehr ein, als du ausgibst. Scheinbar eine klare und unmissverständliche Anleitung. Wehe aber, Sie erzählen das einem Wirtschaftswissenschaftler. Dann kann es sein, dass er Sie fragt: «Ja schon. Aber wann? Schließlich ist ja alles eine Frage des Zeitpunktes. Vor Kreditaufnahme? Bei Break-even? Oder nach Steuern?» Meine Antwort: «Nach der Hochzeit, während der Ehe und vor der Scheidung.» Seine Antwort: «Das ist Kapital 2: Wirtschaft für Hartgesottene.»

Um unseren Privathaushalt in den Griff zu bekommen, mussten wir uns also erst einmal einige Grundlagen drauf schaffen. Eine der Hauptdisziplinen der Wirtschaftswissenschaften ist die Betriebswirtschaftslehre (BWL). Und im Gegensatz zum Geiz ist die BWL eine geile Sache, denn nicht umsonst steckt ja im Wort Betriebswirtschaft das Wort «Trieb» mit drin. Wichtigste Regel dabei: Wirtschaftswissenschaftler gehen grundsätzlich immer davon aus, dass alles nur begrenzt zur Verfügung steht – außer natürlich das Mitteilungsbedürfnis von Lothar Matthäus. Aber abgesehen davon sind Geld, Waren, Arbeitsplätze, et cetera nicht unbegrenzt vorhanden. Sagen jedenfalls die Wirtschaftswissenschaftler. Und spätestens hier sehen wir, dass BWL Teufelszeug ist, denn in der Bibel steht bereits: «Der Herr ist mein Hirte, mir wird nichts mangeln.» Gut, außer in der Wäscherei, da wird dir gemangelt. Aber erklären Sie das mal einem Bibelkundler.

Weiter: Die BWL hat zum Ziel, Unternehmen bei ihren Entscheidungen zu unterstützen. Hier habe ich mich sofort gefragt, ob diese Ausrichtung in einer Wir-AG überhaupt eine Chance hat. Denn die Entscheidungen trifft bei uns natürlich immer die Vorsitzende, meine Funktion ist dabei eher eine beratende. Sollte mir das ab und zu unrecht sein, gibt es umgehend eine Betriebsklimakonferenz. Diese läuft genauso ab wie eine Weltklimakonferenz. Man diskutiert das Problem, einigt sich auf gute Vorsätze, lächelt sich an und beschließt, alles zu ändern. Irgendwann. Aber nicht jetzt. Wegen der Wirtschaft.

In der BWL ist es dabei vor allem wichtig, ganz schnell ganz viele schwierige Fachbegriffe zu lernen. Denn je mehr Sie davon draufhaben, umso eher können Sie so tun, als gehörten Sie zu einem elitären Kreis, wie etwa Ärzte, Juristen oder Eltern. Nehmen wir als Beispiel die Logistik.

Logistik ohne Logik

Logistik ist ein wirklich irreführendes Fremdwort, denn Logistik hat trotz des ersten semantischen Eindrucks nichts mit Logik zu tun. Logistik heißt: das richtige Gut in der richtigen Menge im richtigen Zustand am richtigen Ort zur richtigen Zeit für den richtigen Kunden und zu den richtigen Konditionen bereitzustellen. Das Gegenteil davon nennt man Telefonanschluss von der Telekom oder Regalschrank von Ikea. Beides befindet sich übrigens in den Räumlichkeiten unserer Wir-AG, daher wissen wir auch, dass Logistik wirklich rein gar nichts mit Logik zu tun hat.

Unternehmen machen Politik

Ein anderer Fachbegriff ist: Unternehmenspolitik. Damit ist nicht die Politik gemeint, die eine Regierung unternimmt, sondern die Festlegung eines Unternehmens, auf welchen Gebieten es tätig ist und welche Verhaltensgrundsätze für diese Tätigkeiten gelten sollen. Kik beispielsweise ist unglaublich stark engagiert gegen Kinderarbeit in Billiglohnländern, dicht gefolgt von H&M sowie der gesamten Schokoladenbranche. Das sind natürlich Informationen, die für uns als Wir-AG und Verbraucher sehr wichtig sind. Schließlich wollen wir ja, dass unsere Kinder später auch mal einen Arbeitsplatz erhalten. Und da ist es doch gut zu wissen, an wen man sich wenden kann.

Um eine Unternehmenspolitik im Zweifel auch durchzusetzen, wird übrigens nicht selten auch Druck auf die Unternehmungen der Politik ausgeübt. Das nennt man dann: Lobbyismus.

Warum der Lobbyist voll des Lobes ist

Lobbyismus funktioniert folgendermaßen: Im Grunde ist die parlamentarische Demokratie zur Lösung von Problemen am besten geeignet, gäbe es nicht die Parlamentarier. Die selber sind das größte Problem. Denn Parlamentarier sind per Grundgesetz nur ihrem eigenen Gewissen verpflichtet. Oder wie Franz Müntefering das mal nannte: «Fraktionszwang!» Was macht ein Parlamentarier, wenn er im Parlament Dinge beschließen soll, von denen er laut Angela Merkel nicht viel versteht? Er zieht sich erst mal mit anderen Abgeordneten seiner Fraktion in Beratungsräume zurück. Dann bilden sie Untergruppen und Ausschüsse. Hier müssen die verschiedenen Lager innerhalb der Partei ausgelotet werden sowie die Winkelzüge der Opposition und das Bild in der Öffentlichkeit, kurz BILD genannt. Außerdem müssen sie Antworten auf die zu erwartenden Fragen der Journalisten formulieren. Und wenn der Abgeordnete sich dann das, was am Ende dabei herauskommt, genau betrachtet, denkt er sich: «Hui, da bin ich aber mal wieder überrascht, wie interessant doch meine ehrliche Meinung manchmal sein kann.»

Diese ehrliche Meinung muss der Abgeordnete dann aber auch noch mit seinem Gewissen in Einklang bringen beziehungsweise von den Lobbyisten absegnen lassen. Wenn RWE-Chef Jürgen Großmann eine andere Meinung hat, sollte man sich deren letzte Spendenquittung der Atomindustrie lieber zuvor noch einmal genau angucken. Danach sagt sich der Abgeordnete: «Och, schau mal an, so sieht also jetzt mein Gewissen aus.» Für einen Abgeordneten ist also ein Gewissen so etwas wie ein Befehl zur Fortbewegung der eigenen Erkenntnis: «Geh, Wissen!» Worüber dann auch Jürgen Großmann voll des Lobes ist. Deswegen heißt die ja auch Lobbyist. Also wenn schon Fachbegriffe, dann aber auch richtig, oder?

Und deshalb gleich noch ein paar Fachbegriffe hinterher, wie etwa Personalwesen und Organisationsmanagement.

Personal und Management – zwei Welten prallen aufeinander

Das Personalwesen und Organisationsmanagement beschäftigt sich mit der Aufgabenorganisation eines Unternehmens. Dabei wird festgelegt, wer wann wo welche einzelnen Arbeitsschritte zu übernehmen hat. Das kann kuriose Formen annehmen. Wenn Sie beispielsweise zum Drive-in-Schalter einer gewissen Fastfoodkette fahren, um den Körperumfang Ihres Personalwesens etwas zu erweitern, kann es schon mal vorkommen, dass die Person, die Ihre Bestellung entgegennimmt, in dem Moment aber nicht 20 Meter weiter am Ausgabeschalter sitzt, sondern irgendwo 3000 km weit entfernt. Kein Witz. Das kommt vor. Warum? Weil es billiger ist, Ihre Bestellung von dort zu koordinieren, auch wenn die Leitung lang ist. Aber jetzt wissen Sie wenigstens, warum Sie letztes Mal statt zwei Cheeseburger dreizehn Chickenburger erhalten haben.

Sie erkennen ein funktionierendes Organisationsmanagement ganz einfach, wenn Sie beispielsweise bei uns anklingeln und mich fragen, ob Sie sich eine Windel borgen können. Ich weiß dann natürlich sofort, dass Sie eigentlich meine Frau fragen müssten, die aber gerade nicht da ist. Weswegen wir ja mal gucken können, ich weiß zwar auch nicht, wo das ist, das müsste aber im Lager sein, da muss ich erst mal beim Chef nachfragen, ob die linke Hand noch weiß, was die rechte tut, gestern hüh, heute hott, rinn in die Kartoffeln, raus aus die Kartoffeln, das haben wir schon immer so gemacht, das haben wir noch nie so gemacht, das kann ich doch jetzt nicht entscheiden, oh, Moment mal, ich glaube, ich hab's gefunden, ach nee, doch nicht, würde Ihnen denn ein Kreuzschlitzschraubenzieher jetzt eventuell auch helfen? Nicht? Aha.

Irgendwann kommt meine Frau dann nach Hause, findet auf Anhieb die Windeln, zieht mir meine erwiesene Unfähigkeit vom Lohn ab und schickt mich los, neue Windeln einzukaufen. Wenn ich einwerfe, dass wir unsere Windel ja nur verborgt haben und die doch also zurückbekommen, ist meine Frau anderer Meinung. Ein Hoch auf ein gelungenes Organisationsmanagement.

Was sich aber auch mit einem anderen Fremdwort nicht

so einfach wieder ausbügeln lässt, nämlich mit der Wertschöpfungskette!

Wenn man die Wertschöpfungskette am Hals hat

Mit Wertschöpfungskette ist nicht ein wertvoller Halsschmuck meiner Frau gemeint. Die Wertschöpfungskette beschreibt den Weg eines Produktes durch die verschiedenen Phasen inner- und außerhalb des Unternehmens. Wenn wir also zum Beispiel unserem Kind ein Handy oder eine Spielekonsole kaufen müssen (ich habe hier bewusst «müssen» formuliert – wer Kinder hat, weiß, wovon ich rede), können wir aufgrund der Wertschöpfungskette genau zurückverfolgen, wie ein unter menschenunwürdigen und umweltfeindlichen Produktionsbedingungen hergestellter Schnickschnack den Weg als überteuertes Lifestyleprodukt in unsere Wohnung gefunden hat. Und mal ehrlich, gibt es für Eltern etwas Beglückenderes als strahlende Kinderaugen, denen man mit der neuesten Version von Counter-Strike ein bisschen Freude ins Leben zaubert? Obwohl wir natürlich wissen, dass auch dafür die Begeisterung irgendwann erlahmt sein wird. Und auch das ist aber keine Überraschung. Denn dieses Phänomen kennt die BWL unter dem Fremdwort Produktlebenszyklus.

Auch Produkte haben ihre Tage

Ein Produktlebenszyklus beschreibt die typischen Phasen, die ein Produkt durchläuft. Erinnern Sie sich noch an Sofortbildkameras, Schreibmaschinen oder Vinyl-Schallplatten? Das sind Beispiele für einen überschaubaren Produktlebenszyklus. Gegenbeispiele sind Ahoi-Brause, Afri-Cola oder Zauberwürfel. Wo die plötzlich nach Jahren aus der Versenkung wieder herkamen, kann kein BWLer plausibel erklären. Und gänzlich mysteriös sind komplett Untote wie Nena. 1980 sang sie in einem Lied die Zeile: «Ich lass dich nie mehr alleine». Und was passiert? Die zieht das durch.

Um einen Produktlebenszyklus möglichst verlustfrei und gewinnträchtig zu durchlaufen, braucht es ein Produktmanagement. Dieses entscheidet, wie ein Unternehmen auf neue Anforderungen reagiert. Als Carl Benz 1885 ein Fahrzeug mit Benzinantrieb auf die Straße stellte, quittierten das die Pferdedroschkenkutscher mit höhnischem Gelächter. Selbst Kaiser Wilhelm II. hielt das Automobil für eine «vorübergehende Erscheinung», was belegt, wie irre und kurzsichtig Regierungschefs bisweilen sein können. Schließlich war das Automobil keine vorübergehende, sondern eine vorüberfahrende Erscheinung. Aus dieser Fehleinschätzung hat man inzwischen gelernt. Wenn heute Apple plötzlich einen MP3-Player erfindet, der auch Haare rasiert, kann man die Uhr danach stellen, bis Microsoft einen anbietet, der imstande ist, Zehennägel zu schneiden.

Bei einer Wir-AG allerdings geht das Produktmanagement gerne auch mal in Personalunion mit der Aufsichtsratsvorsitzenden einher, was den Vorteil ganz kurzer Entscheidungswege bedeutet. Dazu muss man wissen: Ein Produktlebenszyklus beginnt mit der Entwicklung und endet mit der Ablösung des Produktes durch einen Nachfolger oder den vollständigen Rückzug aus dem Markt. Heißt es. Da aber das Produkt einer Wir-AG ein neuer Rentenbeitragszahler ist, bedeutet das, mit der Geburt eines Kindes beginnt der Produktlebenszyklus, und sobald ein zweites Geschwisterchen geboren wird, wird das Produkt abgelöst durch einen Nachfolger. Endet aber leider nicht mit dem vollständigen Rückzug vom Markt, sondern muss stattdessen mit durchgezogen werden – mindestens bis zur Volljährigkeit. Gerne auch mal länger. Wie lang, hat wiederum Nena in einem anderen Lied formuliert: «Irgendwie, irgendwo, irgendwann!»

Das interessanteste Handlungsgebiet des Produktlebenszyklus ist dabei die sogenannte Sättigungsphase. Sie wissen schon, das ist die Phase, kurz bevor das Baby Bäuerchen macht und alle hocherfreut sind, wenn's dann endlich losrülpst. In der BWL ist damit aber vor allem die Phase gemeint, wenn man ein Produkt satt- und die Schnauze davon voll hat. Von der SPD beispielsweise hatte die Bevölkerung zuletzt die Schnauze voll; die FDP macht sich derzeit um die Steigerung «gestrichen voll» verdient. In solchen Phasen muss man sich einfach nur Interviews und Talkshows mit Spitzenpolitikern dieser Parteien im Fernsehen angucken, und man braucht keine Comedysendungen mehr. Bei einer Wir-AG ist die Sättigungsphase mit dem 18. Geburtstag des Nachwuchses erreicht. Der Tag, an dem Eltern gerne auch mal die Schnauze voll haben und ein weiteres Lied von Nena anstimmen, mit dem Titel «Rette mich».

Dieser Tag ist übrigens auch der perfekte Moment, um einmal etwas zu tun, das dem BWLer bekannt ist unter dem Fachbegriff «Gewinn- und Verlustrechnung».

Mit Lust in den Verlust

Eine Gewinn- und Verlustrechnung ist ganz einfach. Zunächst nennen Sie Ausgaben nicht mehr Ausgaben, sondern Aufwendungen. Das tun Sie, weil Sie jeden Cent mit großem Aufwand dreimal wenden müssen, bevor Sie ihn ausgeben. Einnahmen heißen ab sofort auch nicht mehr Einnahmen, sondern Erträge. Auch logisch. Weil Geld zu verdienen ja so eine schwere Last ist, dass man die Einnahmen ertragen muss. Als Nächstes schreiben Sie dann auf einer Seite alle Erträge untereinander und auf einer anderen Seite alle Aufwendungen. Und dann schauen Sie mal, welche Zahl größer ist. Sind die Aufwendungen größer, haben Sie Verlust gemacht. Sind die Erträge größer, haben Sie noch etwas übrig, bevor Sie auch das bald los sind.

Wissen Sie zum Beispiel, wie viel ein Kind bis zum 18. Lebensjahr insgesamt kostet? 300 000,– Euro! Kein Witz. Und diese Summe steht in einer Wir-AG für Ihre Aufwendungen. Und wenn Sie dann die Summe betrachten, die Sie später dafür als Rente bekommen, wissen Sie, warum auch das Erträge heißt: Weil Sie für diese mickrige Zahl die ganze Zeit Ihre Familie ertragen haben. Und das als einen Gewinn zu bezeichnen mag spirituell vielleicht zutreffen, wirtschaftlich betrachtet ist das eher vollkommen bekloppt. Aber daran sehen Sie, dass wir anscheinend von sehr spirituellen Menschen regiert werden. Es wird Zeit, eine Bilanz zu ziehen.

Bilanz

Bilanz ist zu guter Letzt der wichtigste Fachbegriff in der BWL. Dabei sollten Sie eine Bilanz nicht mit einer Gewinn- und Verlustrechnung verwechseln. Das wäre so, als würden Sie einen Kindergeburtstag mit einer spätrömischen Orgie verwechseln. Und das schafft nur einer. Und der ist mit dem Kopf vor die Höhlenwand gelaufen.

Das Erste, was Ihnen bei einer Bilanz auffällt, ist die Gliederung in Aktiva und Passiva. Diese Unterscheidung ist direkt der chauvinistischen und frauenfeindlichen Terminologie entnommen, die männlich und weiblich unterscheidet. Oder so ähnlich. Schon wieder zwei neue Fachbegriffe gelernt. Egal. In der BWL jedenfalls wird behauptet, weiblich sei passiv oder empfänglich. Und deswegen steht Passiva in der Bilanz dafür, was an Kohle, Cash, Flocken, Zaster, Kies, Mäuse, Mücken, Moneten insgesamt so alles reinkommt. Das kann manchmal ganz schön unübersichtlich sein. Denn wichtig ist ja nicht nur, was an Geld so alles reinkommt, sondern auch, wo das alles überhaupt herkommt. Deswegen müssen Sie die Passiva unterteilen, nämlich in Eigenkapital, Fremdkapital und Verbindlichkeiten.

Eigenkapital heißt so, weil das ein Vermögen ist, das Sie sich zu eigen gemacht haben, oder weil es aus irgendwelchen anderen Gründen Ihnen gehört, also zumindest der offizielle Anteil davon. Sollten Sie etwa Handwerker sein, gilt der Hinweis: Eine Einnahme ohne Rechnung sollte hier lieber nicht aufgeführt werden.

Fremdkapital bezeichnet Geld, das andere Ihnen geliehen haben. Zum Beispiel Kumpel, liebe Verwandte oder Schwiegereltern. Dieses Geld muss unbedingt unter Fremdkapital aufgelistet werden, weil man Ihnen das nicht geschenkt hat, sondern dafür von Ihnen eventuell etwas haben will, etwa die nächste Runde in der Kneipe, Besuchsrecht am Sonntag oder 20 Kamele und Ihre Tochter.

Verbindlichkeiten ist ein Wort, das im zwischenmenschlichen Bereich durchaus etwas sehr Angenehmes bedeuten kann, in der Bilanz hingegen aber für Schulden, Miese und «in der Kreide stehen» gebraucht wird. Was zugegebenermaßen allerdings bisweilen auch im zwischenmenschlichen Bereich auftreten kann. Schließlich reden wir hier immer noch von einer Wir-AG.

Das war die weibliche Seite in der Bilanz. Auf der anderen Seite wird in der BWL behauptet, männlich sei aktiv oder gebend. Deswegen bezeichnet Aktiva alles das, wofür Sie Ihre Kohle, Cash, Flocken, Zaster, Kies, Mäuse, Mücken, Moneten ausgeben. Und jeder, der in einer Wir-AG lebt, weiß, dass das erst recht ganz schön unübersichtlich sein kann, und zwar nicht nur manchmal, sondern meistens – also eigentlich immer. Und deswegen werden die Aktiva unterschieden in Umlauf- und Anlagevermögen.

Umlaufvermögen bezeichnet Geld, das Sie bar bei sich zu Hause herumliegen haben oder auf Tagesgeldkonten, eventuell auch Rohstoffe, Gold, Schmuck, Perlenketten, Eheringe und anderes mehr, wie auch kurzfristig verkaufbare Lagerbestände an Breinahrung, Lätzchen, Windeln und Babycreme. Also alles, was Sie sehr schnell flüssigmachen könnten, anschließend in einen schwarzen Koffer passt und Sie bei Ihren Laufbewegungen nicht behindert. Deswegen nennt man das Umlaufvermögen.

Anlagevermögen hingegen heißt nicht, dass man Ihnen Handschellen anlegt, wenn man Sie mit Ihrem Koffer voll Umlaufvermögen erwischt hat. Anlagevermögen ist alles das, was Sie längerfristig angelegt haben, wie zum Beispiel in Festgeldkonten, Aktien, Einfamilienhäuschen, Wasch-, Spül-, Näh- und Mähmaschinen, Büroeinrichtungen, Laufstall, Dreirad, Zweirad, Hamsterrad und natürlich auch der Steg, an dem Sie Ihre Familienyacht angelegt haben.

Wenn Sie jetzt die Bilanz genau betrachten, dann sehen Sie, dass Sie Geld nicht einfach so besitzen, sondern Sie haben eigenes oder geliehenes, bar oder investiert, zur Verfügung oder nicht, sofort oder für später. Merken Sie was? Das sind acht Variablen. Und wenn Sie den Bogen raushaben, dürfen Sie jetzt Ihr Geld zwischen diesen acht Variablen verschieben, verschleiern, tricksen, tarnen und täuschen. Der Phantasie sind dabei keine Grenzen gesetzt. Sie dürfen sich nur nicht erwischen lassen. Aber keine Angst, dabei hilft Ihnen die Kreative Buchführung, auch bekannt unter dem Begriff: Rechnungswesen.

Wer schiebt, der gibt

Im Rechnungswesen werden Methoden entwickelt, die es ermöglichen, Finanzströme zu erfassen und zuzuordnen. Also im Grunde eigentlich nichts anderes, als wenn meine Frau mich fragt, wie viel Geld wir für den Rest des Monats noch zur Verfügung haben. Und dabei wird unterschieden zwischen internem und externem Rechnungswesen. Intern wissen wir zum Beispiel, dass wir für den Rest des Monats noch 100,– Euro übrig haben, um für ein Kind die vier wichtigsten Posten, nämlich Breinahrung, Lätzchen, Windeln und Babycreme, kaufen zu können. Dazu berechnen wir intern pro Posten 25,– Euro.

Extern können wir jedoch die 100,– Euro auf diese vier Posten auch so aufteilen, dass wir für Breinahrung 100,– Euro veranschlagen und für die andern drei Posten nichts. Das bietet sich etwa an, wenn man von den Verwandten ein bisschen Kleingeld rausleiern will und ihnen anhand der drei Posten nachweisen kann, dass man kurz vorm Hungertod steht. Hat man mehrere Kinder, kann man das Spielchen wie ein richtiges Unternehmen so lange ausreizen, bis die Begriffe Mutterkonzern und Tochterfirmen einen ganz neuen Sinn bekommen.

Will man dann von einer Bank einen Kredit bekommen und muss Sicherheiten bieten, schiebt man 100,– Euro zwischen vier Posten so lange hin und her, dass es nach insgesamt 400,– Euro aussieht, während man dem Finanzamt viermal 0,– Euro zeigt. Na bitte, so macht BWL doch Spaß.

Und wenn Sie zwischen Aktiva und Passiva alles schön hin und her verschoben haben, sehen Sie am Ende einer Bilanz den Cashflow.

Fließende Kohle

Dass Kohle fließen kann, ist dabei für mich als Nachfahre von Bergarbeitern in Gelsenkirchen natürlich ein wunderbar absurdes Bild, denn was ist fließende Kohle? Teer! Zusammen mit Federn ein hübsches Bekleidungsstück für Bilanzenblender. In der BWL zeigt der Cashflow jedoch an, ob ein Unternehmen nicht nur Zahlen auf dem Papier hin und her bewegt, sondern tatsächlich auch Geld ein- beziehungsweise auszahlt. Das Gegenteil kennen wir unter dem Begriff Geldverbrennung, oder nach Lesart der Deutschen Bank: Peanuts.

Unterm Strich

So, das war's. Jetzt haben Sie es geschafft. Sie haben den Weg von der Wir-AG zur WIRR-AG durchgehalten und können sich jetzt in den Vorstand von Daimler wählen lassen und Verträge aushandeln, die Ihnen erlauben, im Falle von Fehlentscheidungen keine Strafe bezahlen zu müssen, sondern eine Abfindung zu kassieren, um als Sieger aus den Wahlen zur «Miss Management» hervorzugehen. Falls Ihnen das lieber ist, können Sie jetzt natürlich auch mit dem Kopf kräftig vor die Wand rennen, um sich aus diesem Definitionsmarathon für eine undefinierte Zeit zu verabschieden. Vielleicht wäre es aber auch an der Zeit, dieses Buch einfach mal aus der Hand zu legen und stattdessen lieber eine Runde das Leben zu genießen. Sie wissen schon, spazieren gehen, frische Luft schnappen, dem Partner sagen, dass man ihn liebt, schöne Musik hören, mal wieder ins Theater gehen, mit guten Freunden ein gutes Essen genießen, und wenn der FC Bayern München spielt, dem Gegner die Daumen drücken.

Jedem Ende wohnt ein Zauber inne

Auf unserem Marktplatz in Brandenburg ist dieser Crash-Kurs in Wirtschaftswissenschaften für Ein- und Aussteiger jedenfalls mit Begeisterung aufgenommen worden, und so blühte der Handel, und alle waren glücklich und zufrieden. Und wenn Sie nicht gestorben sind, ist die Welt noch heute schön. Sie ahnen schon, was passiert – doch falsch geraten. Diesmal wollte unser altbekannter FDP-Jägersmann ausnahmsweise mal nicht mit dem Kopf vor die Wand, sondern hinaus in die weite Welt und mal etwas anderes sehen als immer nur Markt Brandenburg. Thüringen ist schließlich auch nicht hässlich, Niedersachsen und Hessen auch nicht. Gut, Hessen ist vielleicht nicht wirklich schön, aber richtig hässlich ist es auch nicht. Zumindest heißt hässlich noch nicht «hesslich».

Und also bewarb sich der FDP-Jäger um einen Auftrag als Außenminister, um sich den Rest der Welt anzugucken. Und nachdem man sich daran erinnerte, dass man ihn ja eh bei den wilden Tieren aussetzen wollte, ließ man ihn gerne ziehen. Also machte sich unser Steinzeitliberaler auf den Weg, und nach unendlich ermüdenden Reisestrapazen, gleich schon hinterm nächsten Hügel, sah er, dass es dort auch so einen Marktplatz gab, auf dem sich die Leute trafen, um Waren und Güter gegen Geld einzutauschen. Sapperlot, dachte er, gibt es außer mir noch ein Genie auf der Welt? Unmöglich! Also schritt er frohgemut auf diesen fremden Marktplatz, rief ein herzliches Grüß Gott in die Runde und wurde sofort vom «Atheistischen Freiheitskommando Für Erfurt» (kurz AFFE) in Ketten gelegt, bei Wasser und Brot ins dunkelste Verlies gesperrt und für alle Zeit vergessen.

Ich weiß, das ist jetzt ziemlich an den Haaren herbeigezogen. Aber irgendwie muss ich dieses bekloppte Steinzeitszenario ja auch wieder beenden. Und beweisen Sie mir doch erst mal, dass sich diese Geschichte nicht genau so zugetragen hat. Mitglieder des FDP-Präsidiums sind von dieser Variante jedenfalls schwer begeistert. Und zwar so begeistert, dass man dort inzwischen ökonomische Sachkompetenz zum Faktor für Personalentscheidungen gemacht hat. So wurde mit Philipp Rösler ein Mediziner zum Wirtschaftsminister und mit Daniel Bahr übernahm ein Wirtschaftswissenschaftler das Gesundheitsministerium. Falls Sie also noch ein Komikerduo für Ihre nächste Silvesterparty suchen – einfach bei der FDP-Bundesgeschäftsstelle anrufen.

Aber wenden wir uns nun dem Volke zu!

↗ VOLKSWIRTSCHAFT

VWL – Wenn Volkswagen mit Lada fusioniert

Was genau ist eigentlich ein Volk? Ein Volk ist eine Menschengruppe, die sich in einem abgegrenzten Gebiet mittels eines Kommunikationscodes untereinander verständigen kann. Früher bestanden diese Grenzen aus tiefen Flüssen, hohen Bergen und dunklen Wäldern, und der Kommunikationscode war eine Sprache aus Stammel-, Grunz- und Rülpslauten. Jeder, der heutzutage mal nach Schulschluss in einem öffentlichen Verkehrsmittel mitfährt, wird feststellen, dass diese Zeit noch nicht ganz zu Ende ist.

Befinden sich in einem derart abgegrenzten Gebiet mehrere Betriebe, so bilden diese zusammen mit dem Volk eine Volkswirtschaft. Und weil ich von der Volkswirtschaftslehre noch viel weniger Ahnung hatte als von der Betriebswirtschaftslehre, habe ich mich gefragt, wo man am meisten über Volkswirtschaft lernt. Richtig, in der Volkshochschule. Schließlich lernt man ja auch das Zitronen falten am besten bei den Zitronenfaltern. Machen wir also einen kleinen Crash-Kurs zu den Grundlagen der Volkswirtschaftslehre. Und nicht vergessen, wenn der Zahnarzt sagt: «Jetzt kann es noch mal ein bisschen schmerzhaft werden», dann können Sie da auch nicht einfach mittendrin aufstehen. Also hopphopp! Nur Mut, da müssen Sie jetzt durch.

Was genau ist eine Volkswirtschaft? Wir erinnern uns, dass ein Wirt ein Herbergsvater ist beziehungsweise ein

Mundschenk oder auch Gastgeber. Und wenn ganz viele Leute einem Wirt die Gefolgschaft zusagen, dann ist das eine Folgswirtschaft. Und weil bei der Rechtschreibreform zwei Buchstaben geändert wurden, schreibt sich das jetzt anders. Ändert aber nichts an der Gefolgschaft. Heißt der Wirt, dem alle folgen, Ludwig Erhard, sind alle glücklich. Heißt er Erich Mielke, sind auch alle glücklich, aber nur in Anwesenheit von Erich Mielke und seinem Gefolge.

Das Wichtigste, was man auch in der Volkswirtschaftslehre draufhaben muss, sind wieder jede Menge Fachbegriffe und Abkürzungen. So nennt man die Volkswirtschaftslehre auch kurz VWL. Für Insider ein klares Erkennungszeichen, Außenstehende hingegen halten VWL manchmal für das neueste Modell von Volkswagen. Was allerdings erst nach einer Fusion mit Lada auch wirklich zutreffen dürfte.

Was genau macht die VWL? Wie bereits die BWL geht auch die VWL davon aus, dass grundsätzlich bei allen Produkten das Angebot knapper ist als die Nachfrage nach den Produkten selbst. Deswegen besteht laut VWL das wirtschaftliche Handeln jedes Einzelnen vor allem darin, anderen etwas wegzunehmen. Und diesen Modell-Egoisten nennt die VWL Homo oeconomicus. Keine Ahnung, wie die dadrauf gekommen sind. Wahrscheinlich ist bei den Wirtschaftswissenschaftlern der Neid auf die Mediziner durchgebrochen, nach dem Motto: Wir wollen auch mal was auf Latein sagen dürfen.

Homo oeconomicus

Weil der Homo oeconomicus nach Lesart der VWL stets versucht, sich das größte Stück vom Kuchen abzuschneiden, daraus dann die Rosinen herauszupicken und sogar noch die letzten Krümel vom Teller zu kratzen, wird zur Darstellung von ökonomischen Untersuchungen immer gerne ein Torten-schema verwendet. Dabei unterstellt die VWL dem Homo oeconomicus, dass er

- 1. stets im Eigeninteresse handelt,
- 2. feststehende Präferenzen hat,
- 3. über vollständige Informationen verfügt und
- 4. vor allem und zu jeder Zeit rational handelt.

Daran sehen wir, wie weit sich die VWL inzwischen von der Wirklichkeit entfernt hat. Denn allein die Existenz einer Wir-AG ist der Beweis dafür, dass das mit dem rationalen Handeln nicht immer zutrifft. Wie aber sieht es mit den anderen Faktoren aus?

Dass der Mensch beispielsweise stets im Eigeninteresse handelt, könnte man allein dadurch widerlegen, dass es ja auch Dinge wie Nächstenliebe, Selbstlosigkeit und soziale Verantwortung gibt. Die VWL aber weist nach, dass auch so etwas meistens nur dann vorkommt, wenn der Einzelne sich davon einen Nutzen verspricht, wie etwa einen Platz im Himmel. Oder zumindest einen in der Bewunderungs-galerie seiner geliebten Nächsten. Spätestens, wenn es um eine gewisse Spendenbereitschaft geht, so steigt diese signifi-kant, wenn die Spende steuerlich absetzbar ist. Wenn sie das nicht ist, dann sollte sie zumindest beim Abgeordneten der Lieblingspartei einen gewissen Eindruck hinterlassen, was auf diesem Umweg dann auch dem eigenen Interesse nutzt. Eine rühmliche Ausnahme bildet lediglich Steuerflüchtling Michael Schumacher, der angesichts der Tsunamikatastro-phe 2004 aller Welt verkündete, dass er es als Privatsache ansieht, wie viele Millionen er den Hilfsorganisationen zukommen lassen will. Vorbildlich der Mann. Aber ansonsten muss man sagen: 1:0 für die VWL.

Als Nächstes kommt der Faktor mit den feststehenden Präferenzen. Und auch das kann jeder bestätigen, der sich einmal in seinem Leben für etwas entschieden hat. Sie können es selbst überprüfen. Was mögen Sie mehr: Wein oder Bier? Hund oder Katze? Sarah Connor oder Musik? Und sehen Sie, wenn Sie sich da einmal entschieden haben, gibt es dann auch kein Zurück mehr. Komme, was da wolle. Spätestens, wenn Sie versuchen, einem Kölner Jecken den schönsten Logenplatz im Düsseldorfer Karneval zu schenken, werden Sie erstens diesen Kölner am Rosenmontag alleine in Timbuktu antreffen und zweitens feststellen, dass es jetzt bereits 2:0 für die VWL steht.

Jetzt überprüfen wir mal die Behauptung, dass der Einzelne stets über vollständige Informationen verfügen soll. Zugegeben, wenn Sie früher zögerten, eine Fertigsuppe zu kaufen, rief Ihnen Franz Beckenbauer im Fernsehen entgegen: «Schmeckt prima!», und das hat Ihnen als Information gereicht. Meine Eltern etwa überzeugte es, mir eine Brühe vorzusetzen, die meist so heiß war, dass der Kontakt mit den Geschmacksnerven an meiner Zunge dazu führte, die Aussage des Kaisers beim besten Willen nicht mehr bestätigen zu können. Mittlerweile können Sie natürlich mit so plumpen und durchschaubaren Manipulationsmanövern keinem mehr kommen. Deswegen heißt es heute: «Ist gesund!» – und das ist doch mindestens so wertvoll wie eine Verdoppelung des Informationsgehalts.

Wenn außerdem auf der Packung noch draufsteht, dass beispielsweise Ihr Joghurt mit rechtsdrehenden Biokulturen Ihre Darmflora zu 15 Prozent mehr vor einem Blähbauch schützt (verglichen mit was eigentlich?), dann danken Sie auf Knien, dass man Sie so umfassend und gründlich informiert hat. Kommt jetzt außerdem noch ein «nachgewiesenermaßen» dazu, stellt das schon eine Informationsmenge dar, die Sie mental kaum noch aufnehmen können. Und damit Sie nun geistig nicht zusammenbrechen, stehen diese Details dann alle auch mit ganz vielen weiteren Fachbegriffen und extra klein gedruckt auf der Packung. Einfach zu Ihrem Schutz vor Informationsüberflutung. Und damit 3:0 für die VWL.

Kommen wir zu der Behauptung, dass jeder stets rational handelt. Spätestens jetzt frage ich mich, ob auch der Besuch eines Konzertes von André Rieu darunterfällt? Oder der Ankauf von Satinbettwäsche mit Leopardenmuster? Oder die Clownsmarionette aus Keramik mit der aufgemalten Träne auf der Sofalehne? Unter dem Zinnteller an der Wand? Mal ehrlich, rationaler geht's doch gar nicht, oder? Doch, es geht. Wie, das zeigt Ihnen die VWL.

Ein VWLer wird Ihnen nämlich zuvor berechnen, ob Sie den Zinnteller lieber günstig bestellen oder selbst abholen sollen. Bei der Bestellung zahlen Sie zwar manchmal weniger für den Teller, dafür aber zusätzliche Lieferkosten. Bei Selbstabholung zahlen Sie keine Lieferkosten, haben aber dafür Ausgaben, weil Sie selber den Weg bis zum Geschäft zurücklegen müssen. Andererseits sparen Sie bei Selbstabholung die Telefonkosten für die Bestellung. Außer, Sie bestellen per E-Mail, dann müssen Sie aber anteilig die Kosten für Strom und Internet wieder dazurechnen. Geht's noch rationaler?

Ja, aber natürlich. Und zwar indem Sie außerdem noch berechnen, was Sie in der Zeit, in der Sie den Teller selbst abholen, stattdessen machen könnten. Wohingegen Sie bei der Bestellung darauf verzichten, die Selbstabholung mit etwaigen anderen Besorgungen zu kombinieren. War das schon der Rationalität letzter Schluss?

Nein. Denn jetzt können Sie noch überprüfen, wie viel Sie sparen, wenn Sie einen Mengenrabatt erzielen, weil Sie zwei statt einen Teller erstehen. Oder auch, was Sie sich leisten könnten, wenn Sie auf den Ankauf des Tellers gänzlich verzichten würden. Sie sehen, Wirtschaftswissenschaften dienen Ihnen ohne Ende, machen Ihr Leben schöner, bequemer und leichter. Denn wenn Sie das alles berechnet haben, sparen Sie am Ende summa summarum vielleicht 1,– Euro. Der Wahnsinn, oder? Hallo? Ist das nichts? Zugegeben, das ist eventuell genau so viel Geld, wie Sie in genau der Zeit hätten einnehmen können, in der Sie diese Berechnung angestellt haben – aber wenigstens haben Sie das jetzt schwarz auf weiß.

Vor allem aber dürfen Sie nicht von sich auf alle anderen schließen, denn wenn ein Volk aus 80 Millionen Menschen besteht, dann sind das in unserem Fall schon 80 Millionen Euro! Und aufgrund solcher Berechnungen kann die Regierung mit eingesparten 80 Millionen Euro schon eine Menge anfangen. Sie kann davon zum Beispiel eine Brücke über den Mittelrhein bauen und damit nicht nur die optische Bereicherung eines Weltkulturerbes schaffen, sondern außerdem noch ein schönes Motiv für einen neuen Zinnteller. Eine klassische Win-win-Situation. 17:0 für die VWL!

Wirtschaftspolitik ohne Volk

Wir halten also fest, dass die VWL sich nicht nur mit der Frage beschäftigt, welches Handeln dem Einzelnen größtmöglichen Nutzen bringt, sondern auch, welche Auswirkungen das auf die Allgemeinheit hat. Und das ist ja der Sinn der VWL. Alles Tun und Trachten der VWL hat letzlich nur das Ziel, der Wirtschaftspolitik zu dienen. Ist das nicht wunderbar? Und wem dient die Wirtschaftspolitik? Natürlich der Wirtschaft. Was wiederum unglaublich ehrlich ist. Denn damit gibt die

Wirtschaftspolitik zu, dass sie nicht dem Volke dient. Würde sie dem Volke dienen, hieße es ja Volkswirtschaftspolitik. Und ich kann mich nicht erinnern, dass unsere Regierung diesen Begriff jemals verwendet hätte. Behaupte noch mal einer, Politiker würden immer die Unwahrheit sagen.

Die Milch macht's – Die Macht der Milch

Wie hilft die VWL der Wirtschaftspolitik? Nehmen wir eine klassische Situation mit einem durchschnittlichen Homo oeconomicus. Stellen Sie sich einmal vor, unsere Wir-AG geht im Supermarkt einkaufen, und meine Vorsitzende steht vor der Wahl, ob sie hier jetzt Milch kaufen soll. Ein scheinbar völlig banaler Vorgang. Tatsächlich aber kann genau diese eine Entscheidung gravierende Konsequenzen haben.

Der eine Liter, den meine Frau nämlich zurück ins Regal stellt, wäre möglicherweise genau der eine Liter gewesen, den die deutschen Milchbauern noch dringend hätten verkaufen müssen, um nicht pleitezugehen. Jetzt aber stehen sie vor dem Ruin und machen eine mediengerechte Protestaktion. So fahren sie vors Bundeskanzleramt und schütten da ganz viel Milch auf die Straße, weil sie wollen, dass die Milchpreise steigen. Und weil die Regierung genau weiß, dass arbeitslose Milchbauern teurer sind als subventionierte, befindet sie: Wenn die deutschen Milchbauern so viel Milch übrig haben, dass sie davon sogar was auf die Straße schütten können, dann gibt es anscheinend ein Überangebot an Milch. Und weil die deutschen Verbraucher folglich zu wenig Milch verbrauchen, sollen sie das doch zur Strafe mit ihren Steuern ausgleichen.

So bleiben die Milchpreise stabil, den Bauern wird die Existenz gerettet, während die großen Lebensmitteldiscounter weiterhin den Milchhandel diktieren. Bezahlt hat das am Ende genau der gleiche Verbraucher, der sich zuvor für das billigere Produkt entschieden hat. Und wer ist schuld daran? Meine Frau. Was mich freut. Denn normalerweise ist das immer meine Rolle.

Bedenken Sie also gut, wofür Sie Ihr Geld ausgeben. Wenn ich mein nächstes Buch doppelt so teuer anbiete wie dieses, und Sie lassen es deswegen zugunsten eines billigeren im Verkaufsregal stehen, komme ich zu einer großen Ein-Mann-Demo vor Ihre Haustür, bis die Regierung mir den Verlust ersetzt. Ich verschütte auch ganz viel Milch! So dient die VWL der Wirtschaftspolitik.

Die wichtigsten Instrumente der Wirtschaftspolitik sind dabei übrigens die sogenannten Rahmenbedingungen und die Finanzpolitik. Sie merken, es geht unaufhörlich weiter mit den Fachbegriffen. Aber was tut man nicht alles, um elitär zu wirken.

Bedingungen, die aus dem Rahmen fallen

Aus der Kunst kennen wir einen Rahmen als etwas, das ein Bild umfasst, eingrenzt, definiert, schmückt und so erst richtig zur Geltung bringt. Dabei nimmt man irgendeine moderne abstrakte Farbkleckserei, steckt sie in einen klassischen, mit Verzierungen und Ornamenten bestückten Goldrahmen, und siehe da: passt!

In der Wirtschaft hingegen geht es darum, wie der Einzelne den meisten Rahm abschöpfen kann, und die Bedingungen dafür nennt man Rahmenbedingungen. Hierbei wird unterschieden in geographische Rahmenbedingungen (tiefe Flüsse, hohe Berge, dunkle Wälder), soziale Rahmenbedingungen (Unterschicht, Mittelschicht, Rahmschicht) und politische Rahmenbedingungen (Demokratie, Diktatur, Gottesstaat). Gerade bei Letzterem kann es dann allerdings auch schon mal passieren, dass die Regierung eines solchen Gottesstaates einen Rahmen aus dem sechsten Jahrhundert nimmt, um seinem Volk Bedingungen für das dritte Jahrtausend zu schaffen. Und wenn eine solche Volkswirtschaft dann verarmt, liegt das an der Bösartigkeit aller anderen Volkswirtschaften dieser Welt.

Wobei es aber auch Staaten gibt, die schweinereich sind und trotzdem davon ausgehen, dass im Rest der Welt das Böse herrscht. Seltsamerweise können meistens auch diese Gegenden nicht gerade als grundsätzlich atheistisch bezeichnet werden. Merke:

➡ 1. Das Böse schützt weder vor materiellem Gewinn noch vor spiritueller Verarmung.
➡ 2. Der Homo oeconomicus kann manchmal sehr wohl auch schwer irrational handeln. Alles eine Frage der Rahmenbedingungen.

Frei oder sozial – Widersprüche unter sich

Bei uns in Deutschland befinden wir uns zurzeit noch (!) in einem Rahmen, den man Marktwirtschaft nennt. Wobei man differenzieren muss, denn es gibt sowohl die freie als auch die soziale Marktwirtschaft. Eigentlich sind das streng voneinander abgegrenzte Modelle. Doch wenn unsere Regierung merkt, dass der Wind beim Wahlvolk gerade mal aus der anderen Richtung weht, kann sie, um nicht am Wahlabend leer auszugehen, ihr Fähnchen über Nacht schnell in die entgegengesetzte Windrichtung halten.

Wie schnell der Wind drehen kann, haben wir jüngst nach

den Vorkommnissen im japanischen Kernkraftwerk von Fukushima erfahren. 2010 sagte unsere Regierung noch, Atomenergie sei «alternativlos», eine Begriffsschöpfung, die darauf umgehend zum «Unwort des Jahres 2010» gekürt wurde. Und als wir uns dann einmal mit eigenen Augen anschauen durften, wie dieses «geringfügige Restrisiko» eigentlich aussieht, erlebten wir die Erfindung einer neuen Sportart. Denn das Internationale Olympische Komitee hatte zwei Disziplinen neu ins Programm aufgenommen: Rugby und Golf, doch Schwarz-Gelb erfand prompt eine dritte: Zurückrudern.

Schön war bei dieser Gelegenheit das erste Statement unserer Bundeskanzlerin: «An so einem Tag kann man sicher nicht sagen, unsere Kernkraftwerke sind sicher. Wir wissen, wie sicher unsere Kernkraftwerke sind. Sie sind sicher.» Und in dem Moment wussten wir, dass auch Frau Merkel selber bereits ein abgebranntes Element ist, inklusive einsetzender Hirnschmelze.

Und siehe da, hieß es vorher immer, Atomenergie sei als Brückentechnologie unverzichtbar, konnten plötzlich in Deutschland von heut auf morgen 7 Reaktoren abgeschaltet werden, ohne dass eine einzige Glühbirne ausging. Das Einzige, was ausging, waren die Eingänge auf den Kontoauszügen der Atomindustrie. Und noch was ging aus, aber schlecht, nämlich der Wahlabend für die Regierung in Baden-Württemberg. Tja, so was kann schon mal passieren in der freien Marktwirtschaft.

Zentrales Merkmal der freien Marktwirtschaft ist nämlich die Freiheit. Also freier Wettbewerb, Vertragsfreiheit, Gewerbefreiheit, Konsumentenfreiheit, Freiheit der Berufswahl, freie Preisbildung, freier Marktzugang und so weiter. Denn bei der freien Marktwirtschaft gilt: Produktion wie Konsum werden vom Markt gesteuert. So sind etwa Kühlschränke in der Antarktis eher nicht im Angebot, wohingegen in Wüstenregionen wie Oberammergau die Nachfrage nach Devotionalien kein Ende findet. Was aber nicht überrascht, denn was will man schon in einem Ort erwarten, dessen letzte drei Buchstaben auf einen größten anzunehmenden Unfall hinweisen.

In der freien Marktwirtschaft regiert also das Motto: Wenn der Bauer etwas nicht frisst, dann braucht man es ihm auch nicht anzubieten. Was dabei herauskommt, kann man jeden Nachmittag im deutschen Fernsehen bewundern. Und jeden Abend auch. Dabei geht die freie Marktwirtschaft davon aus, dass die Konkurrenz der Unternehmen eine stetige Verbesserung des Preis-Leistungs-Verhältnisses und der Qualität schaffe. Das können wir in unserer Wir-AG bestätigen, denn seit Jahrzehnten kaufen wir regelmäßig Waren und Dinge ein, die so gut wie nie fehlerhaft, beschädigt oder reparaturbedürftig sind. Wahnsinn. Toyota zum Beispiel hatte seine Bremssysteme zwischenzeitlich sogar so sehr perfektioniert, dass die Autos ungebremst direkt bis zur Werkstatt rollten. Wohingegen die Deutsche Bahn die Klimakatastrophe bereits in ihre ICE-Wagen integriert hatte, sodass wir eine Zugreise auch als Vorbereitungslehrgang für das Wetter von übermorgen erleben durften. Ein herzliches Dankeschön der stetigen Verbesserung in der freien Marktwirtschaft!

Ein anderes Indiz für die ständige Qualitätssteigerung ist übrigens auch, dass Unternehmen inzwischen keine Beschwerdestellen oder Reklamationsbüros mehr haben, sondern nur noch Hotlines oder Call-Center. Damit wurden Zustände geschaffen, für die niemand mehr zuständig ist. Und der Einzige, der mit Ihnen redet, ist anscheinend ständig zu. In einem solchen Moment bemerken Sie, dass die Qualität des zu beanstandenden Produktes, verglichen mit diesem Telefongespräch, immer noch allererste Sahne ist. Ein Hoch auf die stetige Verbesserung in der freien Marktwirtschaft!

Legal, illegal, neoliberal

Vorreiter, Avantgarde und Speerspitze der freien Marktwirtschaft sind übrigens die sogenannten Neoliberalen. Kennen Sie die? Ich auch nicht, aber die sind schuld. Die Neoliberalen sagen nämlich, dass jeder nur an sich selbst zu denken brauche, dann sei an alle gedacht. Wer nicht will, der hat schon. Ein jeder kehre vor seiner eigenen Tür. Und wer gut schmiert, der auch gut fährt. Deswegen gibt es in der freien Marktwirtschaft etwas, das nennt sich «die unsichtbare Hand». Die heißt so, weil sie angeblich die Kräfte in der Wirtschaft automatisch regelt. Logisch! Vor allem, wenn die eine die andere wäscht, nämlich die mit dem Geld, das bekanntlich nicht stinkt, vor allem, nachdem man es gewaschen hat.

Eine Kernthese der Neoliberalen lautet deshalb: «Profit ist ein Naturgesetz! Weil Geld wie Wasser immer nur den Weg des geringsten Widerstandes geht.» Als ich das zum ersten Mal hörte, habe ich mir noch gedacht: Ach, schau mal einer an, ich lebe also anscheinend am Fuße einer Talsperre und habe wohl weiter draußen ein Schild aufgestellt mit der Inschrift «Fließ doch vorbei». Anschließend ist mir dann aufgefallen, dass es da noch einen Unterschied gibt, weil nämlich Wasser im Gegensatz zu Geld auch irgendwann verdunstet und dann später wahllos irgendwo wieder herunterregnet. Und nicht nur über dem Kontoauszugsdrucker von Warren Buffett.

Um also die freie Marktwirtschaft möglichst ungehindert walten zu lassen, haben die Neoliberalen jahrelang erzählt, dass es am besten wäre, wenn möglichst wenige Arbeitnehmer für möglichst wenig Lohn möglichst viel arbeiten. Und deshalb haben dann zum Beispiel deutsche Arbeitgeber ihre Produktion ins Ausland verlagert. Aus Gründen der Humanität und Nächstenliebe. Damit die deutschen Arbeitnehmer nicht im Regen stehen müssen – wie nett. Was mich allerdings zu der Frage führte, warum solche Arbeitgebertypen, die ja anscheinend sehr auf Billiglohnländer stehen, sich dann nicht auch privat in einem solchen Billiglohnland niederlassen. Warum haben die eigentlich nicht auch ihren Wohnsitz in Rumänien oder schicken ihre Kinder auf eine Schule in El Salvador? Oder die Frau in die Oper von Bangladesch? Und warum eigentlich lässt sich keiner von denen seine Prostata in Kuala Lumpur untersuchen? Klar, weil er nicht als Thomas Anders in der Oper von Bangladesch enden will.

Und für die Durchsetzung dieser «freien» Marktwirtschaft hat unsere Regierung jahrelang die Rahmenbedingungen geschaffen, immer mit der Begründung, dass dadurch Arbeitsplätze entstünden. Die sind dann ja auch massenweise entstanden. So blicken wir heute auf ein geradezu unüberschaubares Meer von Kurzarbeitern, Ein-Euro-Jobbern und Aufstockern. Aber wie sagen die Buddhisten: Angesichts unserer Sterblichkeit sind wir alle hier auf Erden nur Zeitarbeiter. Daran erkennt man, wie spirituell unsere Regierung ist. Denn sie will uns mit Maßnahmen der Askese dem Nirvana entgegenführen – Auuuuuuuum.

Das zieht jetzt auch noch die Frage nach sich, ob wir uns nach solchen Politikern nicht langsam auch im Ausland umgucken sollten, um da eventuell billigere verpflichten zu können. Ein Abgeordneter bekommt zum Beispiel gut 10 000 Euro im Monat, und zwar nicht nur steuerfrei, sondern auch noch zuzüglich etwaiger Nebeneinkünfte! Und jetzt mal ehrlich, da gibt's doch bestimmt was Günstigeres, vielleicht sogar ein Schnäppchen. Irgendwo müsste sich doch ein Billiglohnkanzler auftreiben lassen, einer, der vielleicht nur ein paar Schalen Hirse verlangt und einen Dienstelefanten. Etwas Vergleichbares wird sich bei eBay doch im Angebot finden lassen! Ich gucke da jedenfalls inzwischen täglich nach und kann es kaum erwarten.

Leider haben diese Neoliberalen in ihrer Rechnung dummerweise eines vergessen: Wenn nämlich möglichst wenige Arbeitnehmer für möglichst wenig Geld möglichst viel arbeiten, wer soll sich die dabei entstehenden Produkte dann noch kaufen können? Denn das ist ja das Geniale unseres Systems: Es funktioniert nur, wenn sich die Angestellten von ihrem Lohn die Dinge auch kaufen, die sie im Auftrag ihrer Arbeitgeber selber zuvor hergestellt haben.

Und weil Geld ausgeben also ein ganz wichtiger Bestandteil für den Sinn des Lebens ist, hat unsere Regierung weitere Rahmenbedingungen geschaffen, damit überall ganz viele Einkaufscenter gebaut werden können. Früher gab's mal die Ladenstraße, dann kam die Fußgängerzone – inzwischen sind das Arkaden, Passagen und Galerien. Immer alles nach dem Prinzip «Hui mit Feng-Shui». Feng-Shui, das heißt übersetzt: «weich und geschwungen, sanfte Farben, fließende Übergänge voller Wärme und Geborgenheit». Als ich das erste Mal in so einer Feng-Shui-Einkaufs-Arkade stand, dachte ich auch sofort: Hui, was für eine Geborgenheit. Sag mal, was ist das hier für eine Geborgenheit? Leck mich am Arsch, was für eine Geborgenheit! Ich fühlte mich gleich so geborgen wie ein Spermium auf dem Weg zum Ei. Und genauso komme ich auch heutzutage ans Ziel der Glückseligkeit, also an die Verkaufstheke, und dann stehe ich da an dieser Verkaufstheke, und dann spreche ich diese magischen Worte, die dann einfach aus mir herausbrechen, und die lauten: «Was? So teuer?»

Jahrelang sagten die Neoliberalen: «Leistung muss sich wieder lohnen.» Für die meisten stellt sich aber inzwischen die Frage, was man sich von seinem Lohn überhaupt noch leisten kann. Und als Lösung boten die Neoliberalen die

Aufhebung des Ladenschlussgesetzes an. Und das war wirklich sinnvoll. Denn das Geld, das ich nicht habe, gebe ich ja nachts um zwölf eher aus als mittags. Das nenne ich Übersicht und Weitblick. Der Horizont der Neoliberalen reicht bis zur Berg-und-Tal-Silhouette der Börsenkurse. Solche Leute heißen Manager? Matschemänner scheint mir treffender zu sein.

Nehmen wir etwa Hans-Olaf Henkel, den ehemaligen Arbeitgeberchef, der sich selber als einen Befürworter der sozialen Marktwirtschaft bezeichnet. Und das stimmt auch. Der ist nämlich so sozial, dass er einmal meinte, dass diese vielen Kredite an die vielen Neger in Amerika schuld an der Finanzkrise gewesen seien. Nein, wortwörtlich gesagt hat er das natürlich nicht – deswegen habe ich ja auch formuliert, dass er das «einmal meinte». In den USA ist es aber genau so verstanden worden. Denn wortwörtlich gesagt hatte er, dass «die Abschaffung des Redlining durch das Gutmenschentum» schuld daran sei. Dazu muss man wissen, dass dieses «Redlining» in den USA verboten wurde, weil es eine diskriminierende Praxis war, die Banken anzeigte, wer in Wohnvierteln von Schwarzen und ethnischen Minderheiten lebt. Und so wurde in US-amerikanischen Medien darüber diskutiert, ob Herr Henkel wohl ernsthaft glaube, dass Rassismus in Zeiten der Krise eine probate Lösung sei.

In deutschen Medien aber wurde dieser Mann darauf nach wie vor gerne in Talk-Show-Sendungen als Finanz- und Wirtschaftsexperte eingeladen. So ist das, wenn Idioten Fachidioten brauchen. Und bei einer solchen Fernseh-Talk-Show hat dieser Super-Henkel tatsächlich mal Folgendes gesagt, und zwar wortwörtlich: «Ich habe erst im Alter von 60 Jahren bemerkt, dass das Leben mehr zu bieten hat als nur die Wirtschaft.» Mal ehrlich, treffender hätte es Harald Juhnke auch nicht formulieren können.

Der allerschönste Satz der Neoliberalen sei Ihnen zum Schluss dann auch nicht vorenthalten: «Das Geld ist ja nicht weg. Es hat nur jemand anderer.» Haben Sie den schon mal gehört? Der ist richtig klasse, oder? Und das Beste ist, der Satz stimmt sogar. Denn es gibt jederzeit irgendwo auch Gewinner. Auch auf dem Höhepunkt der Finanzkrise gab es woanders auf der Welt Gewinner. Zum Beispiel vor der Küste von Dubai. Da hat man zur gleichen Zeit, als in der Welt die Finanzkrise tobte, mit Sand eine künstliche Palmeninsel im Meer aufgeschüttet. Aber ganz dezent. Die ist für die Gewinner. Haben Sie diese Palmeninsel vor Augen? Also mal ehrlich, es gibt doch Dinge – also wenn man wirklich ganz ehrlich ist, da gibt es doch Dinge, da freut man sich schon auf die Polkappenschmelze. Denn im Gegensatz zu Geld geht Wasser wirklich nur den Weg des geringsten Widerstands.

Sobezahldasjetztmalismus

Wenn aber die freie Marktwirtschaft dann irgendwann an ihre Grenzen stößt und die Welt in eine Finanzkrise gerät, dann kramt die Regierung einfach schnell die «soziale» Marktwirtschaft aus der Schublade. Die soziale Marktwirtschaft ist wie die freie Marktwirtschaft, nur dass der Staat sich ein bisschen weniger heraushält und auch Gesetze erlassen darf, die direkt ins Marktgeschehen eingreifen. Der Staat sorgt dann etwa dafür, dass ein Facharzt trotz Studiums an einer deutschen Universität seine Tätigkeit in Deutschland nicht ausüben darf, weil er zuvor nicht sieben Jahre auf eine deutsche Schule gegangen ist. So etwas ist sinnvoll, denn es schützt unsere Wirtschaft vor Asylmissbrauch. Und Gott sei Dank haben wir in Deutschland ja überhaupt keinen

Fachkräftemangel, sonst hätte das irgendwann ernste Konsequenzen.

Andere Rahmenbedingungen, die der Staat schafft, sind zum Beispiel Gesetze, um Kartell- und Monopolbildung zu verhindern. Das ist wirklich wichtig. Denn wenn es nur noch den Media Markt gäbe, dann könnte dieses Unternehmen die Bedingungen auf dem Elektrowarenmarkt komplett diktieren und mit Dumpingpreisen kleine Familienbetriebe so lange in die Pleite reiten, bis selbst Mario Barth nicht mehr blöd ist. Wie gut, dass es da auch noch Saturn gibt. Dieser Elektroladen gehört zwar auch, wie der Media Markt, zum Mutterkonzern der Metro-Group, aber jetzt können wenigstens zwei Firmen die Preise diktieren und kleine Familienbetriebe ruinieren, bis sie dann ihren Betrieb schließen und beim Sozialamt Stütze beantragen müssen. Aber vielleicht verleiht erst das Sozialamt dem Begriff «soziale Marktwirtschaft» einen tieferen Sinn.

Ich frage mich allerdings manchmal, ob das wirklich so schlimm wäre, wenn die Monopolbildung in allen Bereichen konsequent zu Ende geführt würde. Stellen Sie sich mal vor, dass es irgendwann nur noch eine einzige Bank gäbe, einen einzigen Computerhersteller, eine Kaufhauskette, einen Lebensmittelhersteller, ein Bauunternehmen, einen Ölkonzern und so weiter, sodass es also für jede Branche nur noch eine Firma gäbe. Na? Wie würde man das nennen? Richtig: real existierender Sozialismus. Und schon müssten Sie um das Grab von Karl Marx einen großen Bogen machen, weil die Jubelgeräusche von dort unten die Schallmauer durchbrächen. Aber dafür gäbe es dann wenigstens noch einen Hersteller von Ohropax.

Reizwäsche

Für die Schaffung der Rahmenbedingungen ist also die Regierung verantwortlich. Dazu gehören Gesetze, die nicht immer eingehalten werden. Oder auch Steuern, die nicht immer gezahlt werden. Oder Anreize, die hingegen eigentlich immer funktionieren. Damit sind jetzt nicht schöne Augen und knackige Sixpacks gemeint, sondern finanzielle Anreize. Der stets rational handelnde und Nutzen maximierende «Homo Ökodingens» interessiert sich eher für Zaster und Zinsen als für das Wimpernklimpern der Kanzlerin.

Wer erinnert sich nicht gerne an die legendäre Abwrackprämie aus dem Jahr 2009? Als unsere Regierung in Zeiten der Krise die Konjunktur in Deutschland dadurch anregen wollte, dass man den Bürgern den Kauf eines Neuwagens mit einem Zuschuss von 2500,– Euro schmackhaft machte. Einzige Bedingung war, dass man dafür ein mindestens zehn Jahre altes Auto zum Schrottplatz brachte und sich anschließend einen Neuwagen kaufte. Hat super funktioniert. Augenblicklich sind die Deutschen los, um 2500,– Euro zu kassieren. Dafür haben sie dann nicht selten Autos verschrottet, für die man bei einem regulären Verkauf noch gut und gerne 3000,– bis 5000,– Euro erhalten hätte. Und um die deutsche Wirtschaft anzukurbeln, kauften sich die Deutschen dann einen neuen Kia, Suzuki, Škoda, Alfa Romeo, Renault oder Peugeot – das Volk der Dichter und Denker. Sah man sie dann mit ihren durch solche Anreize gekauften Neuwagen in die Waschanlage fahren, bekam der Begriff «Reizwäsche» eine völlig neue Bedeutung.

Wobei in der Regierung tatsächlich einige kluge Köpfe gesessen haben müssen, denn ab einem Verkaufspreis von 16000,– Euro betragen 19 Prozent Umsatzsteuer ziemlich genau 2500,– Euro. Damit hatte Vater Staat die Prämie wieder drin. In die Röhre guckten nur die Reparaturwerkstätten im Lande, die einen drastischen Auftragseinbruch erlebten. Und auch sämtliche Autoverkäufer, und zwar im darauffolgenden Jahr. Weil die meisten Kunden, die sich dann ein Auto kaufen wollten, ihre Entscheidung 12 Monate vorgezogen hatten. Das hat man davon, wenn eine Bundeskanzlerin mit den Wimpern klimpert.

Wenn der Karren im Dreck steckt

Stimmen also die Rahmenbedingungen, kann die Regierung richtig loslegen und sich auf die Finanzpolitik konzentrieren. Dazu muss sie erst einmal vom Volk Geld einnehmen, um damit das Volk zu steuern. Genau, deswegen nennt man das auch ... (Diesen billigen Wortwitz zu Ende zu denken, überlasse ich an dieser Stelle jetzt gerne Ihnen.)

Wussten Sie, dass 50 Prozent der gesamten Einkommensteuer von den obersten 10 Prozent der Bevölkerung erbracht werden, während die unteren 50 Prozent der Bevölkerung nur 6,5 Prozent der Einkommensteuer einbringen. Unglaublich, oder? Ein Hammer! Ich bin erschüttert. Das ist den meisten ja gar nicht bewusst. Was für ein Gefälle! Dagegen ist die Eiger Nordwand geradezu eine Horizontale. Und deswegen müssen diese obersten 10 Prozent auch immer wieder darauf hinweisen, wer den Karren in Deutschland eigentlich zieht. Und dafür sollten wir ihnen wirklich dankbar sein. Dankbar! Dankbar! Dankbar!

Aber nicht zu lange. Irgendwann ist auch wieder gut. Spätestens, wenn man erfährt, dass die Einkommensteuer in Deutschland nicht einmal 5 Prozent aller Steuereinnahmen ausmacht, wohingegen fast 25 Prozent aller Steuereinnahmen aus Lohnsteuern bestehen. Und das ist der größte Posten innerhalb der gesamten Steuereinnahmen. Hier drängt sich vielleicht die Frage auf, wer denn tatsächlich den Karren zieht.

Der zweitgrößte Posten ist übrigens die Umsatzsteuer. Die macht knapp 24 Prozent aller Steuereinnahmen aus. Wir kennen ja alle diese kuriosen Regelungen mit den unterschiedlichen Mehrwertsteuersätzen, dass zum Beispiel für Garnelen ein Mehrwertsteuersatz von 7 Prozent gültig ist, für Langusten aber 19 Prozent. Warum das so ist, weiß keiner. Wahrscheinlich, weil unsere Politiker sich dachten, wer «Lang» hat, muss lang abführen. Und wer «Gar» nix hat, eben weniger. Klingt zunächst logisch, lässt dann aber sofort wieder eine gewisse Inkonsequenz vermuten, wenn man erfährt, dass für Karotten 7 Prozent gelten und für Karottensaft 19 Prozent. Die Liste mit diesen Absurditäten ist lang und würde, einfach nur vorgelesen, im Karneval jede Büttenrede in den Schatten stellen.

Was aber sehr selten zur Sprache kommt, ist, dass diese Mehrwertsteuer von allen bezahlt wird. Und zwar von allen, die Waren einkaufen oder Dienstleistungen in Anspruch nehmen. Wirklich von allen, also auch von den Lohnsteuerzahlern, während diejenigen, die diese Waren und Dienstleistungen anbieten, die Umsatzsteuer bereits in den Preisen mit einkalkuliert haben. Und nicht nur das. Die haben nämlich zuvor beim Ankauf von Waren und Dienstleistungen ihre Ausgaben von ihren Einnahmen abziehen dürfen. Warum? Wahrscheinlich, damit sie den Karren besser ziehen können.

Ich als Autor zum Beispiel muss eine Umsatzsteuer von 7 Prozent abführen, das heißt, für eine Einnahme von 100,– Euro bekommt das Finanzamt von mir 6,54 Euro überwiesen. Böses, böses Finanzamt. Allerdings haben Sie, werter Käufer dieses Buches, mir bereits diese 7 Prozent Mehrwertsteuer bezahlt, weil die nämlich einfach im Kaufpreis des Buches enthalten sind. Braver, braver Käufer. Habe ich mir aber außerdem zuvor bei der Recherche für dieses Buch Fachliteratur für 100,– Euro besorgt, so bezahlt mir das Finanzamt 7 Prozent, nämlich 6,54 Euro, Mehrwertsteuer zurück. Liebes, liebes Finanzamt. Das heißt, sollten Sie, lieber Leser, ein Lohnsteuerzahler sein, dann haben Sie dem Staat 7 Prozent gezahlt und ich nix. Warum? Na, weil ich ja den Karren ziehen muss. Schwerer, schwerer Karren. Und sollte ich außerdem auch noch Tinte, Papier, Kugelschreiber, Radiergummi und Ähnliches mehr für 100,– Euro gekauft haben, so zahlt mir das Finanzamt aufgrund meiner Umsatzsteuererklärung sogar 19 Prozent davon, nämlich 15,97 Euro aus. Das heißt, der Lohnsteuerzahler macht einen Verlust von 7,– Euro, und ich mache sogar einen Gewinn von 9,43 Euro. Es gibt Leute, die bringen ihr Geld auf die Cayman Islands. Einfach eine Umsatzsteuererklärung in Deutschland abgeben, das reicht völlig aus. Armer, armer Lohnsteuerzahler. Aber jetzt wissen Sie wenigstens, warum im Wort Regierung das Wort «Gier» drinsteckt.

Da überrascht es dann auch nicht mehr, wenn man erfährt, dass die obersten 10 Prozent in Deutschland 60 Prozent des Gesamtvermögens, nämlich 2,8 Billionen Euro, besitzen, während die untersten 60 Prozent der Bevölkerung bei plus/minus null rumkrebsen. Würden jetzt aber die oberen 10 Prozent sich mit einem etwas geringeren Gewinn zufriedengeben und damit den unteren 50 Prozent mehr Arbeitsplätze oder höhere Löhne ermöglichen – wissen Sie, was dann passieren würde? Dann würden die unteren 50 Prozent nicht nur ein etwas entspannteres Leben führen, sondern davon sogar Steuern bezahlen. Unglaublich, oder? Und wissen Sie, was das heißt? Das heißt, die Regierung könnte am Ende das Gleiche an Steuern einnehmen, wenn nicht sogar mehr. Denn die Anzahl von Lohnsteuerkarten in Schweizer Bankschließfächern soll ja eher überschaubar sein – Dreckskarrenzieher.

Die Fahnder von Frankfurt

Um Steuersünder zu erwischen, gibt es ja Gott sei Dank die Steuerfahndung. Die jagen diese Schwarzgeldschweine. Die beste Steuerfahndung gibt es übrigens in Frankfurt. Die ist so gut, dass die Fahnder bisweilen aus dem Verkehr gezogen werden müssen. Kein Witz. In Frankfurt wurden vier Steuerfahnder kaltgestellt. Das könnte natürlich auch mit dem Revier zusammenhängen, in dem diese Steuerfahnder auf die Pirsch gingen. Kleines Quiz: Frankfurt ist a.) ein Finanzplatz oder b.) ein Rasenplatz?

Diese vier Steuerfahnder hatten gegen mutmaßliche Besitzer verdeckter Auslandskonten ermittelt und wurden daraufhin vom Dienst suspendiert. Allerdings nicht einfach so, das wäre ja aufgefallen. Stattdessen hat man die einfach mal für bekloppt erklärt. Einverstanden, manchmal trifft das ja auch wirklich zu. Aber in diesem Fall hat das ein staatlich geprüfter Psychiater behauptet. Und deswegen ist das alles absolut seriös gewesen. Das kann man allein schon daran sehen, dass der hessische Ministerpräsident zu der Zeit Roland Koch hieß. Und der war schon immer ein ausgewiesener Spitzenfachmann, wenn es um verdeckte Auslandskonten ging. Zur näheren Erläuterung hilft es, den Begriff «jüdische Vermächtnisse» zu googeln.

Die vier Steuerfahnder wurden jedenfalls wegen Dienstunfähigkeit in den vorzeitigen Ruhestand versetzt. Gerüchten zufolge sollen sie jetzt reiche Anleger beraten, wie man Schwarzgeld so anlegt, dass die Steuerfahndung nichts davon mitbekommt. Darüber freuen sich die oberen 10 Prozent natürlich. Was tut man nicht alles, um denen den Karren zu ziehen.

Ausgabezustand

Unsereiner sitzt währenddessen über der Einkommensteuererklärung und sucht verzweifelt nach absetzbaren Posten, um von seinen Einnahmen möglichst viel übrig zu behalten: Reisekosten, Fachliteratur, Spesen. Na toll! Noch toller aber ist, dass ich eine ganz bestimmte Seite in den Formularen bis jetzt noch nicht gefunden habe. Ich blättere und blättere die Formulare immer wieder vor und zurück, kann sie aber einfach nicht finden. Ich suche bis heute nach der Seite, auf der steht: Und jetzt geben Sie bitte hier noch an, wofür wir Ihre Steuern ausgeben dürfen. Denn angesichts der Tatsache, dass ich der Souverän bin und die Politiker quasi mein Dienstpersonal sind, würde ich eigentlich gern öfter mal ein direktes Wörtchen mitreden dürfen.

Aber man gibt ja gern. Nicht nur den oberen 10 Prozent, sondern auch der Regierung. Denn mit diesem Geld steuert unsere Regierung schließlich unser Land und sagt uns dann, wo es langgeht. Sie baut den Bürgern Stadtteilbüchereien, Hallenbäder, Kindertagesstätten. Halt! Stopp! Falscher Text! Der war von 1970. Heute baut die Regierung auch, und zwar unterirdische Hauptbahnhöfe und auf die Politikverdrossenheit der Bürger, was bisweilen auch nicht mehr so gut gelingt. Aber es ist schon ein Vergnügen zu beobachten, wie die Regierenden mit unserem Geld umgehen. Ich komme als Kabarettist ja nicht nur viel herum, sondern unterhalte mich auch manchmal vor Ort mit den Eingeborenen. Und was ich da zu hören kriege, gibt mir einen Eindruck davon, wie es um Deutschland wirklich bestellt ist. Ich würde das etwa so beschreiben: Wie bestellt und nicht abgeholt. Ein paar Beispiele gefällig?

Sprechen wir einmal über die Gattin eines gewissen Augsburger Zoodirektors. Diese Dame fuhr einmal für ein paar Tage auf Rechnung des Augsburger Zoos zu einer Fortbildung nach Köln. Wichtige Sache, denn nur wer sich weiterbildet, bleibt fit für den Wettbewerb. Irgendwann hat jemand nachgeschaut und festgestellt, dass während genau dieser Zeit aber gar keine derartige Fortbildungsveranstaltung in Köln stattfand. Dann hat man im tiefbayerischen Augsburg einfach mal so in einen Kalender geblickt und sich bei Experten erkundigt, was eigentlich ein Rosenmontag ist. Nicht schlecht, oder? Rheinische Jecken als Forschungsobjekte für animalische Verhaltensmuster. Unter dem Motto: Primatenbetrachtung. Zwei Kölsch, und man steckt dir eine Zunge bis ans Zäpfchen. Und der Steuerzahler kriegt einen Brechreiz.

Anderes Beispiel: Die Stadt Büdingen war mal der Meinung, dringend eine Eislaufbahn bauen zu müssen. Aber nicht so etwas Gewöhnliches, das Neueste vom Tollsten sollte es schon sein. So beschloss man, mit Unterstützung der hessischen Landesregierung, eine Eislauffläche aus Kunststoff zu installieren und dafür rund 90 000 Euro auszugeben. Das ist nun wirklich nicht zu teuer und sollte mit den Eintrittsgeldern der Läufer auch schnell wieder ausgeglichen sein. Das Problem war allerdings, dass keine Läufer kamen. Potzblitz! Na so was! Sapperlot! Woran lag das denn jetzt wieder? Nun, ganz einfach: weil man auf Kunsteisbahnen nicht wirklich gut eislaufen kann. Sozusagen dumm gelaufen. Wer hätte das aber auch ahnen können?

Vielleicht jemand im Rathaus zu Worms. Dort war einmal jemand der Meinung, dass man doch dringend für sechs Millionen Euro ein gebührenpflichtiges Parkhaus bauen sollte. Gesagt, getan, große Eröffnungsfeier mit Bier, Bratwurst und Bürgermeister. Zwei Jahre später bemerkte man dann, dass da keiner sein Auto drin parkte. Und bei näherer Betrachtung stellte man fest, dass in direkter Umgebung bereits Hunderte von kostenlosen Parkplätzen zur Verfügung standen. Tja, wie sagte mein Opa früher immer: «Ordnung ist das halbe Leben. Und Chaos ist die andere Hälfte.»

Oder noch ein weiteres Beispiel – ist zwar schon eine Weile her, aber immer wieder schön. Im Jahr 2003 fuhren 16 Bürgermeister aus dem schönen Landkreis Konstanz auf Kosten der Bürger ihrer Gemeinden nach Barcelona, um sich im Hinblick auf die Fußball-WM 2006 zu informieren, welche Erfahrungen Barcelona bei den Olympischen Spielen 1992 gemacht hat. Denn wie ein neun Jahre zurückliegendes Sportgroßereignis von einer Weltstadt mit 1,5 Millionen Einwohnern organisiert worden ist, musste der Landkreis Konstanz mit seinen 265 000 Einwohnern natürlich unbedingt in Erfahrung bringen. Nächstes Jahr fahren die übrigens alle nach Thailand, um sich über Frühwarnsysteme gegen Tsunamis am Bodensee zu erkundigen.

Vielleicht begegnen sie dann dort auch den 16 Mitgliedern der bayerischen Landesregierung, die sich in Taiwan und Vietnam über die «besondere Freundlichkeit der asiatischen Kultur» informieren wollten. Dass manche Regierungsmitglieder in Bayern Nachhilfe in Freundlichkeit brauchen, darauf wäre ich jetzt aber auch nicht gekommen. Warum die dann aber nicht offiziell nach Thailand geflogen sind, verwundert mich hingegen umso mehr.

Oder nehmen wir unsere Politiker in Berlin. Die müssen gelegentlich von einem Gebäude zu einem anderen gehen, über die Straße, 100 Meter weit. In Berlin. Dabei könnten sie natürlich in Kontakt mit den Bürgern kommen, was man unseren Volksvertretern aber nun wirklich nicht zumuten kann. Deswegen wurde ein Tunnel gebaut, und zwar ein 100 Meter langer. Für 7,5 Millionen Euro. Jetzt gehen diese Leute auf der einen Straßenseite in den Tunnel hinein und kommen auf der anderen Seite aber leider wieder heraus.

Das mag vielleicht auch daran liegen, dass diese Brüder und Schwestern Abgeordnete uns andauernd sagen, wir sollen flexibel sein und für einen neuen Arbeitsplatz ruhig auch mal den Wohnort wechseln und einen Umzug in Kauf nehmen. Selber aber fliegen Politiker, Sekretäre und andere Staatsbeamte im Inlandsflieger zwischen Bonn und Berlin munter hin und her, und zwar für 12 Millionen Euro jährlich. Ich wusste gar nicht, dass Obdachlosigkeit so teuer ist. Da fragt man sich doch, wo eigentlich die Terroristen sind, wenn man sie mal braucht.

Und wo ich gerade beim Thema bin – was in diesen Politköpfen steckt, sieht man auch an folgendem Beispiel: Ein gewisser Bundesinnenminister war in den letzten Jahren ja wirklich der Meinung, dass man entführte Passagierflugzeuge durchaus abschießen dürfen sollte. Und zwar, weil ein Terrorist, der ein entführtes Flugzeug irgendwo hineinstürzen lassen will, diesen Plan sofort aufgibt, wenn er weiß, dass er dort gar nicht eintreffen kann. Das ist genial. Noch genialer ist allerdings, dass ein Terrorist, der ein Flugzeug am Himmel in die Luft sprengen will, dann gar keine Bombe mehr bräuchte. Er bräuchte nur ein Flugzeug entführen und lediglich behaupten, es in ein Ziel stürzen zu lassen. Den Rest erledigt die deutsche Luftwaffe.

Ich erwähne das an dieser Stelle nur deshalb, weil genau diese Person, die sich das damals ausdachte, als Nächstes Bundesfinanzminister wurde. Geht's noch genialer? Wahrscheinlich dachte man sich, dass jemand, der solche Konzepte gegen Terror entwickelt hat, diese dann als Oberaufseher der Banken auch eins zu eins anwenden kann. Und am allergenialsten ist, dass das Einkommen dieses Mannes vom Steuerzahler bezahlt wird. Nur noch einmal zur Erinnerung: Es handelt sich hier um den gleichen Mann, der uns bis heute nicht erklären konnte, was es mit der Parteispende eines bekannten Waffenlobbyisten über 100 000,– DM auf sich hatte.

Apropos. Kommen wir abschließend noch zu einem Beispiel für verantwortungsvolles Geldausgeben, das ich unbedingt noch loswerden muss. Meine Lieblingsgeschichte ist nämlich die von der Bahnbrücke auf der Strecke zwischen Bitterfeld und Stumsdorf. Die gibt's wirklich. Ich weiß zwar nicht, wer da unterwegs ist, das Verkehrsministerium Sachsen-Anhalt aber anscheinend auch nicht. Denn zwei Monate nachdem dieses Ministerium den Auftrag für den Bau der eine Million Euro teuren Brücke erteilt hatte, beschloss dasselbe Ministerium die Stilllegung der gesamten Strecke. Der Brückenbau wurde aber trotzdem zu Ende geführt. Der war unumgänglich, weil man sich sonst eine Vertragsstrafe eingehandelt hätte. Da wären ja dann wirklich sinnlose Kosten entstanden. Dort steht also jetzt eine «Soda-Brücke», denn die steht einfach nur so da. Fahren Sie einmal sonntagnachmittags ein bisschen durch die Gegend und blicken sie aufmerksam in die Landschaft. Sie werden sehen, Deutschland ist voll von solchen Soda-Brücken.

Ich könnte noch Dutzende solcher Geschichten erzählen. Über Straßen, die vorab schon mal gebaut wurden für Industriegebiete, die es dann doch nicht gab. Brücken für Feldwege, über die genau ein Traktor genau einmal pro Woche 200 Meter Umweg spart. Oder Baukosten, die in Deutschland anscheinend grundsätzlich bei der Kalkulation immer geringer ausfallen, als am Ende auf der Rechnung steht. Dafür berät die VWL unsere Wirtschaftspolitik. Denn rechnen zu können ist nicht unbedingt Voraussetzung, um ein öffentliches Amt bekleiden zu dürfen. Es reicht, wenn man eine Rechnung präsentieren kann. Deswegen heißen diese Leute ja auch Repräsentanten.

Zugegeben, im Grunde sind das alles nur Kleinigkeiten. Mal hier ein Auge zugedrückt, mal da fünfe gerade sein lassen. Aber das alles zusammen ergibt jedes Jahr eine Steuerverschwendung – und jetzt schnallen Sie sich gut an – von 30 Milliarden Euro. In Zahlen geschrieben, sieht das dann übrigens so aus: 30 000 000 000. Sehen Sie diese vielen Nullen? Hinter jeder einzelnen dieser Nullen steht in irgendeiner Behörde mindestens eine andere Null, die dieses Geld zum Fenster hinausgeworfen hat. Und wenn Sie sich jetzt fragen, wessen Geld das ist, dann schauen Sie mal in den Spiegel.

Anstatt ein Konzept zu entwickeln, wie diese Verschwendung in den Griff zu kriegen ist, sieht man den Finanzminister vermutlich bald wieder im Fernsehen verkünden, dass ihm schon wieder ganz viele Milliarden im Haushalt fehlen und deswegen demnächst die Steuern erhöht werden müssten. Das ist ungefähr so, als würden Sie mit einer Blinddarmentzündung ins Krankenhaus kommen, und zur Begrüßung zapft Ihnen der Chirurg erst einmal einen Liter Blut ab.

Dann fragen Sie: «Und ist das auch gut für den Blinddarm?»

Dann sagt der Chirurg: «Nein, aber dann sind Sie wenigstens genauso blass wie meine Ahnung, Ihnen helfen zu können.»

Weniger ist mehr oder weniger weniger

Die Regierung kümmert sich auch um meine Rente. Und weil Norbert Blüm einmal behauptete, dass die Rente sicher sei, hat die Regierung beschlossen, die Rente abzusichern, indem sie versucht, mir eine Privatrente schmackhaft zu machen. Also «schmackhaft machen» ist vielleicht ein bisschen untertrieben. Sagen wir lieber, sie hat's mir reingewürgt. Das kommt der Sache schon näher und erklärt auch besser das flaue Gefühl im Magen, das ich seitdem habe.

Das Tolle ist, dass unsere Regierung anscheinend glaubt, dass unsere Gesellschaft im Hinblick auf die Privatrente ganz anders altert als bei der gesetzlichen. Haben Sie das gewusst? Wahnsinn, oder? Bei der Privatrente warten in zirka 25 Jahren nämlich nicht fünf Rentenempfänger auf Geld, das von einem Berufstätigen erwirtschaftet wird, sondern nur vier, und auch erst in zirka 26 Jahren. Da haben wir ja noch mal Glück gehabt.

Wie bitte? Da gibt es noch einen Unterschied zwischen der gesetzlichen und der privaten Rente? Ach so? Und der besteht worin? Dass die gesetzliche Rente umlagefinanziert, die Privatrente hingegen eine Ansparrente ist. Aha? Und umlagefinanziert heißt, dass wir die Rentner umlegen müssen, um das finanzieren zu können? Nicht. Aha. Sondern? Das Geld, das Sie heute in die gesetzliche Rente einzahlen, wird an diejenigen ausbezahlt, die heute Rentner sind, also von Ihnen zu denen umgelegt. Wohingegen das Geld, das Sie später als Rentner bekommen, von denjenigen einbezahlt wird, die dann erwerbstätig sein werden – da wird dann von denen auf Sie umgelegt. Verstehe! Und das ist bei der Privatrente anders? Ja? Interessant! Und warum? Weil das Ihr eigenes Geld ist, das Sie da einbezahlen und dann wieder ausgezahlt bekommen? Aha! Und wo haben Sie für Ihre Privatrente Ihr Geld angelegt? Bei einer Versicherung. Aha! Oder einer Bank. Oha!

So etwas empfiehlt uns also unsere Regierung. Interessant. Als würde der Kapitän auf der Titanic ausrufen: «Leute, das Schiff hat zwar eine Schieflage. Aber keine Angst vor den Piranhas. Die Haie haben versprochen, uns zu retten.» Sie meinen also, dass Ihr Geld bei einer Bank oder Versicherung da irgendwo herumliegt und nur darauf wartet, von Ihnen mit 67 wieder abgeholt zu werden? Ja? Nun, da hätte ich jetzt aber mal ein paar Fragen an Sie.

Erste Frage: Haben Sie zufällig in letzter Zeit schon mal davon gehört, dass Banken und Versicherungen auch pleitegehen können? Weil dort Ihre Ersparnisse nämlich nicht immer sicher angelegt, sondern unter Umständen auch verzockt werden.

Zweite Frage: Wenn Ihre Bank oder Versicherung Ihr Geld also nicht für Sie in den Sparstrumpf unters Kopfkissen steckt, woher genau aber kommt dann das Geld, das für Ihre Privatrente ausbezahlt wird?

Dritte Frage: Sobald Sie ungefähr Ihren 80. Geburtstag feiern und all Ihr angespartes Geld ausbezahlt bekommen haben, was passiert dann? Bekommen Sie nichts mehr, oder bekommen Sie dann weiterhin Privatrente? Ach, Sie bekommen dann weiterhin Privatrente? Äh, und wie lange bekommen Sie dann weiterhin Privatrente? Solange Sie leben? Na, schau mal einer an. Und das Geld, das Sie also nach Ihrem 80. Geburtstag bekommen werden, das kommt noch mal woher? Von Ihren Ansparungen? Nicht? Aha! Sondern?

Vierte Frage: Sagt Ihnen der Name Gerhard Mackenroth etwas? Nein?

O. K., das soll sich ändern. Und wenn ich Ihnen jetzt von Herrn Mackenroth berichte, werden Sie ganz nebenbei auch selbst auf die Antworten der von mir gestellten Fragen kommen. Gerhard Mackenroth war Bevölkerungswissenschaftler, Soziologe und Statistiker und hat herausgefunden, dass alle Sozialausgaben eines Landes immer aus dem laufenden Volkseinkommen erbracht werden. Mit Betonung auf «alle» und «immer» und vor allem «laufenden». Und? Beginnen Sie zu ahnen, was das heißt? Nicht?

Dann jetzt mal ganz langsam: Banken und Versicherungen legen das Geld ihrer Kunden nicht in den Tresor, sondern an, und zwar irgendwo auf der Welt bei irgendwelchen anderen Unternehmen. Das machen die, um damit größtmögliche Gewinne zu erzielen. Und das wiederum machen die, um dadurch die Zinsen ausschütten zu können, die der Kunde gerne hätte. (Falls Sie übrigens diesem Kunden begegnen wollen, schauen Sie doch noch einmal in den nächsten Spiegel.) Deswegen haben diese Banken und Versicherungen immer nur eine winzig kleine Menge an Geld für Auszahlungen zur Verfügung. Und von dieser winzig kleinen Menge kann so ein Finanzunternehmen natürlich nicht alle Privatrenten gleichzeitig ausbezahlen. Und schon gar nicht die, die Sie ab Ihrem 80. Geburtstag bekommen wollen. Und das Geld, das dafür fehlt, das holen sich diese Banken und Versicherungen aus den laufenden Einzahlungen. Und an was erinnert Sie das? Richtig! An die Umlagefinanzierung der gesetzlichen Rente.

Würden Sie also das Geld, das Sie heute in die Privatrente investieren, stattdessen zusätzlich in die gesetzliche Rentenkasse einzahlen, könnte für Sie am Ende wahrscheinlich dasselbe dabei herauskommen. Wie bitte? Dann gibt es also gar keinen Unterschied zwischen der gesetzlichen und der privaten Rente? Hm, also dann noch mal ganz langsam: Bei der gesetzlichen Rente zahlt Ihr Arbeitgeber einen Anteil zu Ihrer Rente dazu. Das ist sehr anständig von Ihrem Arbeitgeber. Bei der privaten Rente hingegen zahlt der Staat einen Anteil dazu. Das ist auch sehr anständig vom Staat. Nur: Woher hat der Staat noch mal das Geld, das er zur Privatrente dazuzahlt? Richtig. Von einem gewissen Steuerzahler. Falls Sie dem mal begegnen wollen, wissen Sie ja inzwischen, wo Sie den nächsten Spiegel finden.

Bei der gesetzlichen Rente dankt Ihr Arbeitgeber Ihnen also für Ihren Einsatz, indem er von seinen Gewinnen etwas für Ihre Altersvorsorge dazuzahlt. Bei der privaten Rente dankt Ihr Arbeitgeber Ihnen auch, und zwar dafür, dass Sie für Ihre Altersvorsorge selber was dazuzahlen. Und dafür sollten Sie Ihrem Arbeitgeber aber auch wieder dankbar sein, denn nur dadurch kann er Ihren Arbeitsplatz erhalten. «Wegen der Globalisierung», sagt Ihr Arbeitgeber.

Und die Regierung, die sagt das auch. Wenn Sie nämlich arbeitslos werden, dann können Sie und Ihr Arbeitgeber doch überhaupt nichts mehr für Sie in die gesetzliche Rentenkasse einzahlen. Und das wäre doch richtig blöd. Noch blöder ist allerdings, dass Sie im Falle einer Arbeitslosigkeit Ihre Rücklagen für Ihre private Altersvorsorge erst mal fast komplett aufbrauchen müssen. Das ist ungefähr so durchdacht, als würde der ADAC empfehlen, dass Sie vor einer Reise Ihr Auto volltanken, bei einer Panne aber erst mal allen Sprit ablassen sollen.

Hätten Sie jedoch das Geld statt in eine Privatrente lieber zusätzlich in die gesetzliche Rente einzahlen dürfen, hätte man Ihnen im Falle Ihrer Arbeitslosigkeit davon gar nichts abgezogen. Aber deswegen heißt die Rentenversicherung ja auch Rentenversicherung: um nämlich die Renten zu versichern. Und wogegen? Na, gegen die Empfänger dieser Renten. Ist doch logisch. Sonst hieße es doch Rentnerversicherung. Schauen Sie mal in die Bilanzen der Krankenkassen und fragen Sie sich, warum die nicht Gesundheitskassen heißen?

Aber der absolute Oberknüller ist Folgendes: Wenn Sie nämlich jahrzehntelang von Ihrem zu versteuernden Einkommen tatsächlich etwas übrig hatten, um es für Ihre Altersvorsorge zurückzulegen, und nach einem pflichterfüllten Arbeitsleben endlich Ihre wohlverdiente Rente erhalten wollen, dann sollen Sie davon noch mal Steuern bezahlen! Super, oder? Die Politik in unserem Land wird in einem Gebäude namens «Reichstag» gemacht. Ich finde, man sollte das in «Armenhaus» umbenennen und die Widmung «Dem deutschen Volk» durch «Von geistig Armen» ersetzen.

Don Corleone wartet auf sein Geld

Und bei alldem und der daraus resultierenden Wirtschaftspolitik hilft die VWL der Regierung. Das Resultat kann sich sehenlassen: Wir haben heute (Stand 2011) eine Staatsverschuldung von zirka 1,94 Billionen Euro. Das sind pro Kopf mehr als 23 000,– Euro Schulden! Für jeden von uns! Als ich das zum ersten Mal hörte, habe ich mich gefragt: Wie bitte? Ich habe 23 000,– Euro Schulden? Interessant. Äh, und bei wem?

Anschließend habe ich eine E-Mail ans Finanzministerium geschrieben unter info@finanzfachmannmachman.com:

«Hallo, ich habe gehört, ich habe 23 000,– Euro Schulden, und würde nun gerne wissen, bei wem?»

Die Antwort lautete:

«Sehr geehrter Herr Butzko. Gute Frage.»

Hm, was heißt das? Heißt das, eines Tages steht bei mir einer vor der Tür und sagt: «Don Corleone wartet auf sein Geld»? Was sage ich dann? Am besten: «Och, das tut mir aber leid für ihren Herrn Donner Calzone, wieso wartet der auf Geld? Hat er geheiratet?» «Nein», sagt der Herr dann vor der Tür, «er wartet auf dein Geld.» «Ach», sage ich daraufhin, «auf mein Geld warte ich auch.» «Du nixe verstehe, hä? Du schulde Don Corleone 23 000,– Euro. Capische?» «23 000,–? Boah. Donnerwetter. Dann bestelle ihm mal schöne Grüße, deinem Herrn Condor Leone, und sag ihm, das wüsste ich aber.» «Na, na, na, wie sage deutsche Sprüchewort? Unwisseheit schütze vor Strafe nixe. Hasse du Passeport von de Bundesrepublike Deutschland?» «Logo.» «Siehse du, bisse du Mitglied inne kriminelle Vereinigung.» «Wie bitte?» «Si, begehe du nämlich Verbreche an die Zukunft von de Kinder. Caprese?»

«Ey, pass mal auf, jetzt gehst du mal hin zu deinem Herrn Quattro Stagione und sagst ihm, wenn alles Geld auf der Welt gleichmäßig unter allen Menschen auf der Welt verteilt würde, hätte jeder Mensch eine Million Euro. Weißt du was? Davon würde ich locker 23 000,– Euro abdrücken. Ich würde sogar noch 2000,– Euro obendrauf legen, für dich, als Trinkgeld. Ich habe aber keine Million. Carpaccio? Aber ich habe einen Vorschlag: Irgendjemand anderer muss logischerweise zwei Millionen haben. Und wenn du den triffst, bestell ihm schöne Grüße von mir, er soll meine 23 000,– Euro mitbezahlen. Und wenn er sich weigert, dann sag ihm, wir zwei rühren schon mal die Zementschuhe an. Cappuccino?»

Wir haben also eine Staatsverschuldung von zirka 1,94 Billionen Euro. Und das Schöne ist, dass diese Schulden stetig wachsen. Während Sie dieses Buch in der Hand halten, wachsen unsere Staatsschulden, und zwar jede Sekunde um fast 2300,– Euro. Huch! Da fragt man sich doch, ab wann Deutschland eigentlich Insolvenzantrag stellen muss? Vielleicht findet sich ja ein Käufer? Was weiß ich, Deutschland als Tochtergesellschaft der Schweiz. Mit Firmensitz in Luxemburg. Unsere Regierung würde downgesized, und das Land Baden-Württemberg outgesourct. Das wär's.

Kennen Sie Baden-Württemberg? Dieses Bundesland hat mal (noch unter der CDU-Regierung) einen Kredit erhalten und als Sicherheit die Zinseinkünfte aus dem Jahr 2017 angeboten. 2017? Hallo? Kein Schwein hat auch nur einen leisesten Schimmer, wie die Welt in sechs Monaten aussehen wird. Aber die Zinseinkünfte von 2017 als Sicherheit anzubieten, das geht anscheinend. Ich habe mich gefragt, warum die nicht gleich auch noch das Erdöl angeboten haben, auf das sie 2030 unter der Schwäbischen Alb stoßen werden. Aber da hätte die Bank wahrscheinlich Bedenken gehabt. Weil dann wohl auch mit der Invasion von US-Truppen gerechnet werden müsste. Gehen Sie doch morgen gleich zu Ihrer Bank und fragen Sie nach einem Kredit, und bieten Sie als Sicherheit die Diamantenader, die Sie 2020 in Ihrem Keller entdecken werden. Was meinen Sie, nach wie viel Jahren dürfen Sie wohl auf der Geschlossenen den ersten Besuch empfangen?

Jede Sekunde wachsen unsere Schulden um 2300,– Euro. Das sind nach einer Minute 138 000,– Euro, und nach einer Stunde sind das über 8 Millionen Euro. Eine Zahl, die man sich genüsslich auf der Zunge zergehen lassen sollte: Über 8 Millionen Euro wachsen unsere Schulden stündlich. Jeder Berg hat seinen Gipfel. Nur der Schuldenberg wächst ständig weiter. Wo soll das eigentlich enden?

Aus lauter Verzweiflung verkauft unsere Regierung schon seit Jahren Staatsbeteiligungen – stille Reserven, Goldvorräte et cetera. Und wenn die dann alle weg sind? Dann kann man ja immer noch eine Schuldenbremse beschließen. Was aber lediglich heißt, dass die Neuverschuldung gebremst wird. Vom Abbau bestehender Schulden ist da nicht unbedingt die Rede. Und mit Bremse ist auch nicht Vollbremsung gemeint, sondern eher so etwas wie: mit quietschenden Reifen gerade eben noch die Kurve kriegen. Wenn keine «außergewöhnliche Notsituation» dazwischenkommt. Wenn doch, darf die Schuldenbremse auch wieder außer Kraft gesetzt werden. Steht so im Gesetzestext. Und was mit «außergewöhnlich» und «Notsituation» gemeint ist, das ist in diesem Gesetzestext so konkret festgelegt, dass man meinen könnte, diese Klausel sei in einer Schwammfabrik erdacht worden.

Da werden Leute von uns gewählt, die den Auftrag haben,

Schaden von uns abzuwenden. Und die machen dann eine Finanzpolitik, als würde man bei einer überlaufenden Badewanne einfach nur ständig den Boden aufwischen. Und weil das aber nichts bringt, finge man an, das Zimmer komplett mit wasserabweisenden Fliesen zu kacheln. Und weil das natürlich auch nichts nützt, riefe man schließlich die Feuerwehr, um das Zimmer auszupumpen. Und weil das auch vergeblich ist, wird die Wohnung darunter leer geräumt. Und weil auch das noch nichts hilft, wird das komplette Haus abgerissen. Und weil auch das nicht weiterbringt, wird der ganze Straßenblock gesprengt. Und das alles kostet und kostet und kostet. Wahnsinn. Mal ehrlich, wen wundert da noch, wenn einige ihr Geld lieber nach Liechtenstein bringen. Wahnsinn? Ja genau, Wahnsinn!

Ein Asmussen ohne Fips

Für das alles ist übrigens das Bundesfinanzministerium verantwortlich. Und da arbeiten richtig gute Fachleute. Kennen Sie zum Beispiel Jörg Asmussen? Nicht? Den Namen sollten Sie sich aber gut merken. Jörg Asmussen ist nämlich einer von diesen richtig guten Fachleuten, die sich im Bundesfinanzministerium rumtreiben. Und zwar schon jahrelang. Und mit jahrelang mein ich auch jahrelang. Der Asmussen war nämlich nicht nur Staatssekretär unter Peer Steinbrück, der trieb sich auch schon zuvor unter Hans Eichel im Finanzministerium herum. Und auch der Eichel hat den da nicht erst hingeholt, der war bereits da, weil der Theo Waigel den nämlich angestellt hatte. Interessant, oder? Das Finanzministerium ist das wichtigste Ministerium in der Regierung. Wer die Finanzen regiert, der regiert die Etats aller anderen Ministerien. Gut, außer dem von Rainer Brüderle, der gilt als regierungsresistent. Aber seit 1996 konnten wir wählen, wen wir wollten, dauerhaft regiert wurden unsere Finanzen von Jörg Asmussen.

Und was ich gar nicht wusste: Dieser Jörg Asmussen war im Bundesfinanzministerium jahrelang DIE treibende Kraft, DER Vorkämpfer dafür, dass Banken möglichst keine strengen Auflagen bekamen. Warum? Damit wir alle ganz wohlhabend und reich werden. Das ist doch das, was man uns immer weismachen will, dass wir alle unseren Wohlstand nur den Banken verdanken. (Huch, das reimt sich.) Und deswegen war der Asmussen dafür, dass die Banken möglichst machen dürfen sollen, was sie wollen. (Jetzt wird's sogar richtig poetisch.)

Aber das hat man uns ja immer gesagt, dass man die Banken möglichst deregulieren soll, damit wir alle ganz wohlhabend und reich werden können. Kommt halt immer nur darauf an, wer in so einem Zusammenhang mit «wir» gemeint ist. Angela Merkel hat mal gemeint, dass wir alle die letzten Jahre über unsere Verhältnisse gelebt hätten. Gut, ich weiß jetzt nicht, ob die Merkel bei Ihnen schon mal persönlich zu Besuch war, auf einen Kaffee oder so. Zugegeben, ein bizarrer Gedanke, denn wer will schon die Kanzlerin bei sich zu Hause im Wohnzimmer sitzen haben? Aber wenn die Merkel meine Verhältnisse wirklich kennen würde, dann hätte sie fairerweise gesagt, dass alle die letzten Jahre über ihre Verhältnisse gelebt hätten, außer Herrn Butzko.

Es kommt wie gesagt immer darauf an, wer hinter «wir» tatsächlich steckt. Wenn man nämlich erfährt, dass die Frau von diesem Jörg Asmussen jahrelang einen ziemlich hohen Posten an der deutschen Börse hatte, dann kann man sich schon vorstellen, dass zumindest dieses Paar aufgrund lascher Bankenregeln in den letzten Jahren ihren Wohlstand zum Reichtum hin mehren konnte.

Jörg Asmussen saß aber eben nicht nur die ganze Zeit im Bundesfinanzministerium drin, sondern auch im Verwaltungsrat der Bundesanstalt für Finanzdienstleistungsaufsicht (Bafin). Und was ist die Aufgabe der Bafin? Banken zu kontrollieren. Und was hält der Asmussen noch mal davon, Banken zu kontrollieren? Richtig: nix! Das heißt, jemand, der dagegen ist, Banken zu kontrollieren, sagt sich: Aber wenn es denn sein muss, dann mache ich das am besten gleich selber. Das ist so, als würde ein Vegetarier ganz viel Fleisch essen, damit der Fleischkonsum aller anderen sinkt.

Der Asmussen saß also in der Bafin und sollte da deutsche Banken kontrollieren, wie etwa die Düsseldorfer IKB-Bank. Sie erinnern sich? Das war die Bank, die schon 2007, ein Jahr vor Lehman Brothers, pleiteging, weil sie damals diese inzwischen berüchtigten amerikanischen Immobilien-Schrottkredite aufgekauft hatte. Und jetzt gibt es Leute, die sagen, das hätte der Asmussen in der Bafin eigentlich schon vorher entdecken müssen, dass die IKB-Bank da Geschäfte macht, die eventuell von Franjo Pooth organisiert werden.

Das hat der Asmussen aber einfach übersehen. Warum? Etwa, weil die Bafin von genau den gleichen Instituten und Unternehmen, die sie beaufsichtigt, finanziert wird? Kann schon sein. Darüber hinaus aber hatte der Asmussen immer noch so viel anderes zu tun. Der saß nämlich nicht nur im Bundesfinanzministerium und in der Bafin. Nebenbei saß er auch noch in folgenden Aufsichtsräten: Deutsche Bahn, Telekom, Postbank, und – habe ich noch einen vergessen? Ach ja, die IKB-Bank. Dafür muss man jetzt aber auch mal Verständnis haben, dass jemand sich unter diesen Voraussetzungen nicht einfach selber kontrollieren kann. Zumal er bei dem zu kontrollierenden Objekt sowieso schon in einem Kontrollgremium sitzt. Schon Lenin sagte: «Kontrolle ist gut. Wegschauen ist besser.» Oder so ähnlich.

Gut, jetzt gibt es Leute, die sagen, wenn der Asmussen im Aufsichtsrat der IKB-Bank saß, dann hätte ihm wenigstens auf diesem Posten schon vorher einmal auffallen können, dass diese amerikanischen Hypotheken-Kredite, die die IKB-Bank in großen Mengen zu kaufen beabsichtigte, eventuell ziemlich riskant sein könnten. Aber auch das konnte der Asmussen nicht. Warum nicht? Ganz einfach, weil er noch viel mehr zu tun hatte. Der Asmussen war nämlich zuvor schon in diversen Lobbyistenkreisen herumgerannt und hatte Werbung dafür gemacht, genau diese Hypotheken-Kredite zu kaufen. Und nicht nur das. Er musste vor dem Handel mit diesen Schrottkrediten zunächst noch im Bundesfinanzministerium die Genehmigung für diesen Handel einholen. Und wer musste im Bundesfinanzministerium diese Genehmigung erteilen? Ich trau mich jetzt gar nicht, das auszusprechen. Fängt mit «Jörg» an, hört mit «mussen» auf.

Jetzt überlegen Sie doch einmal. Der Asmussen musste darauf aufpassen, dass er darauf aufpasst, dass die Papiere, die er kaufen will, nicht ohne seine Genehmigung auch von ihm selber verkauft werden. Wie soll da jemand noch die Zeit haben, um zu erkennen, dass das alles Kaninchenköttel sind, mit denen er da handelt? Daran kann man doch gut erkennen, wohin das führt, wenn Finanzgeschäfte nicht streng kontrolliert werden. Und wenn dann solch eine lasche Bankenkontrolle in die Pleite führt, wer entscheidet dann, ob so eine Bank wie die IKB-Bank Staatshilfen bekommt? Das Bundesfinanzministerium. Oder mit anderen Worten: Jörg (Und jetzt alle!) A......

Die IKB-Bank hat zu ihrer Rettung rund 10 Milliarden Euro an Steuergeldern erhalten. IKB steht also für «Ihr könnt blechen!». Und dann wurde diese Bank an eine amerikanische Firma namens «Lone Star» verkauft, und zwar für rund 140 Millionen Euro. Millionen? Sagt Ihnen das überhaupt noch was? Das ist viel weniger als Milliarden. An dieser Stelle möchte ich Sie lieber nicht mehr fragen, wer diesen Deal wohl ausgehandelt hat. Aber eines frag ich mich dafür umso mehr: Warum macht eigentlich Finanzminister Wolfgang Schäuble den Fall Asmussen nicht zu dem öffentlichen Skandal, der das Ganze ist? Oder zumindest der Staatssekretär vom Schäuble? Der könnte doch eigentlich endlich reinen Tisch machen, oder? Warum also macht der Staatssekretär von Wolfgang Schäuble nicht Tabula rasa? Ich gebe Ihnen einen klitzekleinen Tipp! Der Staatssekretär von Wolfgang Schäuble, der heißt – na? Der Name, der Ihnen jetzt als Erstes einfällt, ist der richtige!

Wenn aber jetzt jemandem wie dem Asmussen vor dessen Haus auf der Straße über Nacht sein Auto angezündet würde, gäbe es riesengroße Schlagzeilen in der Zeitung. Zu Recht! Nicht dass wir uns da missverstehen. Ich bin absolut dafür, dass deutsche Versicherungsgesellschaften vermelden sollten, wenn sich mal wieder jemand kostenlos einen Neuwagen besorgen darf. Wer aber über die Brandherde, die von Herrn Asmussen gelegt wurden, dieselben Schlagzeilen suchen will, möge sich zuvor eine große Lupe besorgen, und zwar am besten in den Ausmaßen des neuesten Haushaltslochs.

Wenn man sich dann noch die Karrieren anderer ehemaliger Staatssekretäre im Bundesfinanzministerium ganz genau betrachtet und dabei so illustre Namen wie Thilo Sarrazin und Horst Köhler entdeckt und wenn man zudem dann noch erfährt, dass genau diese beiden Experten es waren, die den Vorschlag machten, zur Finanzierung der deutschen Einheit die Rentenkasse zu plündern, dann kann man schon heute darauf wetten, dass dieser Jörg Asmussen eines Tages noch ganz weit oben auftauchen wird. Aber so was von ganz weit oben. Oder wie ich schon sagte: Den Namen sollte man sich gut merken: Jörg Asmussen. Wie Asmussen, nur ohne Fips.

Karl Theodor von und zu hin und weg

Und das alles kommt dabei heraus, wenn die VWL die Wirtschaftspolitik berät und davon ausgeht, dass es grundsätzlich von allem zu wenig gibt. Was für andere wiederum nur daran liegt, dass es sich eben noch nicht überall herumgesprochen hat, dass der Herr der Hirte sei, dem zufolge es einem nichts mangeln werde. Was aber auch gut so ist, denn sonst würde das ja die Frage nach sich ziehen, ob eine Partei, die vorgibt, sowohl Wirtschaftskompetenz zu besitzen, als auch christlich zu sein, nicht ein Widerspruch in sich ist.

Wie gut also, dass es eine solche Partei in Deutschland gar nicht gibt. Eine christliche Partei müsste nämlich sonst Bundeswehrsoldaten befehlen, in Afghanistan den Feind zu lieben und bei einem Schlag die andere Wange hinzuhalten. Und wer sollte dann unsere Wirtschaftsinteressen am Hindukusch verteidigen? Stattdessen kann es schon mal passieren, dass ein Bundeswehrsoldat beim Abgrasen unserer Rohstoffbedürfnisse etwas zu tief ins Gras beißt und dann ganz umhüllt vom Rohstoff Zink sich den Rasen von unten betrachten darf.

Und dann kam da auch ein Herr daher, zwar nicht der biblische, aber fast ebenso eine Lichtgestalt. Ein ganz freier Herr kam daher, der Herr Freiherr Karl Theodor zu Guttenberg. Nicht nur von und zu, sondern auch hin und weg. Und zwar direkt weg vom Wirtschafts- und hin zum Verteidigungsminister, was offensichtlich die logische und konsequente Abfolge war. Und dann kam nämlich der Herr Freiherr um die Ecke, zu einem um die Ecke gebrachten Soldaten. Und dann machte man einen auf ganz christlich, und heile, heile Gänschen war auch alles wieder gut. Ein Dank dem deutschen Adel. Dafür haben unsere Urgroßväter 1848 Barrikaden errichtet.

Bis der liebe Gott sich eines Tages mal wieder darauf be-
sann, eine kleine Sünde sofort zu bestrafen und den Herrn
von und zu Guttenberg daran zu erinnern, dass Jesus einst die
Worte sprach: «Wenn du zum Berg sagst, er möge sich hinweg-
heben, dann hebt er sich hinweg.» Und siehe da, den Herrn
Guttenberg hat's hinweggehoben. So ist das, wenn man als
Raubkopierer einer Partei angehört, die sich christlich nennt.

Reich und mächtig – Die PDN (Partei der Nichtwähler)

Und das Aberwitzigste ist, dass man sich angesichts solcher
Kuriositäten über Politikverdrossenheit und sinkende Wahlbeteiligung wundert. Die Wahlbeteiligung in Deutschland
nähert sich langsam den Einschaltquoten von PHÖNIX und
ARTE an. Und es dauert wohl nicht mehr lange, da gehen
mehr Leute freiwillig nach Afghanistan als in Deutschland
zur Wahl. Nach dem Motto: Wenn schon Urnengang, dann
richtig. Ich sage immer, es kommt der Tag, da sehen wir am
Wahlabend einen Politiker im Fernsehen den Satz sagen: «Der
Wähler hat entschieden», und dann wissen wir alle: Jetzt ist
es nur noch einer. Und wehe, wenn wir den erwischen.

Mein Vorschlag ist: Wir von der Wir-AG gründen eine Partei und treten bei Wahlen an! Das Interessante ist nämlich,
dass jede Partei, die über 0,5 Prozent der Stimmen erhält, für
jede Stimme 70 Cent Wahlkampfkostenerstattung erhält. Und
deswegen schlage ich vor, wir gründen die PDN, die «Partei
der Nichtwähler». Alles, was wir dafür tun müssen, ist, in
Karlsruhe zu beantragen, dass am Wahlabend die Prozente
der Parteien nicht anhand der abgegebenen Stimmen ermittelt werden, sondern anhand der Zahl aller Wahlberechtigten!
Erinnern sie sich noch an das Ergebnis der Bundestagswahl
2009? CDU 33,8 Prozent, SPD 23 Prozent, FDP 14,6 Prozent,

Die Linke 11,9, Grüne 10,7. Die Wahlbeteiligung lag 2009 allerdings nur bei rund 72 Prozent. Das heißt, gemessen an 100 Prozent aller wahlberechtigten Bundesbürger hätte unsere PDN 28,00 Prozent erzielt und wäre somit die stärkste Fraktion im Bundestag. Die CDU hätte nämlich bezüglich der wahlberechtigten Stimmen statt 33,8 nur 24,33 Prozent, die SPD statt 23 nur 16,56 Prozent, die FDP statt 14,6 nur 10,51 Prozent, Die Linke statt 11,9 nur 8,57 Prozent und die Grünen statt 10,7 nur noch 7,7 Prozent.

Als Nächstes müssten wir nur noch in Karlsruhe beantragen, dass Abstimmungsergebnisse im Bundestag dann nicht mehr unter den anwesenden Abgeordneten ermittelt werden, sondern unter allen eingetragenen. Gibt es im Bundestag einen Antrag, wird die Stimme eines abwesenden Politikers automatisch als Gegenstimme gewertet. Und jetzt überlegen Sie mal: Wenn die PDN die stärkste Fraktion bildet, aber gar keine Abgeordneten ins Parlament schickt, dann müssen die Abgeordneten aller anderen Parteien vollzählig anwesend sein, wenn sie Mehrheiten erzielen wollen. Und zwar jeden Tag! Endlich kämen unsere Volksvertreter ihren Pflichten nach statt eine Happy Hour im Puff zu feiern, und die Lobbyisten stünden ab sofort da, wo sie hingehören: dumm rum!

Und das Beste: Da die PDN weder Wahlkampfkosten für Plakate, Kugelschreiber, Luftballons, Fähnchen oder ähnliches Gedöns ausgibt, gehen die 70 Cent pro Stimme komplett auf unser Festgeldkonto! Das wäre doch außerdem noch ein Ansatz, um unsere wirtschaftlichen Probleme wirklich zu lösen. Und 2016 machen wir es dann mit der Bundesrepublik Deutschland so, wie es die Bundesrepublik Deutschland mit meinen Eltern gemacht hat. Denn 2016 wird die Bundesrepublik Deutschland 67 Jahre alt, und dann wird es Zeit für den wohlverdienten Ruhestand. Alles wird gut. Entspannen Sie sich. Auuuuuuuuum!

Eurosen und Eurodermitis –
Krankheiten einer Währung

Der Sinn aller Wirtschaftspolitik einer Regierung besteht also letztlich darin, dem Staat gegenüber anderen Staaten einen Wettbewerbsvorteil zu verschaffen. Diesen Vorteil erzielt die Regierung dadurch, dass sie den Bewohnern des eigenen Staates alle möglichen Maßnahmen wie zum Beispiel Lohn- und Sozialdumping zumutet, bis man anderen Staaten Produkte zu günstigeren Preisen anbieten kann, als diese besagten anderen Staaten selber erwirtschaften. Genial. Und was noch genialer ist: Kaum hatten wir Deutschen diesen Wettbewerb gewonnen, mussten wir den anderen Staaten ganz viel von unserem Geld abgeben, damit die sich unsere günstigen Produkte überhaupt kaufen können. Wie nennt man so etwas normalerweise? Schwachsinn. Hirnverbrannt. Oder einfach nur Euro.

Das Blöde ist, dass wir uns nur noch selten daran erinnern, was Europa einstmals bedeutete. Europa war nämlich ursprünglich die Geliebte des Zeus. Heute würde man sagen, eine Bekannte von Berlusconi. Aber es kommt noch besser: Zeus musste sich als Stier verkleiden, um sich Europa überhaupt nähern zu dürfen. Man kann also nicht sagen, dass Europa ein billiges Flittchen war, eher schon ein perverses Luder. Und zwei Söhne, die aus dieser Verbindung hervorgingen, nämlich der Minos und der Rhadamanthys (ja, wer mehr Bildung fordert, muss dann in der Konsequenz eben auch Klugscheißer ertragen können!), diese beiden wurden die Herrscher im Hades, also aus heutiger Sicht Unterweltbosse. Das ist Europas Hinterlassenschaft. Und spätestens hier könnte der Vergleich mit Berlusconi sogar angebracht sein.

Tatsächlich verdanken wir diesen Mythos aber nicht den Römern, sondern den Griechen. Welch interessantes Omen. Wäre diese Geschichte nämlich in Spanien geschehen, hätte ein Torero aus dem Stier eine Rindfleischeinlage für die Paella gemacht. Und die Vorstellung, dass es sich bei dieser Einlage um einen verkleideten Berlusconi handelt, macht die Sache selbst nur für Tierschützer und Vegetarier akzeptabel.

Später fand in Europa 2000 Jahre lang vornehmlich Gemeuchel und Gemetzel statt, wobei die Deutschen noch mal 1000 Jahre in zwölf braune packten, bis alle die Schnauze voll hatten und sich sagten: Damit muss Schluss sein. Wir brauchen eine europäische Einheit. Eigentlich keine schlechte Idee, wenn da nicht die ganz Schlauen gesagt hätten: «Und zwar mit einer europäischen Einheitswährung.» Das war spätestens zum Zeitpunkt der deutschen Wiedervereinigung eine klare Sache. Da hat der Mitterrand zum Kohl gesagt: «Auflösung der Ostzone nur gegen Einlösung in einer Eurozone.» Der Grund war wohl, dass der alte François ein neues dominantes Großdeutschland in der Mitte Europas verhindern wollte, und so drängte er Deutschland finanziell von der Mitte an den Rand – deswegen hieß er ja auch Mitterrand.

Das Dumme war nur, dass man nicht auf die Ökonomen hören wollte. Sie wissen schon, das sind die von dem einen Prozent Fachidioten, die sich auskennen und die damals sofort vermeldeten: «Eine Einheitswährung ist keine schlechte Idee, aber ...» Die Politiker erwiderten: «Danke für den Hinweis», und beließen es dabei. Man war wohl der Ansicht, dass es keine Probleme gäbe, und wenn doch welche auftauchen würden, könnte man sich mit denen ja dann immer noch beschäftigen. Leider wollte wohl keiner sehen, dass der Euro de facto eine ziemlich aufgeblähte Luftnummer ist. Und da Luft bekanntlich leichter als Wasser ist, sollte das mit dem Auftauchen der Probleme gar nicht lange auf sich warten lassen.

Wie hätte man das aber auch ahnen können? Stellen Sie sich mal vor, Sie gehen bei angenehmen Temperaturen, lässig mit kurzen Hosen und T-Shirt bekleidet, nach 22 Uhr in Barcelona irgendwo am Meer auf die Terrasse einer Tapasbar. Sie blinzeln in den Sonnenuntergang, bestellen Paella mit Stiereinlage, dazu einen herrlichen Rioja, und als Nachtisch leckeres Zitroneneis. Allein bei dem Gedanken läuft Ihnen schon das Wasser im Munde zusammen. Und weil nach einem heißen Tag alles ein bisschen gemächlicher zugeht, dauert es eine gewisse Zeit, die man Ihnen mit Weißbrot, Oliven und ein paar frittierten Gambas verkürzt. Was für ein schöner Abend. So, und jetzt stellen Sie sich vor, derselbe Tag, dieselbe Uhrzeit, und Sie erwarten exakt dasselbe Szenario in Helsinki. Vor allem das Zitroneneis, im kurzen T-Shirt nach 22 Uhr, draußen auf der Terrasse. Behaglich, oder? Ja, sicher. Aber nur, wenn Sie ein hartgekochtes Ei sind, das dringend abgeschreckt werden muss.

Ansonsten würden Sie das doch eher nicht tun. Aha! Aber die von uns gewählten Volksvertreter taten es. Die ließen sich nicht abschrecken, und zwar in ihrer Erwartung, dass Menschen in Barcelona genauso wirtschaften wie die in Helsinki. Bedenken Sie nur einmal, wie unterschiedlich allein schon die drei Volksgruppen Griechen, Spanier und Italiener mit Stieren umgehen. So, und jetzt kommen da aber noch die Finnen dazu. Die haben doch noch nie einen Stier gesehen! Wenn denen ein Stier über den Weg läuft, die halten den für einen schlecht frisierten Elch. Wie kann man da eine einheitliche Wirtschaftsphilosophie erwarten?

Wie bitte? Eine einheitliche Wirtschaftsphilosophie haben unsere Politiker in Europa gar nicht erwartet? Ja, Moment! Wie jetzt? Das ist aber interessant. Denn die Fachidioten behaupteten unmissverständlich, dass eine einheitliche Wirtschaftsphilosophie zwingend notwendig sei. Und dass eine Einheitswährung nur funktionieren kann, wenn man sich zuvor darüber hinaus verbindlich auf eine einheitliche Wirtschaftspolitik geeinigt hat. Wie bitte? Man hat sich geeinigt? Ach so, man hat zwar keine einheitliche Philosophie, aber eine einheitliche Politik erwartet. Auch nicht schlecht! Das ist so, als würde Sie in Barcelona ein Zitroneneis mit Elcheinlage erwarten.

Und darauf hat man sich also in der EU geeinigt? Äh, und auf was genau eigentlich? Nun, auf jede Menge Regeln und Bedingungen. Interessant. Und hat man dann auch darauf geachtet, dass sich alle an diese Regeln und Bedingungen halten, oder hat man hie und da mal ein Auge zugedrückt? Wie bitte? Man hat ganz genau hingesehen? Und trotzdem ist die Chose ins Schiefe geraten? Nun ja, weil man eben außerdem hie und da auch mal ein Auge zugedrückt hat, oder zwei. Na, schau mal einer an. Was das perverse Flittchen Europa alles mit sich machen lässt, wenn es den Stier bei den Hörnern packen will.

Stellen Sie sich vor, ein Dirigent soll ein Sinfonieorchester leiten, und unter den Musikern ist einer, der nicht einen einzigen Ton trifft. Und dann sagt sich der Dirigent: Ich liebe diese Harmonie. Wie damals in der Schule. Wenn die Kreide abbricht und der Fingernagel ganz langsam über die Tafel kratzt. Darum Ohren zu und durch! Und genau nach diesem Motto hat man zum Beispiel Griechenland in die Eurozone aufgenommen. Allen war völlig klar: Die Steuerpolitik der

Griechen könnte auch Klaus Zumwinkel organisieren. Und die Korruptionsbekämpfung Sepp Blatter. Egal. Nehmen wir halt immer mehr Musiker dazu, und wenn es sein muss, sogar aus Estland. Irgendwann hört man die einzelnen Misstöne nicht mehr so laut. Netter Versuch!

Was ist aber der Unterschied zwischen einem Sinfoniekonzert und dem Euro? Im Konzert stört es schon, wenn sich einer im Zuschauerraum ganz leise räuspert! Bei der Einführung des Euro konnten wir alle zusammen buh rufen, so laut wir wollten, sie fand unter Ausschluss der Öffentlichkeit statt. Dass das nicht so ganz astrein war, merken unsere Politiker ja inzwischen selber, darum haben sie jetzt auch diese Schuldengefühle. Weswegen wir als Wiedergutmachung im Gegenzug beim Streichkonzert die erste Geige spielen dürfen.

Also noch mal ganz langsam für alle zum Mitkommen: Unsere Politiker haben für den Euro Regeln aufgestellt, beispielsweise, dass die jährliche Neuverschuldung eines Landes höchstens drei Prozent, die Gesamtschulden höchstens 60 Prozent des Bruttoinlandsproduktes betragen dürfen. Und wer hat's übrigens erfunden? Der Theo Waigel. Ein Mann, dem der Wucher schon an den Augenbrauen anzusehen ist. Man fragt sich allerdings, wie der auf diese Zahlen gekommen ist. Ganz einfach: Wer während des Oktoberfestes 60 Maß Bier getrunken hat, der schafft auch noch drei weitere Maß, notfalls mit dem Trichter. Deswegen heißt der Vertrag, bei dem das beschlossen wurde, ja auch Maastrichter Vertrag.

Und so hat man also erst ganz viele schöne Regeln aufgestellt, und dann hat man ganz streng darauf geachtet, Leute aufzunehmen, von denen von vornherein bekannt war, dass sie gegen diese Regeln verstoßen werden. Sensationell! Überlegen Sie mal: Wenn Sie eine Fußballmannschaft aufstellen wollen und ganz genau wissen, dass bei den Feldspielern einige dabei sind, die den Ball immer in die Hand nehmen, und zwar reflexartig, seit Jahrhunderten, weil sie es so gewohnt sind und weil sie damit gute Erfahrungen gemacht haben. Was machen Sie? Na logisch, beide Augen zudrücken und die Regelverletzer trotzdem mitmachen lassen. Genial. Das Dumme ist nur, wenn es dann offensichtlich wird, der Schiedsrichter pfeift und die Gelbe Karte zeigt. Was machen Sie dann? Sie geben sich völlig überrascht und sagen: «Huch! Na so was. Damit hätte ich ja nie gerechnet.»

Das ist ja auch zutreffend. Gerechnet haben damit nur die, die rechnen können. Und die haben vorher laut und deutlich gesagt, dass es in Europa einerseits Industrie- und Exportnationen gibt und auf der anderen Seite Länder, die ihre Wirtschaftsleistungen hauptsächlich durch Obstanbau und Tourismus erbringen. Und dass eine Einheitswährung nur klappen kann, wenn die Deutschen für jeden einzelnen Euro, den sie etwa für den Verkauf eines Autos nach Griechenland einnehmen, im Gegenzug ungefähr genauso viel Zaziki von den Griechen kaufen. Kein Wunder, dass uns das sauer aufgestoßen ist.

Vor Einführung des Euro war das Gefälle kein Problem. Dann hat ein armes Land wie Griechenland einfach seine Währung abgewertet, und gut war's. Genau das war aber andererseits auch der Grund, warum man die Griechen überhaupt unbedingt in den Euro aufnehmen wollte. Weil wir nämlich einfach keinen Bock mehr hatten, denen unsere teuren Sachen für ihre billigen Drachmen zu verkaufen. Jedes Mal diese Abwerterei, wenn denen mal wieder die mediterrane Sonneneinstrahlung einen Strich durch ihre Produktivität gemacht hat. Und wir waren dann an Verträge gebunden, bei deren Unterzeichnung ihr Geld mehr wert war als im Moment der Lieferung. Das machte doch keinen

Spaß mehr, und deswegen musste Griechenland in den Euro aufgenommen werden. Das war alternativlos. Basta! Eben. So hat es Gerhard Schröder beschlossen. Ja genau. Gerhard Schröder. Und Hans Eichel, der Nachfolger von Theo Waigel. Und ein gewisser Jörg Asmussen. Den muss ich Ihnen jetzt nicht mehr vorstellen. Wie schön.

Das wollen wir an dieser Stelle dann aber bitte schön auch nicht vergessen. Wenn wir uns wieder einmal wundern, warum Schwarz-Gelb schlechte Umfragewerte hat, einfach mal fragen: Wer hat eigentlich an dem Tag, als der Euro die DM ablöste, bei uns in der deutschen Regierung gesessen? Oder: Wer hat die meisten Deregulierungen am «Kapitalmarktstandort Deutschland» (sic!) beschlossen? Und die Steuergeschenke für die Superreichen und die Großkonzerne? Und die größte Umverteilung von unten nach oben? Kleiner Tipp für die Antwort auf all diese Fragen: Fängt mit Rot an und hört mit Grün auf.

Und woran müsste man sich noch erinnern? Rot-Grün hatte mal einen Finanzminister mit Namen Oskar Lafontaine. Würde man mich fragen, welche drei Personen aus dem öffentlichen Leben ich mit auf eine einsame Insel nähme, wäre Lafontaine mit Sicherheit nicht dabei. Aber eins kann man ihm nicht absprechen: Schon 1998 hat Lafontaine gesagt, dass die internationalen Kapitalmärkte dringend reguliert werden müssten, sonst stünde uns eine weltweite Katastrophe ins Haus. Und weil die Crème de la Crème der Wirtschaftswissenschaftler und Diplomökonomen, nämlich Gerhard Schröder und Joschka Fischer, das aber nicht mitmachen wollten, wollte Lafontaine lieber auf eine einsame Insel, als mit denen weiter zu spielen. Und dann hat Rot-Grün 1998 am «Kapitalmarktförderungsgesetz» so lange herumgeschraubt, bis dieses Gesetz bestimmten Unternehmen erlaubte, Teile ihrer Bilanzen ins Ausland auszulagern. Und wohin das führte, durften wir uns zehn Jahre später bei der Hypo Real Estate ansehen.

Schröder ist inzwischen russischer Gashändler geworden und Joschka Fischer Berater bei der ökologischen Vorzeige- firma BMW, was seitdem die Abkürzung ist von: «Bruder- schaft Mit Weinkennern». Die SPD spielt sich heute wieder als Beschützer des kleinen Mannes auf. SPD = Sehr Peinliche Deppen!

Rot-Grün, dazu zählen sich Leute, die sich heute am lautesten über genau die Heuschrecken beschweren, die sie selber erst angelockt haben. Wer bei der nächsten Bundes- tagswahl Rot-Grün wählt, könnte genauso gut ein Picknick veranstalten, um dann erst mal fünf Eimer Erdbeermarme- lade rund um die Decke auszuschütten. Und dann über die vielen Wespen meckern. Diese schwarz-gelben Mistviecher! Dabei sagte schon Goethe in seiner Farbenlehre: «Wenn man Rot und Grün mischet, bekömmt man ein Grauen!»

Dieses Grauen bestand darin, dass ab sofort Länder wie Griechenland dank unserer europäischen Einheitswährung ganz viele schöne deutsche Waren kauften, und zwar nicht zuletzt Produkte aus der Rüstungsindustrie. Was nichts an- deres bedeutete, als dass wir Deutschen die ganze Zeit über wussten, dass die Griechen längst dabei waren, sich zu über- schulden. Wir haben uns aber vorbildlich verhalten und nur getuschelt, aber nichts gesagt. Warum? Weil wir davon so schön profitiert haben.

Wobei ich an dieser Stelle darauf hinweisen muss, dass ich mit «wir» jetzt nicht den kleinen Mann meine, denn der hat von diesen Gewinnen natürlich so gut wie nichts gesehen. Sonst hätte er vielleicht auch eine Lohnerhöhung erhalten, um sich davon etwas leisten zu können, etwa eine XXL-Portion Zaziki oder vielleicht sogar Urlaub in Griechen- land. Aber das hätte ja zur Folge gehabt, dass unsere Exportgewinne nun wieder hätten zurückfließen können. Und mal ehrlich, das wäre doch zu schade gewesen um das schöne Geld. Eben. Das hat man lieber angelegt, am besten in Hedgefonds, die dann Gewinn machen, wenn Griechenland pleitegeht. Und dass so etwas die Griechen in eine Verschuldung treibt, aus der sie nicht mehr herauskommen, konnten die Architekten des Euro doch nun wirklich nicht ahnen.

Aber nun ja, was soll's? Dann ersetzt den Schaden eben der deutsche Steuerzahler, also der oben erwähnte kleine Mann, der erst in die Röhre und dann dumm aus der Wäsche guckt. Denn wer profitiert von der ganzen Nummer? Die deutsche Exportwirtschaft. Richtig. Aber auch Griechenland. Denn auf diese Weise kamen die Griechen an deutsches Geld, ohne deutsche Touristen bei sich im Land ertragen zu müssen. Was meinen Sie, warum Portugal, Spanien und Italien sich als die nächsten Wackelkandidaten aufdrängten? Die einen behaupten, wir hätten ungemein profitiert, die anderen bezeichnen es nur als gemein.

Wenn Sie dann aber als verantwortlich handelnder Politiker – ich weiß, «verantwortlich handelnd» und «Politiker» in einem Satz ist gerne mal ein Widerspruch in sich; ich bitte um Verzeihung. Wenn Sie also als handelnder Politiker – verflixt, das klingt irgendwie auch utopisch. Wenn Sie also als getriebener Wendehals (mit lieben Grüßen an Horst Seehofer) das alles hätten vorhersehen können, dann plustern Sie sich eben hinterher ganz groß auf und lassen Sätze ab wie den: «Es kann ja wohl nicht sein, dass die einen Schulden machen, und die anderen das bezahlen müssen.» Klasse, oder? Das ist ungefähr so, als würden Sie sich darüber beschweren, dass in Ihre Wohnung eingebrochen wurde, obwohl sie auf der Straße ein großes Schild aufgestellt hatten mit der Aufschrift: «Wir sind nicht zu Hause.»

Oder dieser Satz von Rainer Brüderle: «Gerade wir Deutsche als Exportnation profitieren ungemein vom Euro.» Auch nicht schlecht, oder? Das ist aber auch so was von wahr. Weil nämlich Griechen, Iren, Portugiesen, Spanier, Belgier und so weiter alle vor Einführung des Euro unsere Produkte überhaupt gar nicht gekauft haben. Sie erinnern sich doch sicher noch an die Zeit vor dem 1. Januar 2002, also an die Zeit, bevor wir den Euro bekamen. Mann, was sind wir damals auf unseren schönen deutschen Produkten sitzengeblieben. Diese unglaublich großen Berge von überschüssigen deutschen Waren. Und deswegen ist der wichtigste Satz der von Angela Merkel: «Scheitert der Euro, dann scheitert Europa.» Schauen Sie sich einmal um in Europa: Norwegen hat den Euro nicht. Wahnsinn, wie die gescheitert sind.

Oder die Schweiz. So was von gescheitert. Vor allem als Finanzplatz völlig uninteressant. In der Welt geradezu komplett außen vor. Vor allem bei Leuten, die Geld haben. Und deswegen sieht's in der Schweiz heute auch so gescheitert aus wie bei uns in den 90er Jahren des vorigen Jahrhunderts. Boah, was waren wir da gescheitert. Sie erinnern sich doch sicher noch an die Zustände damals, als unsere Bauern noch einen halben Tag brauchten, um ihre Ochsen über staubige Buckelpisten zum nächsten Marktplatz zu treiben, nur weil sie ihr verdorrtes Gemüse anbieten mussten. Was meistens unterwegs daran scheiterte, dass kein sauberes Trinkwasser in unseren Brunnen vorhanden war. Und dann diese permanente Lebensmittelknappheit, als die deutsche Bevölkerung jahrelang von internationalen Hilfsorganisationen Brotrationen zugeteilt bekommen musste. Damals waren wir so gescheitert, dass man eine Ansammlung von Deutschen einen Scheiterhaufen nannte.

Oder nehmen Sie Großbritannien. Kein Euro und voll gescheitert. Vor allem beim Elfmeterschießen. Wer hätte je geahnt, dass das an deren Währung liegt?

Und die Schweden? Die haben auch keinen Euro. Und die sind so sehr gescheitert, dass Angela Merkel noch im Dezember 2010 stolz zu Protokoll gab: «Wir Deutsche können auch von anderen Ländern lernen, denn Schweden zum Beispiel hat einen ausgeglichenen Haushalt.» Das war sozusagen der Satz der Sätze. Sensationell, oder? Ich frage mich nur, ob man der Merkel eigentlich inzwischen mal zugeflüstert hat, dass die Schweden den Euro gar nicht haben. Plötzlich wurde einem klar: Entweder werden wir von einer Frau regiert, die gar nicht weiß, dass die Währung der Schweden die Krone ist. Oder ihre Bemerkung war das deutlichste Bekenntnis gegen den Euro, das wir je gehört haben.

Ich würde mit Frau Merkel andererseits aber auch nicht tauschen wollen. Wie ein Doppel-Whopper von zwei Seiten gegrillt zu werden ist schließlich auch nicht schön. Intern wurde Angie nämlich nur noch als «das schwarze Loch» bezeichnet. Weil sie alles in ihrer Umgebung in sich reinsaugt und neutralisiert, erst die halbe CDU, dann die gesamte FDP, und im europäischen Ausland war sie zuletzt ungefähr genauso gern gesehen wie Jörg Kachelmann in der Sendung «Traumhochzeit». Denn Frau Merkel ist der Meinung, dass man Länder, die an ihren Schulden zu ersticken drohen, am besten dadurch rettet, indem man ihnen mit Sparmaßnahmen die Gurgel zudrückt. Über den Ausbildungsstand von Erste-Hilfe-Maßnahmen in der DDR sollte später noch mal ein Wörtchen zu reden sein.

Was wir Deutschen andererseits bei der Eurokrise nicht übersehen dürfen: Endlich gelingt uns die Eroberung des gesamten Kontinents. Wenn das der Führer noch erlebt hätte! Oder zumindest Mitterrand? Allerdings schaffen wir das diesmal ohne Eroberungskrieg, stattdessen über die Staatsschulden der anderen Länder. Die Truppen, die wir heute einsetzen, sind keine Soldaten, sondern Soll-Daten. Und wie sagte schon Fürst Bismarck, der Mann, der nach einem Hering benannt wurde: «Am deutschen Wesen soll der Euro genesen.» Oder war es Fürst Pückler, der Erfinder dieser berühmten Eissorte? Egal.

Und wenn der Euro aufgrund der vorangekündigten Untauglichkeit seiner Regeln irgendwann in die unausweichliche Schieflage gerät, stellen sich unsere Volksvertreter hin und verkünden: «Dann müssen wir wohl die Regeln ändern.» Und jetzt möchte ich Sie an dieser Stelle mal nicht als Leser ansprechen, sondern als Investor. Schließlich haben Sie ja auch hin und wieder ein paar Millionen übrig und wissen nicht, wohin mit Ihrem Geld. Darum verkleiden Sie sich als Stier, machen sich auf die Suche nach einem holden sodomistischen Liebchen und stellen es zur Rede:

«Hömma, liebe Europa, wenn du willst, dass ich dir Geld leihe, dann möchte ich gerne mal wissen, wie du es mit den Bedingungen hältst. Zum Beispiel:

➡ 1. Kein Staat darf mehr Defizit machen als 3 Prozent des Bruttoinlandsproduktes.» Dann antwortet Europa: «Schon, aber das war doch eh langweilig, oder?»

➡ «2. Die Zentralbank hat neutral zu bleiben.» Europa: «Ja, aber die Notenpresse anschmeißen, um Staatsschulden aufzukaufen, heißt doch minus mal minus ist plus. Und neutraler geht's doch gar nicht.»

➡ «3. Kein Staat darf einem anderen Staat aus der Patsche helfen.» Europa: «Seit wann ist Griechenland ein Staat? Griechenland ist die älteste Demokratie, die wir haben. Da, wo die Griechen mit ihrer Entwicklung heute schon sind, da wollen die Deutschen ja erst noch hin.»

➡ «4. Das heißt also, dass Europa sich nicht an die eigenen Regeln hält?» Europa: «Doch. Vor allem an unsere ganz neue Regel, die lautet:

Wenn man Regeln nicht einhalten kann, darf man auch nachträglich neue Regeln aufstellen. Das schafft Verlässlichkeit, Vertrauen und Stabilität.»

Mit anderen Worten: Sie setzen also freitags Geld auf einen Sieg von Klitschko, gehen samstags in die Boxkampfarena, und dann findet da 100-Meter-Brustschwimmen statt. Warum Brustschwimmen? Damit jeder sofort sehen kann: Denen steht das Wasser bis zum Hals. Und jetzt brauchen Sie sich nur noch vorzustellen, dass der Schutzschirm für diese Veranstaltung aus dem gleichen Material wie das Dach der Schalke-Arena besteht, und schon bekommen Sie eine Ahnung davon, in welch «trockenen Tüchern» sich der Euro befindet. Was aber kein Problem ist. Denn zur Not springt eben die Notenbank ein und schmeißt die Druckerpressen an. Deswegen heißt die Notenbank ja auch Notenbank, weil die zur Not einspringt. Das schafft nicht nur Verlässlichkeit, Vertrauen und Stabilität, sondern macht den Euro halt ein bisschen weich. Und eine weiche Währung ist doch in diesen harten Zeiten ein schönes Signal.

Der Euro wird weich! Das ist für mich nichts Neues, ich fand den Euro schon immer weich. So ein 50-Cent-Stück zum Beispiel. Ich weiß ja nicht, wie es Ihnen geht, aber für mich war es von Anfang an so: Wenn ich ein 50-Cent-Stück in der Hand halte, möchte ich immer erst mal die Kante aufknibbeln, um die Schokolade rauszuholen. Da haben Sie den Beweis: Was für ein weiches Geld.

Man könnte mit Fug und Recht fragen, was eigentlich mehr Nullen hat: der Milliarden-Schutzschirm für den Euro oder unsere Regierung? Spannend bleibt es allemal, wie sich die Geschichte mit dem Euro weiter entwickelt. Zwischen Abgabe meines Manuskriptes und dem Erscheinen dieses Buches sind drei Monate vergangen. Hallo? Das sind 90 Tage.

Und Nächte. Und wenn Sie sich erinnern, dass Lehman Brothers damals über Nacht pleitegegangen ist, dann heißt das, zwischen Abgabe und Veröffentlichung dieses Buches liegt das Potenzial für 90 unerwartete Bankenpleiten, Crash-Szenarien und Zusammenbrüche. Kann sein, dass Sie das hier lesen, und der Euro existiert längst gar nicht mehr. Kann sein, dass unsere schwarz-gelbe Bundesregierung gar nicht mehr da ist. Man weiß nicht, was einem lieber wäre. Gut, außer vielleicht, dass Christian Wulff inzwischen als Bundespräsident zurückgetreten wäre. Den Rücktritt eines Bundespräsidenten hatten wir auch schon lange nicht mehr. Schon gar nicht über Nacht. Wäre doch mal wieder Zeit dafür.

Brett vorm Kopf

Und all diese Zerreißproben um den Euro erleben wir ja nur, weil Europa unbedingt mithalten muss im globalen Konzert. Darum geht's: eine große Nummer in der großen Welt zu sein. Nehmen wir die Amis. Wobei man an dieser Stelle auch aufpassen muss. US-Bürger als Amerikaner und ihr Land als Amerika zu bezeichnen ist für Kanadier immer wieder ein Anlass zu großer Freude. Oder was meinen Sie, wie begeistert die Mexikaner sind, mit US-Bürgern in einen Topf geschmissen zu werden, oder Argentinier oder Venezolaner. Von indianischen Ureinwohnern oder den Nachfahren afrikanischer Sklaven ganz zu schweigen. Aber daran sehen Sie, dass die USA es eben schon immer verstanden haben, Freiheit und Menschenrechte zu exportieren. Was vielleicht aber auch mit einem gewissen missionarischen Eifer zusammenhängen könnte, den schon die ersten Einwanderer mitbrachten, als sie Europa rechtzeitig vor Beginn der Aufklärung verlassen hatten.

Bevor sich jetzt aber bei Ihnen antiamerikanische Reflexe einstellen, muss noch dringend festgehalten werden, dass wir in Europa, und nicht zuletzt wir Deutschen, den Amis ja unsere Freiheit verdanken. Das sollten wir nie müde werden zu betonen. Deswegen gelten unsere Dankesreden immer wieder und stets aufs Neue den USA. Weil die uns von der Nazi-Diktatur befreit haben. Jetzt mag es ja ein paar altkommunistische Stalinisten geben, die dann immer auch die Russen ins Boot bringen wollen. Aber mal ehrlich, so weit kommt's ja noch. Schließlich waren es US-Truppen, die 1945 Berlin erobert haben. Da staunen Sie jetzt. Wer hätte das gedacht? Aber wir alle kennen doch dieses berühmte Foto, auf dem ein russischer Soldat über dem deutschen Reichstag die Fahne mit Hammer und Sichel hisst. Alles Lug und Trug. Das war in Wahrheit ein amerikanischer GI mit einem Stars-and-Stripes-Banner. Das Foto wurde von den Sowjets nachträglich manipuliert. Woran man mal wieder sehen kann, wie heimtückisch diese Kommunisten sind. Und deswegen feiern wir regelmäßig die große Dankbarkeit gegenüber den USA, und die Russen interessieren uns nur noch, wenn es um Gaslieferungen geht.

Vor allem aber verdanken wir den Amis unsere schöne Nachkriegsordnung, die ja nach dem Krieg verordnet wurde. Was ein guter Zeitpunkt war, denn vorher hätte es ja keinen Sinn gemacht. Ein wichtiges Element dieser Ordnung war das Währungsabkommen von Bretton Woods aus dem Jahre 1944. Bretton Woods heißt übersetzt so viel wie Bretterholz, und irgendwie könnte man das auch als Omen betrachten. Denn der Plan war, die einzelnen Währungen der verschiedenen Staaten dieser Welt in feststehende Wechselkurse zu nageln. Und wissen Sie was? Dieser Plan ging auf. Also in Westdeutschland. Die Ostdeutschen wollten nicht mitmachen. Und während kurz darauf in Ostdeutschland noch

Nachkriegszeit war, fand zur gleichen Zeit in Westdeutschland das Wirtschaftswunder statt.

Und eine Ursache dieses Wunders war wohl dieses verbretterte Holzabkommen. Dessen Hauptteil bestand darin, dass der Dollar die Kernwährung bildet, zu der sich alle anderen Länder in einem festen Wechselverhältnis zu halten hatten, gleichsam einem Fixstern, um den alle anderen Sterne in festen Bahnen kreisen. Während der Dollar wiederum in einem festen Verhältnis zum Gold bleiben musste. Denn wie sagte schon Goethe: «Zum Golde drängt, am Golde hängt doch alles.» Muss ein ziemlich zitierfähiger Mann gewesen sein, dieser Goethe. Denn ich zitiere den in diesem Buch jetzt auch schon zum zweiten Mal. Und das hat ansonsten nur die andere große Geschichtenerfinderin Angela Merkel geschafft.

Der Schein trügt

Dieses Bretter-Abkommen hatte also zur Folge, dass jedes Land auf der Welt sich verpflichtete, seine Währung gegen Gold zu einem festen Kurs von 35 Dollar pro Feinunze einzutauschen, weshalb die ganze Welt den Dollar fortan als genauso gut betrachtete wie Gold. Das Problem dabei war folgendes: Wissen Sie, wie groß die Gesamtmenge an reinem Gold auf der ganzen Welt ist? Ungefähr 2 Olympia-Schwimmbecken voll. Das ist nicht viel, vor allem wenn man bedenkt, dass eines dieser beiden Schwimmbecken bekanntlich einem älteren Herrn in Entenhausen gehört.

Und als dann 1969 ein gewisser US-Präsident Richard Nixon mal einen Krieg finanzieren musste, hatte er sich, wie es amerikanische Präsidenten gerne schon mal tun, mit den Kosten ein kleines bisschen verhoben. Und dann kamen die

Franzosen daher und haben zum Nixon gesagt: «Wir hätten doch mal bitte gerne alle unsere Dollarreserven in Gold eingetauscht.» Und da hat der Nixon gesagt: «Diese frechen Froschfresser. Wollen, dass ich die Hosen runterlasse, damit alle Welt sehen kann, dass wir weniger Gold besitzen, als es Dollars gibt.» Und dann hat der Nixon wegen des Vietnamkriegs die Golddeckung für den Dollar einfach abgeschafft. Also, weil der Kommunismus dem Kapital den Kampf angesagt hatte, hat der Nixon gesagt: «Kapitalvernichtung? Das habe ich selbst besser drauf.» Übrig blieben von den hölzernen Brettern nur noch ein paar Reste, und die hatte der Nixon alle vorm Kopf.

Da haben natürlich dann alle anderen Währungshüter dieser Welt gesagt: «Super Idee.» Und hieß es vorher zur Erklärung immer: «Geld ist wie Gold, nur ohne Gold», so wissen wir heute: «Ja, genau.» In Fachkreisen nennt man dieses Geld ohne Deckung übrigens «Fiat-Geld». Allein auf diese Idee zu kommen, so etwas Fiat-Geld zu nennen, ist doch auch bezeichnend. Man weiß anscheinend nur noch nicht, ob Punto oder Cinquecento. Ich finde ja, «Volkswagen-Geld» wäre besser gewesen. Denn Geld ohne Deckung ist Geld, das soll das Volk wagen.

Der Wert eines Geldscheins entspricht heute streng genommen eigentlich nur noch dem Materialwert des Papierstücks, auf dem er gedruckt ist, das heißt erst mal nur ein Cent. Und die Zahl, die da draufsteht, egal ob 5 oder 500, hängt vom Vertrauen in die jeweilige Währung ab. Vertrauen ist ja laut Deutscher Bank bekanntlich «der Anfang von allem». Oder mit anderen Worten: Das Misstrauen kommt zum Schluss. Bei Nixon kam das Misstrauen aber schon vorher. Denn einfach Geld drucken birgt die Gefahr der Inflation. Wir kennen das Spiel von Angebot und Nachfrage. Je seltener eine Ware vorhanden ist, desto teurer wird sie. Ich kann das bestätigen: Je öfter mir irgendwo Johannes B. Kerner entgegengrinst, umso billiger finde ich diesen Typen.

Und genau das ist mit dem Dollar auch passiert. Da Nixon einfach mehr Dollars drucken ließ, als in den USA Gold vorhanden war, sank der Wert des Dollars wie bei einem Bungee-Sprung, nur ohne Seil. Bis die Amis sich sagten: Das muss sich ändern. Ab sofort machen wir das so: Je doller wir den Dollar drucken, umso weniger lassen wir uns beim Drucken zugucken, damit der Wert nicht mehr fällt. Klingt witzig, ist aber kein Witz. Die Amis veröffentlichen schon seit 2006 nicht mehr, wie hoch die Gesamtmenge (M3) an Dollars ist, die sich im Umlauf befindet. Da bekommt der Begriff «Dunkelziffer» eine völlig neue Bedeutung – das ist Schwarzgeld im wahrsten Sinn des Wortes.

Als ich zum ersten Mal davon erfuhr, habe ich mich sofort gefragt, ob das wohl auch unsere Regierung weiß. Ich meine, so etwas sollte doch zumindest zu ihrem Anforderungsprofil gehören, oder? Also, wenn man bei unserer Regierung überhaupt noch von einem Profil sprechen kann. Aber wenn unsere Regierung das weiß, warum spricht sie dann mit uns nicht darüber. Eltern nehmen doch irgendwann ihre Kinder beiseite, um sie darüber aufzuklären, wo die vielen Babys herkommen. Warum nimmt uns Vater Staat nicht beiseite und erklärt uns, wo eigentlich die vielen Dollars herkommen? Wahrscheinlich aber ist das kein Thema, weil unsere Regierung zu den Amis einfach so viel Vertrauen hat. Das ist der Punkt. Unsere Regierung könnte natürlich hingehen und sagen: «Ihr lieben Amis, seid ihr eigentlich bescheuert? Nun aber flugs aufgeklärt, wie viel Dollars im Umlauf sind.» Dann würden die Amis sagen: «Klasse Vorschlag. Und ab morgen ist Deutschland eine ehemalige Export-Nation. Viel Vergnügen!»

Denn das dürfen wir dabei nicht vergessen, das ist ja das

Geniale an unserer Weltwirtschaft: Die Amis sind mit ihrem American Way of Life schon seit Jahrzehnten die globale Konjunkturlokomotive. Der American way of life geht ungefähr so: Wir kaufen uns ständig Dinge, die wir uns gar nicht leisten können, und deswegen bezahlen wir das mit Geld, das wir gar nicht haben. Genial, oder?

Und genau das haben die Griechen eben auch einmal ausprobieren wollen. Sie haben halt nur vergessen zu verheimlichen, wie viele Euros sich in Umlauf befinden. Das war der eine große Fehler, den die Griechen gemacht haben. Der zweite war, Costa Cordalis nach Deutschland ausreisen zu lassen. Aber das ist ein anderes Thema.

Geht runter wie Öl

Verheimlichen ist das Geheimnis. Die OPEC, die Organisation erdölexportierender Länder, macht das auch so. Die spannende Frage lautet: Wie viel Erdöl befindet sich eigentlich insgesamt auf der Welt noch im Erdboden? Die OPEC macht dazu ausgesprochen vertrauensbildende Angaben. Und zwar verschweigt sie seit 1982, wie viel Erdöl sie jährlich fördert. Was aber auch nachvollziehbar ist, denn um den Ölpreis möglichst hoch zu halten, darf man natürlich nicht zu viel Öl anbieten. Um aber möglichst viel Geld einzunehmen, befördert man eben eine geheime Menge noch zusätzlich auf den Markt. Gut, wie viel Erdöl in den Golf von Mexiko befördert wurde, das ist natürlich nicht geheim. Aber das ist ja auch nicht die OPEC, das ist BP. Was die auch teuer zu stehen kam, weswegen BP heute auch als Kürzel für «Bald Pleite» steht!

Die OPEC hingegen hat das ganz clever gemacht. Und zwar haben die eine Regelung erfunden, nach der die Menge

Erdöl, die ein Mitgliedsland fördern darf, abhängig ist von den Erdölreserven im Boden dieses Mitgliedslandes. Das heißt, je weniger Öl ein Land bei sich im Boden hat, umso weniger Öl darf dieses Land fördern. Wenn es mehr Öl fördern will, darf es das nur, wenn es neue Reserven bei sich im Boden entdeckt. Und plötzlich haben alle diese Mitgliedsländer, aber auch jedes einzelne, bei sich im Boden neue Reserven entdeckt. Aber so was von Reserven. Und zwar über Nacht. Tief im Boden drin. Also ganz tief. In ganz tiefen Tiefen. Im tiefsten Boden drin. Da haben die Reserven entdeckt. Und diese Reserven haben eine ganz praktische Eigenschaft. Die werden seitdem nicht weniger. Die bleiben seit Jahren gleich. Obwohl sie ständig weiterfördern. Stellen Sie sich doch mal vor, Sie sitzen in Ihrem Auto, und die Tankanzeige zeigt 100 % voll, obwohl Sie seit drei Stunden mit 220 km/h über die Autobahn brettern. Wahrscheinlich fahren Sie einen «Opec Astra».

Wie viel Erdöl aber tatsächlich weltweit noch im Erdboden steckt, dazu gibt es keine eindeutigen Erkenntnisse. Kennen Sie dieses Geräusch, wenn man mit einem Strohhalm aus einer Coladose die letzten Tropfen heraussaugt? Dieses Geräusch sollten Sie vielleicht jetzt in den Ohren haben, wenn Sie sich fragen, wie es eigentlich um unsere weltweiten Erdölvorkommen steht. Sie meinen, das sei jetzt vielleicht ein bisschen übertrieben? Ja, vielleicht ist es das. Vielleicht aber auch nicht! Die einen sagen so, die andern so. Tatsache ist, dass es auf der Welt immer mehr Menschen gibt, die immer mehr Öl verbrauchen. Allein diese ganzen aufstrebenden Entwicklungsländer: China, Indien, Mecklenburg-Vorpommern. Während die Ölvorräte gleichzeitig immer weniger werden. Was für die Chinesen natürlich gerade ein bisschen dumm ist, weil man ja erst jetzt mit dem Kapitalismus so richtig loslegen will. Das ist ungefähr so, als würde der Chinese erst später auf eine Party kommen, um dann festzustellen, dass der Alk schon alle ist. Und jetzt muss er versuchen, sich mit Chopsuey alles schönzusaufen.

Aber was bedeutet das eigentlich, wenn man immer öfter den Satz hört: «Die Zeiten des billigen Öls sind bald vorbei»? Was heißt denn das? Ganz konkret? Wenn irgendwann schon bald der Benzinpreis über drei Euro pro Liter beträgt? Gut, diese ganzen postpubertären Protzbubis, die man nicht selten in ihrem ersten Auto sieht, Seitenfenster runter, Ellbogen raus, Musik auf volle Pulle, Dauerton auf der Hupe. Die müssen plötzlich alle wieder Fahrrad fahren, Klingelingeling, hier kommt der Eiermann! Ein hoher Spritpreis hat also auch Vorteile.

Wie aber will man diesen Preis dann in den Griff kriegen? Wenn die sich im Umlauf befindende Menge Erdöl den Preis bestimmt und der dann zu hoch wird, kann man natürlich mehr Öl auf den Markt fördern. Nur erhöht das aber nicht die im Erdboden vorhandene Restmenge. Eher im Gegenteil. Und das heißt, bevor man sich's versieht, zahlt man vier Euro pro Liter! Und dann dürfte es auch auf unseren Straßen allgemein etwas gemächlicher zugehen. Dann stehen Sie am Straßenrand, sehen ein paar wenige Autos, die äußerst langsam fahren, und denken sich: Boah, was ist denn hier los? Ich hab heute doch noch gar nicht gekifft.

Und wissen Sie was? Dieses fiese Öl will einfach nicht nachwachsen. Jeder Liter Öl, der verbraucht wird, ist unwiederbringlich weg. Die Gesamtmenge wird kontinuierlich weniger und weniger. Das ist ein unaufhaltsamer Schrumpfungsprozess. Wie die Mitgliederzahlen in der katholischen Kirche. Bei denen sagt man ja auch: Die gehen runter wie Öl.

Mit anderen Worten, ab fünf Euro pro Liter ist auch das Ziel in der Formel 1 nicht mehr: Wer ist der Schnellste? Sondern: Wer fährt am längsten? Das werden spannende Rennen. Ich erwarte Zuschauerrekorde am Nürburgring!

Und ich glaube, spätestens dann wird der Bürger sich das nicht mehr bieten lassen. Der Bürger. So wie ich ihn kenne, den Bürger, wird er Demos vorm Bundeskanzleramt organisieren. Gegen zu hohe Benzinpreise. Und dann wird der Bürger da ganz viel Benzin vorm Kanzleramt auf die Straße schütten, dass die Regierung sieht: Wenn so viel Sprit übrig ist, dass man es auf die Straße schütten kann, dann müssen die Spritpreise auch wieder sinken. Was mit Milch klappt, klappt auch mit Benzin. Das kriegt die Regierung hin. Wenn es sein muss, hebt die auch die Schwerkraft auf. Oder realistisch formuliert: Ab zehn Euro pro Liter geht es bei uns wieder zu wie vor 150 Jahren. Dann kann man am Straßenrand wieder Wechselstationen für die Pferdekutschen sehen. Und dann kommt auch wieder der Sheriff aus dem Saloon. Deswegen hat man ja zwischenzeitlich dieses E10 erfunden, mit 10 Prozent Bio-Ethanol. Leider tankt der Bürger das aber nicht. Warum? Der wartet auf E100. Denn das kann er wenigstens als Salatdressing verwenden.

Das alles legt natürlich die nächste Frage nahe: Was passiert eigentlich mit einer Gesellschaft, deren Ernährungs- und Versorgungsstruktur komplett von bezahlbarem Benzin abhängig ist? Wenn Sie das nächste Mal in einem Supermarkt etwas einkaufen gehen, werfen Sie doch mal einen Blick auf die Preise und fragen Sie sich, wie viel von diesen Preisen wohl den Transportkosten geschuldet ist. Und dann fragen Sie sich, was wohl mit diesen Preisen passiert, wenn die Transportkosten immer weiter steigen.

Und wenn Sie schon mal im Supermarkt stehen, werfen Sie doch noch einen Blick auf die Verpackungen, was da alles in unseren Lebensmitteln enthalten ist. 99 Prozent aller Dünger und Schädlingsbekämpfungsmittel werden beispielsweise aus Erdöl hergestellt. Das ist keine Verschwörungstheorie. Ohne Erdöl auf dem Feld wäre im Kühlschrank Bielefeld! Von den sonstigen Zusatzstoffen aus der chemischen Hexenküche ganz zu schweigen. Selbstmordattentäter suchen ihre Bombenanleitungen ja gerne im Internet. Ich schlage denen vor, einfach in einem deutschen Supermarkt etwas mehr Nahrung zu kaufen. Das ist die beste Tarnung: Sprengkraft, die von innen kommt. Wissen Sie, wie viele chemische Zusatzstoffe der Deutsche pro Jahr über Lebensmittel zu sich nimmt? 15 Kilogramm. Im Schnitt. Manche essen gar nichts davon. Auf jeden Bioladenkunden kommen zwei Wildecker Herzbuben. Und das alles wird aus Erdöl hergestellt. Es gibt Leute, mit deren Mageninhalt kann man ein Auto 100 Kilometer weit fortbewegen.

Es ist also auch kein Wunder, wenn unsere Arztpraxen mit Leuten überfüllt sind, die von Lebensmittelallergien und ähnlichen Zivilisationskrankheiten geplagt werden. Und was sagt der Doktor zu denen? «Dagegen gibt's doch was von Ratiopharm.» Und dann bekommen sie Chemikalien, um Krankheiten zu kurieren, die sie ohne Chemikalien gar nicht hätten. Und jetzt raten Sie mal, aus welchem Rohstoff 99 Prozent dieser Medikamente hergestellt werden. Was sagt man dazu? Das heißt, ohne Erdöl bricht unsere gesamte Pharmaindustrie komplett zusammen. Und angesichts der Machenschaften der Pharmalobby fragt man sich doch, wie viele Tankfüllungen wir noch verfahren müssen, damit dieser Zustand möglichst schnell erreicht werden kann.

Oder reden wir doch einmal über Plastik und Kunststoff. Schauen Sie sich in Ihrer Wohnung ganz genau um und dann fragen Sie sich, was da aus Holz ist und was aus Metall? Und den Rest denken Sie sich weg. Und ich weiß ja auch nicht, welche Verhütungsmethoden Sie so anwenden, aber ein paar Kinder denken Sie sich in diese Wohnung lieber mal noch mit hinein. Hygiene- und Kosmetikartikel hingegen denken Sie sich auf alle Fälle wieder hinaus. Liebe Frauen, kennen Sie den Geruch, wenn Ihr Mann abends vom Joggen nach Hause kommt? Oder aus der Kneipe? Oder aus der Kneipe nach dem Joggen? An den Geruch sollten Sie sich lieber schon mal gewöhnen. Genau wie an den Anblick, wenn Sie, werte Damen, morgens ungeschminkt in den Spiegel gucken. Mal ehrlich, die eine oder andere von Ihnen wird sich dann schon überlegen, ob nicht doch die Burka eine reizvolle Alternative wäre – also natürlich für ihren miefenden Mann.

Und als wäre das alles nicht schon genug, denken Sie jetzt noch mal eine ruhige Sekunde an unseren Flugverkehr. Und? Fällt Ihnen was auf? Richtig! Der ist komplett von bezahlbarem Erdöl abhängig. Im Straßenverkehr können wir uns ja inzwischen über alternative Antriebsarten Gedanken machen, aber ich bin heute schon gespannt, wie man einen Airbus A 380 mit Solarenergie in die Luft kriegen will. Wahrscheinlich muss man an die Flügel noch ein paar Windkrafträder mit dranbauen. Sieht dann ein bisschen aus wie ein Propellerflugzeug. Und das hat doch früher auch geklappt.

Nur eins steht jetzt schon fest: Die Zeiten der Billigflieger werden tatsächlich schon ganz bald ein für alle Mal vorbei sein. Ganze Regionen, die vom Tourismus abhängig sind, werden verarmen. Mallorca wird wieder spanisch! Nur dass die Mallorquiner dann nichts mehr verdienen und sich fragen: Was sollen wir jetzt noch hier? Wandern wir mal lieber aus. Zum Beispiel nach Deutschland. Und dann kommen die Mallorquiner zur Abwechslung ausnahmsweise alle zu uns nach Deutschland. Und was meinen Sie, wie die sich dann bei uns wohl benehmen werden, nach all ihren Erfahrungen, die sie mit uns Deutschen auf Mallorca machen durften? Jedes einzelne Handtuch auf jeder einzelnen Liege werden die uns heimzahlen. Für jede Minute Jürgen Drews am Ballermann werden die sich rächen. Und das womit? Mit Recht!

Es kommen also lustige Zeiten auf uns zu. Die entscheidende Frage lautet: Wann ist es so weit? Kein Problem. Die Experten haben das minutiös und detailliert berechnet und können ganz exakt vorhersagen, wann genau das Öl zu knapp wird. Und zwar wissen die ganz präzise, aufgrund der Daten, die ihnen die OPEC zur Verfügung stellt, irgendwann innerhalb der nächsten 50 Jahre! Und bis zu diesem Zeitpunkt haben wir aber noch wer weiß wie viel Zeit, um uns nach alternativen Energien umzuschauen.

Drum erfreuen wir uns, solang's noch geht,
an BP, Aral und Shell,
an Opel, Audi und Mercedes.
Wenn's mit dem Öl so weitergeht,
geht's vorwärts bald nicht mehr so schnell,
dann geht's wieder per pedes.

Onkel Sam und Vater Morgana

Der Knüller kommt aber erst jetzt: Seit der Dollar nämlich nicht mehr an Gold gebunden ist, ist er ans Erdöl gebunden. Genial, oder? 1973 haben die Amis zu den Arabern gesagt: «Weil wir weniger Gold besitzen, als die Franzosen von uns haben wollen, verkauft ihr euer Öl an die ganze Welt nur gegen Dollar, und dann sind sogar die Franzosen gezwungen, Dollar zu besitzen und damit seinen Wert zu stützen.» Und den Franzosen riefen sie zu: «Tja, lieber Franzmann, da guckst du jetzt aber blöd unter deinen Baguettekrümeln hervor. Entwickle doch einfach ein Verfahren, wie man Kraftstoff aus Camembert macht. Und bis dahin: Toi! Toi! Toi!»

Die Araber haben die Amis natürlich gefragt: «Was haben wir davon?» Da haben die Amis gesagt: «Kredite ohne Ende. Wir scheißen euch so was von zu mit Dollars, dass ihr nicht mehr geradeaus laufen könnt. Und ihr Araber dürft das Wort ‹Menschenrechte› aus eurem Lexikon streichen, ohne dass wir unsere Truppen schicken.»

Seitdem sind Amis und Araber die Profiteure der Weltwirtschaft. Die sind die Champions League. Deswegen heißen die auch Profiteure. Sonst hießen sie ja Amateure. Heute verkaufen die Araber Erdöl, das es offiziell gar nicht gibt, und bekommen dafür Dollars, die es offiziell auch nicht gibt. Bleibt also alles in der Familie: Die Mutter unseres Wohlstands ist eine Liaison von Onkel Sam mit Vater Morgana!

Bei den Amis ist der Zwischenstand zurzeit (Stand Januar 2011) folgender: eine Staatsverschuldung von über 14 Billionen US-Dollar. Und zusätzlich hält jeder private US-Haushalt im Schnitt 13 Kreditkarten, auf denen insgesamt 8565 Dollar Schulden lasten, plus 14 500 Dollar an Schulden auf Auto oder Ausbildung, mehr als 10 000 Dollar an Haus-Krediten und noch einmal 85 000 Dollar an ausstehenden Hypotheken. Als ich das zum ersten Mal hörte, musste ich mir die Tränen aus den Augen wischen. Ich weiß allerdings bis heute nicht, ob vor Lachen oder Weinen. Dass das natürlich nicht ewig gutgehen kann, hat Obama inzwischen erkannt und 2010 folgerichtig verkündet, dass die Amis selber Exportnation werden müssen. Und zwar innerhalb von fünf Jahren.

Das klingt nicht nur drastisch vielversprechend, sondern ist auch unglaublich realistisch. Die USA haben ein enorm brachliegendes Exportpotenzial. Denn es gibt ja noch unzählige Dinge, die die übrige Welt endlich von den Amis braucht. Nehmen wir zum Beispiel Fast-Food-Ketten. Mal ehrlich, bis man bei uns in Deutschland irgendwo einen Hamburger und Cola kriegt, ist man doch schon halb verhungert. Oder was wir auch dringend brauchen, sind diese voll fetten und Sprit fressenden Geländewagen, vor allem angesichts der weiten Steppen und endlosen Wüsten, die es bei uns in Deutschland gibt. Also ich für meinen Teil kann es kaum erwarten, zum ersten Mal so ein Auto bei uns auf der Straße zu sehen. Dann werde ich niederknien und zum Himmel ausrufen: Endlich!

Worin die Amis auch ganz gut sein sollen – ich weiß es ja nicht, aber was man so hört, das sind so, na, äh – wie sagt man noch gleich? Film- und Fernsehproduktionen. Das sollen die wohl auch richtig gut draufhaben. Und da würde ich doch gerne endlich auch mal ein paar davon bei uns in Deutschland zu sehen bekommen – wäre ja mal eine Abwechslung.

Oder worauf ich mich auch wirklich freuen würde: Computer. Hab noch nie so was mit eigenen Augen gesehen. Meikrophone, oder so? Und wie heißt diese andere Firma da noch mal, so wie die Frau vom Theo Waigel? Epple. Das wäre wirklich schön, wenn wir so etwas auch endlich bei uns kaufen könnten. Wie auch dieses eine da, was man sich in die Ohren stöpselt, wie der Mann von Verona Feldbusch: Ei-Poth! Also die Amis haben wirklich eine Menge Exportpotenzial. Muss man schon sagen.

Und was die Welt – last but not least – ganz dringend von den USA braucht: Militär- und Rüstungsprodukte. Das würde deren Konjunktur doch so richtig ankurbeln. Bislang hängen ja nur 20 Prozent aller Arbeitsplätze in den USA direkt oder über Zulieferung von der Rüstung ab. Überlegen Sie mal, jeder fünfte Arbeitsplatz in den USA hat mit Militär und Rüstung zu tun! Da ist doch noch Luft nach oben. Und zwar todsicher.

Dri Chinisin mit dim Kintribiss

Wahrlich, wir werden spannende Zeiten erleben. Denn ein neuer Global Player hat inzwischen die Weltbühne betreten, und der hört auf den Namen Volksrepublik China. Wenn wir also in der Globalisierung mithalten wollen, werden wir uns in Zukunft sowieso alle an den Chinesen orientieren müssen – da kommt noch einiges auf uns zu.

Nehmen wir mal ein deutsches Unternehmen, ich will jetzt keine Namen nennen, aber sagen wir mal: Daimler. Also, Daimler hat ein Werk in Stuttgart. Und da sagt Daimler dann zu den Arbeitern: «Wenn ihr zu viel Lohn wollt, verlagern wir die Produktion nach China.» Denn in China hat Daimler auch ein Werk. Und in China sagt Daimler da zu den Arbeitern: «Wenn ihr zu viel Lohn wollt, verlagern wir diese Produktion nach Stuttgart.» Und dann kommt die deutsche Gewerkschaft daher und sagt: «Lohndumping in Stuttgart? Das ist eine Sauerei. Alle Räder stehen still, wenn mein starker Arm es will.» Und dann sagt Daimler: «Wo keine Räder mehr sind, ist mir dein starker Arm doch scheißegal. Was ist eine Gewerkschaft ohne Werk? Geschafft!» Das nennt man Globalisierung. Tja, früher beschworen die Gewerkschaften die internationale Solidarität, inzwischen haben die Unternehmen das umgesetzt.

Das heißt, die Zukunft wird eine lustige Sache. Denn die Chinesen sind nicht zimperlich. Wissen Sie zum Beispiel, was ein Unterschied zwischen China und Deutschland ist? Die Chinesen haben ein Gesetz, das dem Staat Einnahmen in ungeahntem Ausmaß garantiert. Einnahmen, von denen jede deutsche Regierung nur träumen kann. Denn die Chinesen haben ganz einfach ein Gesetz, das Steuerbetrug mit dem Tode bestraft. Und da wundern wir uns, dass China weltweit jedes Jahr die meisten Hinrichtungen hat?

Zumindest versteht man jetzt, warum all unsere deutschen Konzernchefs und Manager, Aktienhändler und Investoren zwar einerseits alle in China Geschäfte machen, aber andererseits nicht da wohnen wollen. Denn was meinen Sie, was bei uns los wäre, gäbe es die Todesstrafe für Steuerbetrug auch in Deutschland? Mal ehrlich, das käme ja einer Selbstauflösung der FDP gleich. Hallo? In Deutschland gibt es jedes Jahr zirka 100 Milliarden Euro an Steuerhinterziehung. Und dazu zählt auch das kleine Kavaliersdelikt. Sie wissen schon. Mal hier einen Handwerker ohne Rechnung das Badezimmer neu streichen lassen. Mal da eine private Taxifahrt als Dienstreise abgesetzt. Würde so was in Deutschland alles mit dem Tode bestraft, also mal ehrlich, sind Sie sich sicher, dass Sie dann noch dieses Buch in der Hand halten würden? Ja? Und wer soll es dann geschrieben haben?

Aber die Chinesen sind einfach nicht so zimperlich. Wenn in China ein Flughafen gebaut werden soll oder ein Olympiastadion, da fragt dann keiner nach Menschenrechten oder Umweltschutz. Vom Feldhamster bleibt eine Fleischeinlage in der Frühlingsrolle und von Jürgen Trittin eine Spenderleber im Bauch von Gerhard Mayer-Vorfelder. Man weiß nicht, was einem lieber wäre. Und wenn's sein muss, wird in China auch schon mal eine komplette Ortschaft evakuiert und plattgemacht. Aber mal ehrlich: Auch Sie kennen doch mindestens eine Ortschaft, in vielleicht gar nicht mal so weiter Entfernung, für die eine solche Verfahrensweise nicht die schlechteste Lösung wäre. Der Chinese geht mit so etwas locker um. Der schlägt nach bei Konfuzius und liest: Was sich sowieso nicht vermeiden lässt, kann man auch gleich begrüßen. So ist der drauf. Was sagt der Besitzer eines Chinarestaurants in Dresden, wenn die Elbe über die Ufer tritt? «Hallo, Wasser.»

Und wissen Sie, was ein chinesischer Arbeiter in einem Jahr verdient? Das, was ein Deutscher in einem Monat bekommt. Jetzt könnte man hingehen und sagen, das ist aber ungerecht. Stimmt aber nicht, das gleicht sich alles wieder aus. Denn dafür arbeitet der Chinese ja auch länger. Und nicht nur das. Die Chinesen kennen auch keine Sicherheit am Arbeitsplatz. Das sind mal Rahmenbedingungen, oder? Wer braucht schon Sicherheit am Arbeitsplatz? Erstens kostet das nur Geld, und zweitens werden auf diese Weise in China jedes Jahr fast 150 000 Stellen frei durch Arbeitsunfälle. Und wie nennen die das? Hartz 5.

Die Chinesen kennen auch keinen Kündigungsschutz oder Mindestlohn. Stattdessen bekommen einmal im Jahr die besten 10 Prozent der Angestellten eine Gehaltserhöhung, und die schlechtesten 10 Prozent die Entlassung. Und daraus folgt: 80 Prozent der Chinesen leben in einem sicheren Beschäftigungsverhältnis, während 80 Prozent der Deutschen noch mit dem Sichern ihrer Lebensverhältnisse beschäftigt sind.

Das alles hat Konsequenzen. Denn egal, was wir hier im Alltag benutzen, jedes zehnte Teil in einem Gerät stammt inzwischen aus China. Manchmal ist es sogar das komplette Gerät. Gut, manchmal auch nur die deutsche Übersetzung der Gebrauchsanweisung. «Bei die Stutzen löse nich die Ansaug gemach, musse frei gehe zu Hebel unter rote Lampe eins Punkt schieße.» Zugegeben, das hätte auch ein Interview mit Roberto Blanco gewesen sein können.

Sie merken wahrscheinlich allmählich, dass die Chinesen deutlich weniger empfindlich sind. Bei uns schreit man schon auf, wenn der Arbeitgeber Raucherpausen vom Lohn abziehen will. Ihr lieben angestellten Nikotinsüchtlinge, seid ihr eigentlich total bescheuert? Wenn euch eure Arbeit lieb ist, macht es wie eure Chefs und werdet Alkoholiker. Das hilft dann wenigstens auch gegen die Chinesen. Denn den Chinesen fehlt ja dieses eine berühmte Enzym, das den Alkohol abbaut. Und das ist vielleicht auch die einzige Chance, die wir gegen die Chinesen haben. Wir müssen sie untern Tisch saufen. Vermutlich ist das nicht die schlechteste Lösung, denn auf dem Tisch sind die Chinesen ja noch viel gefährlicher. Wenn nämlich eine Milliarde Chinesen alle gleichzeitig auf einen Tisch steigen und dann alle auf Kommando runterspringen würden, dann reicht diese Masse aus, um die Erde aus der Umlaufbahn zu katapultieren. Habe ich jedenfalls früher im Physikunterricht gelernt. Was wiegt ein Chinese? 30 Kilogramm? Einverstanden: Sagen wir mit Fahrrad! Multipliziert mit einer Milliarde macht das dann 30 Milliarden Kilogramm. Das sind 300 Millionen Tonnen! Das würde reichen, meinen die Physiker. Ich habe mich als Schüler schon gefragt, wieso China eigentlich Atombomben baut? Die könnten doch einfach drohen, vom Tisch zu springen.

Heute weiß ich: Das haben die inzwischen gar nicht mehr nötig, weil die Chinesen nämlich ganz heimlich inzwischen über eine noch viel größere Waffe verfügen, mit einer noch unvorstellbareren Sprengkraft und mit einem noch viel verheerenderen Zerstörungspotenzial. Und damit meine ich jetzt nicht die weltweite Verbreitung von Ente süßsauer, sondern die Tatsache, dass die chinesische Notenbank amerikanische Staatsanleihen im Wert von ca. 2500 Milliarden Dollar besitzt. Würde China diese Dollarpapiere alle auf den Markt werfen, dann sänke der Wert des Dollars schon wieder ins Unermessliche. Sie kennen ja inzwischen den Bungee-Sprung ohne Seil. Wenn das der Nixon noch erlebt hätte. Und um das abzufedern, müssten in den USA gleichzeitig die Zinsen steigen, aber so dermaßen steigen, dass selbst Reinhold Messner der Schwindel packte. Und das Resultat: Über 300 Millionen hochverschuldete US-Amerikaner müssten alle über Nacht plötzlich anfangen, drastisch zu sparen. Das reicht eigentlich als Pointe, oder?

Das alles bedeutet nichts anderes, als dass der Wohlstand in den USA sich eigentlich in der Hand von China befindet. Und alle sind sich einig, und zwar nicht nur die Experten, sondern auch Peter Scholl-Latour: Das ist der kommende Konflikt dieses Jahrhunderts. Das ist der «Clash of civilizations». USA gegen China, das ist gemeint mit Kampf der Kulturen. Auf der einen Seite die Amis: ein Volk, dem man aufschreiben muss, dass Katzen nicht in der Mikrowelle erwärmt werden. Und auf der anderen Seite die Chinesen: ein Volk, das genau weiß, Katzen muss man im Wok zubereiten. Und in diesem Kampf werden wir alle mitmischen müssen. Da wünsche ich uns doch guten Appetit!

9,36	98,37	+1,01%	+0,99	108,80	75,90	109.345.500	13:49
3,50	112,55	+0,84%	+0,95	126,00	98,20	216.851.318	13:4
,09	50,68	+0,81%	+0,41	51,09	38,00	12.069.089	13:
77	28,55	+0,77%		29	19,69	21.841.874	13
5	40,00	+0,61%	+0,25	51,56	36,02	101.469.718	1
	7,11	+0,61%	+0,04	8,31	4,13	64.102.028	

✦ FINANZWIRTSCHAFT

Für alles bekommt man irgendwann die Quittung

Alles Geschehen in der Wirtschaft und überhaupt auf der Welt hätte ein ganz anderes Gesicht, wenn es da nicht die Banken gäbe. Wie konnte es nur so weit kommen? Wir erinnern uns, dass vor ewigen Zeiten die Münze als Zahlungsmittel vom Papiergeld abgelöst wurde und dass ein Geldschein ursprünglich nichts anderes als ein Beleg war, um den Gegenwert wieder in Münzen eintauschen zu dürfen.

Nun gibt es eine schöne Anekdote, nach der im Mittelalter die englischen Goldschmiede das Gold nicht nur bearbeiteten und damit handelten, sondern auch die sichere Aufbewahrung dafür anboten. Und wie wir ja wissen, rennen in England häufig so gefährliche und zwielichtige Gestalten herum wie Robin Hood, Jack the Ripper oder Amy Winehouse. Da haben die Kunden dieser Goldschmiede sich gesagt: Hey, wenn jeder die Aufbewahrung seines Goldes privat für sich organisieren muss, kann es am Ende sein, dass der Schutz eines eigenen Tresors teurer ist als der Inhalt, sodass man am Ende dann das teure Wachpersonal mit in den Tresor einsperren müsste. Dann wäre der Inhalt im Tresor drinnen zwar teurer, aber man hätte auch nichts mehr draußen, um die Räuber abzuschrecken. Also haben die Kunden ihr Gold bei den Schmieden eingelagert und bekamen dafür dann auch so einen Papierschein als Quittung. In der Folge konnten die Goldschmiede dann zwei Dinge beobachten.

➡ 1. Die Einlieferer des Goldes verwendeten die Quittungen direkt als Zahlungsmittel, was nicht nur praktisch war, sondern auch praktisch ohne Risiko.

➡ 2. Niemand der Kunden kam auf die Idee, die Gesamtmenge des Goldes im Tresor festzustellen.

Und da dachten sich die Goldschmiede: Hey! Wir können doch auch mal probieren, eine Quittung über Gold auszustellen, das sich gar nicht bei uns im Tresor befindet. Gesagt, getan, und genau genommen kennt man ein solches Gebaren unter der Bezeichnung Betrug. Oder mit anderen Worten: der Beginn des modernen Bankgeschäfts, wie wir es bis heute kennen. Machen Sie doch mal einen Selbstversuch: Gehen Sie morgen zu Ihrer Bank und probieren Sie, für einen Geldschein sofort Gold zu erhalten. Und als Nächstes gehen Sie dann zu Ihrem Hals-Nasen-Ohren-Arzt, um das Pfeifen in Ihren Gehörgängen behandeln zu lassen, das Ihnen das laute Gelächter der Bankmitarbeiter verursacht hat.

Kartoffeln im Keller – die härteste Währung der Welt

Allerdings muss man festhalten, dass dieses Bankengebaren inzwischen überhaupt kein Problem mehr darstellt. Zumindest, solange Sie alle Geldbewegungen lediglich virtuell, das heißt von Ihrem zu einem anderen Konto per Überweisung tätigen. Völlig problemlos. Sie können ruhig schlafen. Heile, heile Gänschen. Und wenn Sie sich Ihr Geld bar ausbezahlen lassen wollen, dann ist das übrigens Ihr gutes Recht und ebenfalls weit davon entfernt, ein Problem zu sein. Schlaf, Kindlein, schlaf. Gut, wenn das jetzt zu viele gleichzeitig wollen – mit zu viele meine ich zehn Prozent aller Bankkunden, die alle im selben Moment ihr Guthaben bar in Händen halten wollen –, dann, nun ja, wollen wir mal so sagen, dann bricht das globale Finanzsystem komplett zusammen. Das ist unter Umständen dann vielleicht doch ein Problem.

Man muss genau unterscheiden, und zwar zwischen Geld und Geld. Zwischen dem Geld, das auf dem Konto liegt, und dem, das man bar in der Hand hält. Was ist der Unterschied zwischen einem Kontoauszug und einem Geldschein? Beides ist nur ein Stück Papier, das kaum einen Cent wert ist. Aber die Zahl auf einem Kontoauszug ist eben gerne auch mal ein bisschen größer. Deshalb nennt man einen Geldschein auch Banknote: Wollen zu viele Leute ihr Vermögen bar in der Hand halten, gerät die Bank in Not. Wenn also zehn Prozent der Kunden einer Bank ihr Geld auf einen Schlag abheben wollen, dann sollten die restlichen 90 Prozent der Menschheit als Zahlungsmittel genügend Zigaretten, Nylons und Kartoffeln im Keller liegen haben. Was dann übrigens auch bedeutet, dass die ersten zehn Prozent sich von ihrem Geld auch nichts mehr kaufen können. Das können sie dann wohl knicken und sich damit den Dreck unter ihren Fingernägeln hervorkratzen.

Es gab mal einen Augenblick, da haben die Deutschen vermutlich geahnt, dass es ein Unterschied ist, ob man Geld auf dem Konto oder cash auf der Kralle hat. Das war Anfang Oktober 2008, kurz nachdem Lehman Brothers pleiteging. Da sind die Deutschen massenhaft zur Bank oder Sparkasse gerannt und wollten all ihre Rücklagen bar ausgezahlt bekommen. Schein für Schein blätterte man es ihnen auf den Tisch, und im nächsten Moment bekam der Begriff Bar-Keeper eine völlig neue Bedeutung.

Allerdings hat man dabei das deutsche Wesen im Kunden unterschätzt, denn kaum hatte man denen ihr Geld ausbezahlt, zahlten die meisten ihr Geld im nächsten Moment sofort wieder ein. Kein Witz. Die wollten nur mal nachgucken, ob ihr Geld noch da war. So ist er, der Deutsche! Sitzt auf dem elektrischen Stuhl und vergewissert sich, ob der Stecker auch ordnungsgemäß in der Dose steckt.

Das ist wirklich nicht erfunden. Es gab ein untrügliches Zeichen dafür, dass da bei den Sparern etwas im Gange war. Zwei Tage später nämlich gab es genau deswegen diese berühmte Presseerklärung, in der Peer Steinbrück und Angela Merkel eine persönliche Garantieerklärung für das Geld des deutschen Sparers abgegeben haben. Persönlich, das heißt: im Namen des deutschen Steuerzahlers. Und das heißt: Wir mussten mit unseren Steuergeldern dafür bürgen, dass man uns unsere Ersparnisse tatsächlich auch ausbezahlt. Auch nicht schlecht. Konsequenter wäre es, wenn wir Bürger ab sofort einfach darauf verzichteten, Steuern zu bezahlen. Dann bliebe unser Geld gleich bei uns.

Im Grunde hätten Steinbrück und Merkel damals die Banken verstaatlichen müssen. Was haben sie stattdessen gemacht? Den Staat verbanklicht. Wenn also das nächste Mal ein Politiker behauptet, dass Ihre Ersparnisse sicher sind, sollten Sie sofort loslaufen, aber nicht zu Ihrer Bank, um Ihre Guthaben abzuheben, sondern in Ihren Keller, um den Bestand an Kartoffeln, Nylons und Zigaretten zu überprüfen.

Das ist unser Finanzsystem. Stellen Sie sich vor, in Ihren Adern befindet sich zu 90 Prozent heiße Luft, und Blut immer nur an der Stelle, an der es gerade gebraucht wird. Gut, bei Männern kennt man das ja. Apropos Männer, schauen wir uns doch zum Beispiel mal Josef Ackermann an.

Anderes Wort für Bauer: Ackermann

Kennen Sie Josef Ackermann? Oder haben Sie schon mal von ihm gehört? Ja, auch sprachlich sollte man schon genau differenzieren, denn ihn zu kennen, das kann dieser Mann ja nur von sich selbst behaupten. Schließlich bedarf es dazu einer mutigen und kompromisslosen Selbsterforschung. Woran können wir aber nun erkennen, dass der Ackermann von sich selber die totale Ahnung hat? Ganz einfach, weil er Banker ist. Fragen Sie mal Psychotherapeuten oder andere Seelenheiler, wie oft Leute aus der Finanzbranche nach einer Sitzung bei denen aussteigen wollten! Da werden Sie als Antwort hören: Sehr oft, eigentlich fast immer. Dass jemand aber hinterher sagt: «Ich habe das Licht gesehen und werde Banker», das hat nur Josef Ackermann gebracht.

Und weil der Ackermann sich selber scheinbar aushalten kann, ist es ja wohl auch nicht zu viel verlangt, dass wir ihn ebenfalls aushalten. Denn Josef Ackermann ist per Selbstdefinition «ein tüchtiger Mann», Chef der Deutschen Bank und Erstanwender des Victory-Zeichens als Bankchef. Vermutlich haben die Schweizer ihn aus Rache zu uns geschickt, weil wir Deutschen uns in deren Alpenrepublik immer so großspurig aufführen. Ackermann kann uns nun zeigen, wie richtige Großspurigkeit auszusehen hat. Es soll aber in der Schweiz auch Leute geben, die Angst vor Minaretten haben, weil diese Türme angeblich Machtsymbole darstellen. Da das für die Zwillingstürme der Deutschen Bank in Frankfurt natürlich doppelt zutrifft, mag man auch vermuten, dass diese Minarettphobiker froh sind, dass Ackermann nicht zurück in die Schweiz will.

Falls Sie von Josef Ackermann noch nie gehört haben, das ist dieser Mann, der seinen Geburtstag schon mal im Bundeskanzleramt feiert. Worüber sich dann alle aufregen. Ich hingegen denke mir: Hallo? Das Bundeskanzleramt ist der Amtssitz der mächtigsten Person, die in Deutschland die Richtlinien der Politik bestimmt. Da wurde es doch höchste Zeit, dass der Ackermann sich da blickenlässt. Dass der wieder rausgegangen ist und die Merkel drinblieb, das ist der eigentliche Skandal.

Josef Ackermann war es auch, der bei Ausbruch der Finanzkrise sofort sagte: «Ja, wer bei so was mitzockt, ist auch selber schuld. So blöd möchte ich sein.» Und zwei Wochen später hat er gesagt: «Ja, bin ich auch.» Josef Ackermann, das ist der Mann, der seit Ausbruch der Finanzkrise alle paar Monate im Fernsehen auftaucht und die Krise für beendet erklärt. Da ging irgendwo die erste Bank pleite, zack – der Ackermann im Fernsehen. «Ja», hat er gesagt, «jetzt ist das Schlimmste überstanden.» Ein paar Wochen später ging doch wieder irgendwo eine Bank bankrott, und zack – saß der Ackermann schon wieder im Fernsehen. «Aber jetzt», hat er gesagt, «jetzt ist das Schlimmste überstanden.» Ein paar Wochen später war aber wieder eine Bank zu, zack – der Ackermann wieder auf dem Bildschirm. Das ging eine ganze Weile so, bis ich mich irgendwann gefragt habe, wo eigentlich dieser Comical Ali abgeblieben ist. Kennen Sie noch Comical Ali? Das war dieser Informationsminister von Saddam Hussein, der noch den Sieg der irakischen Truppen verkündete, als im Hintergrund schon die US-Panzer durchs Bild fuhren. Ich hatte mich ja lange gefragt, was aus dem wohl geworden ist. Jetzt weiß ich, der hat eine Gesichtsoperation bekommen und anschließend den Vorsitz der Deutschen Bank übernommen.

Josef Ackermann, das ist der Mann, der vorschlägt, der Steuerzahler solle Bad Banks gründen, um den Banken ihre faulen Kredite aus den Bilanzen herauszukaufen. Jahrelang hatten wir von Herrn Ackermann zuvor gehört, der Markt regele alles von alleine. Ja, nee, ist klar. Es hat ja auch schon mal ein Bauer erlebt, dass die Schweine beschließen, ihren Saustall selber auszumisten.

Josef Ackermann, das ist der Mann, der Staatshilfe für

Banken ausarbeitet und dann sagt, dass er sich schämen würde, Hilfe vom Staat anzunehmen. Liebe Mütter, das kommt dabei heraus, wenn man seinen Säuglingen zu wenig die Brust gibt. Dann wissen sie nämlich als Erwachsene später nicht, wann einfach mal «Still-Zeit» ist.

Josef Ackermann, das ist auch der Mann, der in einem Satz 1,8 Milliarden Euro Quartalsgewinn sowie die Entlassung von 6000 Angestellten verkündet. Die werden dann in Arbeitslosen- und Sozialversicherungssystemen vom Steuerzahler aufgefangen. Aber darüber hinaus würde Herr Ackermann sich schämen, Hilfe vom Staat anzunehmen.

Josef Ackermann ist außerdem der Meinung, dass Investmentbanker ein besonders üppiges Gehalt und zusätzlich enorme Boni erhalten, weil es seiner Meinung nach weltweit nur sehr wenige wirklich gute dieser Art gibt. Und wenn man die nicht spitzenmäßig bezahlt, dann werden die abgeworben und wandern aus. Da denke ich mir schon: Ja, sollen sie doch! Wo ist das Problem? Wenn das, was wir seit Jahren erleben, das Beste ist, dann ist das Beste eben nicht gut genug. Und wenn die abwandern wollen, dann würde ich die sogar noch persönlich zur Tür begleiten. Tschüss und auf Nimmerwiedersehen!

Stellen wir uns doch ruhig einmal vor, alle Investmentbanker wandern aus auf die Cayman Islands. Na und? Dann verhängen wir im Rest der Welt für die Einreiseverbot, und dann sollen die da gerne weitermachen mit ihren Geschäften. Überlegen Sie mal: Alle diese Zockerbrüder zusammen auf einem winzigen Flecken! Das sind günstigere Bedingungen als für die Suche nach Osama bin Laden. Nicht umsonst nennt man Investmentbanker in Fachkreisen ja mittlerweile auch Talibanker.

Bankenlotto

Dabei hatten Banken inzwischen sogar eine wichtige gesellschaftsrelevante Aufgabe: Sie sollten von Sparern Geld entgegennehmen und von diesem Geld anderen Leuten Kredit gewähren. Für die Kredite sollte die Bank höhere Zinsen verlangen, als sie den Sparern ausbezahlt, und von der Differenz sollte die Bank existieren. Süß, oder? Und am Abend klettert Josef Ackermann in seinen Fiat Panda und fährt zu Frau und Kind ins Reihenhäuschen, aber erst nachdem er in seiner Deutsche-Bank-Filiale im Supermarkt den Schalter für Lotto & Toto geschlossen hat. Ja, ein bisschen Glücksspiel soll so ein Banker ja auch betreiben dürfen, sonst bekommt er noch Entzugserscheinungen.

Denn was wir nicht vergessen dürfen: Selbst in einer reinen Geschäftsbank sitzen die Banker immer noch am längeren Hebel. Das wird Ihnen spätestens dann klar, wenn Sie mal einen Blick in die «Allgemeinen Geschäftsbedingungen» (AGB) Ihrer Bank werfen. Noch nie gemacht? Dann wird's aber mal Zeit.

In jeder Filiale, ob Hauptgeschäftszentrale oder Provinzzweigstelle, liegt im Foyer eines jeden Geldinstituts eine Mappe aus, in der diese AGBs aufgeführt sind. Und jedes Mal, wenn Sie ein Konto eröffnen oder ein Sparbuch anlegen, unterschreiben Sie, dass Sie diese AGBs kennen und akzeptieren. Und jetzt raten Sie mal, wie viel Prozent aller Kunden sich diese Mappe zuvor auch wirklich durchgelesen haben? Tipp: Die Zahl vor dem Komma ist eine Null. Und wenn Sie noch weiterraten wollen, dann frage ich Sie jetzt, ob die Banken Ihrer Meinung nach darüber Bescheid wissen? Noch ein Tipp: Jemand, der in einer Bank arbeitet, heißt Bankkaufmann. Und nicht Bankverkaufmann.

Und in einer solchen Mappe findet man unter anderem

einen Paragraphen, der wörtlich so überschrieben ist: «Sicherheiten für die Ansprüche der Bank gegen den Kunden.» Da geben die Banken es schwarz auf weiß zu: Sie sind gegen den Kunden. Klingt witzig. Wenn Sie aber mal richtig lachen wollen, dann suchen Sie dort diesen Paragraphen: «Sicherheiten für die Ansprüche des Kunden gegen die Bank.» Letzter Tipp: Nehmen Sie zuvor viel Proviant mit. Und kontaktieren Sie mich bitte sofort, wenn Sie ihn gefunden haben.

Das sollten Sie nie vergessen, wenn Sie mit Ihrem kleinen Bankangestellten in Ihrer kleinen Bankfiliale bei Ihnen an der Ecke sprechen. Sie wissen schon, der kleine Anlageberater hinterm Schalter, der Ihnen all diese Finanzprodukte ständig anbieten muss. Sagte ich «muss»? Ja eben. Der muss. Das ist ja das Gemeine. Daran sollten wir, bei aller Kritik, immer auch denken, dass so ein Bankmitarbeiter nämlich auch zu seinem Tun gezwungen wird. Der kann auch nichts dagegen machen. Der ist eben auch nur ein kleines Rädchen im Getriebe. Der hat doch sonst nichts. Und ist doch selber auch ein Opfer. Der hat doch von alldem nichts gewusst. Der hat doch nur Weisungen befolgt. Der war doch in seinem tiefsten Innern auch dagegen. Der war doch sogar heimlich im Widerstand.

Gut, außer vielleicht die Anlageberater der Citybank. Wissen Sie, wie die ihre Kunden nannten, denen sie erfolgreich Lehman-Zertifikate aufgeschwatzt hatten? «A & D», das steht für alt und doof. Kein Witz. Nachdem ein so übers Ohr gehauener Kunde die Bank verlassen hatte, haben die Bankangestellten sich hinten in der Kaffeeküche getroffen und über diesen Deppen kaputtgelacht. Oder wissen Sie, was Bankberater mit «Leo» meinen? Ist auch kein Witz. Leo. Das steht für leicht erreichbares Opfer. Daran sieht man, was das für kleine unschuldige Rädchen im Getriebe sind. Und nachdem ich Ihnen das hier nun mitgeteilt habe, versuchen

Sie nicht daran zu denken, wenn Sie das nächste Mal in Ihrer kleinen Bankfiliale bei Ihnen an der Ecke Ihrem Bankmitarbeiter Ihre Ersparnisse anvertrauen.

Wissen Sie, was ich mir manchmal denke: Wir wollen doch, dass Manager für Fehlentscheidungen mit ihrem Privatvermögen persönlich haftbar gemacht werden – ich zumindest bin voll und ganz dafür. Aber ich bin auch für soziale Gerechtigkeit. Was meinen Sie, was wohl passieren würde, wenn auch der kleinste Bankangestellte hinterm Schalter für seine Empfehlungen mit seinem Gehalt persönlich einstehen müsste? Na? Da würde aber die Bank über Nacht selbst für Atheisten ein Ort der Andacht und Stille.

Falls Sie sich bis dahin mal ein kleines bisschen rächen wollen, spielen Sie einfach Bankenmotto-Lotto. Kennen Sie nicht? Geht ganz einfach. Denken Sie an die HypoVereinsmeierbank. Die hatte vor einiger Zeit das Motto: «Leben Sie. Wir kümmern uns um die Details.» Also bin ich da an den Schalter gegangen und habe zu dem Angestellten gesagt: «Können Sie mir bitte aus dem Supermarkt nebenan ein Bündel Suppengrün besorgen? Das ist ein wichtiges Detail in meinem Leben.» Und was soll ich Ihnen sagen, da wollte der sich doch nicht drum kümmern. Stattdessen hat er mich angegrinst. Ich habe zurückgegrinst. Und dann habe ich gesagt: «Wissen Sie was? Wenn das weiter so rasend um sich greift mit Onlinebanking und Electronic Cash, dann sind Sie schon arbeitslos, während ich immer noch hier stehe und auf mein Suppengrün warte.» Und dann habe ich mit dem das Spiel gespielt: Wer kann wohl länger grinsen? Und soll ich Ihnen noch etwas sagen? Dieses Spiel habe ich glatt gewonnen.

Anschließend bin ich direkt zu einer der Volks- und Raiffeisenbanken gegangen. Die haben das Motto: «Wir machen den Weg frei.» Und da hab ich gesagt: «Vor meiner Garage ist der Bürgersteig eingeschneit. Wie schaut's aus?» Und soll ich Ihnen was sagen? An dem Tag kam ich aus dem Grinsen nicht mehr heraus. Wenn Sie also mal schlecht gelaunt sind oder zur Herbstdepression neigen – einfach mal Ihrer Bank einen Besuch abstatten und Bankenmotto-Lotto spielen. Das hebt Ihre Laune garantiert. Und zwar zu Recht.

Vor allem ist dies ein Glücksspiel, das mit geringerem Einsatz auskommt als all die Zockereien, die die Investmentbanker betreiben. Der Fernsehaußerirdische Alf hat mal in einer Folge gesagt: «Wenn ihr Erdlinge wollt, dass eure Welt funktioniert, schließt die Börse!» Und das wollen ja inzwischen auch viele Irdische. Das Problem ist nur, dass in einer globalisierten Welt mit fünf Dutzend Börsen keiner mehr weiß, welcher Schlüssel in welches Schloss passt.

Apfelmus, Pflaumenmus, Kapitalismus

Was passiert eigentlich an der Börse? Nehmen wir mal an, unsere Wir-AG hat einen Apfelbaum im Garten, an dem jedes Jahr zirka 500 Äpfel wachsen. Das reicht uns aber nicht, denn wir wollen am großen Rad drehen, das ist schließlich der Sinn des Lebens. Also gehen wir mit unserem Baum an die Börse. Warum, wissen wir selber nicht genau. Aber das gehört dazu, wenn man am großen Rad drehen will. An der Börse bieten wir dann anderen Menschen an, sich von unserem Apfelbaum Anteile zu kaufen. Insgesamt stellen wir 100 Anteile zur Verfügung, und wer einen Anteil davon kauft, erwirbt damit den Anspruch, von der Apfelernte einen entsprechenden Anteil zu erhalten. Das heißt, bei 500 Äpfeln und 100 Anteilen hat jeder Anteil einen Anspruch auf fünf Äpfel. Ein Anteil entspricht also dem Wert von fünf Äpfeln. So. Und das war's. Das ist das, was an einer Börse geschieht.

Okay, zugegeben, nicht ganz. Denn ab jetzt führen diese Anteile ein Eigenleben. Wollen nämlich auch andere Leute fünf Äpfel von unserer Ernte, womöglich mehr Leute, als es Anteile gibt, dann steigen diese Anteile in ihrem Wert. Und wer seine Anteile dann verkauft, hat zwar keinen Anspruch mehr auf Äpfel, dafür aber sein Geld vermehrt. Und das schmeckt ja manchmal auch ganz lecker.

So, und das war's aber jetzt. Na ja, zumindest fast. Denn jetzt dauert es nicht lange, bis ein Börsenzocker daherkommt, also ein Investmentbanker oder Fondsmanager. Wobei mit Fonds kein Suppenfond gemeint ist, auch wenn so ein Manager gerne mal Suppen einbrockt, die andere dann auslöffeln müssen. Jedenfalls kauft sich so ein Börsenzocker blitzschnell einfach 200 Anteile unseres Apfelbaumes und behauptet dann an der Börse in Hongkong, dass ein Anteil davon nächste Woche zehn Äpfel wert sei. Kein Schwein weiß, wie er darauf kommt, aber egal. Das nennt man Gerüchte streuen und ist eigentlich schon die Hauptaufgabe eines Investmentbankers. Man könnte auch sagen: Lügen, ohne rot zu werden. Und wer das am besten kann, ist für Josef Ackermann der Größte.

Irgendjemand kauft dann in Hongkong tatsächlich 20 Anteile von unserem Apfelbaum. Während derselbe Banker jetzt an der Börse in New York sagt, dass die Anteile in Hongkong wahrscheinlich nächste Woche nur noch halb so wertvoll sein werden. Das widerspricht sich zwar jetzt, aber nur in den Ohren des Bankers, und der hört sich selber schon lange nicht mehr zu.

Als Nächstes geht der Banker jetzt an die Börse nach London und fordert da von jemand, er solle ihm zehn Äpfel leihen, damit er ihm nächste Woche elf Äpfel zurückgeben könne, während derselbe Banker sofort danach an der Börse in Sydney mit jemand anderem darauf wettet, dass der Londoner nur zwei Äpfel statt elf zurückbekommt – Wetteinsatz sind 20 Äpfel. Diese 20 Äpfel verspricht er jetzt einem anderen an der Börse in Tokio, der darauf erwidert, dass einer in Hongkong ihm schon 17 versprochen hat, worauf jemand in New York dem Londoner die restlichen drei Äpfel ersetzen muss.

Durch dieses Spiel werden die Anteile unseres Apfelbaumes immer teurer und teurer, und dadurch steigt auch der Wert des Apfelbaumes. Denn investiert wird an der Börse in Preissteigerung und nicht in Produktivitätssteigerung. Das heißt, unser Apfelbaum wirft zwar nach wie vor nur zirka 500 Äpfel ab, aber in der Finanzwelt kann das 500 Millionen Dollar wert sein. Glauben Sie nicht? Dann geben Sie mal bei Google den Begriff «Internetblase» ein.

Das geht so lange gut, bis der Banker der Meinung ist, dass er genug Gewinn gemacht hat. Dann verkauft er alle 350 Anteile, die er sich inzwischen angeschafft hat, auf einen Schlag. Und wenn da so ein Fachmann alle seine Anteile verkauft, dann scheinen die ja nicht mehr viel wert zu sein. Und zack – ist ein Anteil nur noch einen Apfel wert. Das ist schade, aber nur für uns. Der Banker hingegen hat an jeder einzelnen Transaktion Gebühren und Provisionen verdient und außerdem jetzt noch kurz zuvor darauf gewettet, dass unser Börsenkurs sinkt, worauf er jetzt noch mal abkassiert.

Uns aber hatte er zwischendurch empfohlen, auf den Börsenwert von zirka 500 Millionen Dollar einen Kredit über weitere 500 Millionen Dollar aufzunehmen. Warum? Weil wir ja am großen Rad drehen wollten. Und kommt es dann zusätzlich noch zu einem Ernteausfall, sitzen wir auf 500 Millionen Dollar Schulden und haben gerade genug Äpfel übrig, um daraus ein kleines, feines Kompott zu machen. Aber immerhin haben wir überhaupt noch etwas zu essen. Damit gehören wir zur privilegierten Hälfte der Menschheit.

Lektion Nr. 1 an der Börse: Wenn man andere über den Tisch ziehen will und sich dabei weit aus dem Fenster lehnt, sollte man sich vorher fragen, wo eigentlich da draußen der Tisch hinsoll, wer alles noch mit am Tisch sitzt und ob überhaupt ein Tisch vorhanden ist.

Wenn der Zocker zuckt

Wenn man nun daraufhin einwendet, dass so ein Verhalten doch wohl ziemlich beschissen ist, bekommt man zur Antwort: Das sind die Märkte. Das heißt, Menschen haben damit anscheinend überhaupt nichts zu tun. Und das stimmt ja auch. Denn haben Sie sich schon mal gefragt, was für skrupellose Wesen da in den Banken eigentlich am Werke sind, die unsere Weltwirtschaft regelmäßig an den Rand des Abgrunds manövrieren? Vor meinem inneren Auge sah ich ja bisher immer so Typen in Nadelstreifen, Krawatte, brav gescheitelt – milchgesichtige BWL-Schnöselhackfressen aus der Kategorie: Keine Haare am Sack, aber im Puff drängeln.

Dann habe ich mir aber mal so eine Investmentbank von innen betrachtet und glaubte, meinen Augen kaum zu trauen. Wissen Sie, was das für Wesen sind, die diese ganzen Transaktionen an den Kapitalmärkten durchführen? Halten Sie sich gut fest: Das sind Computerprogramme. Die Typen in den Nadelstreifen sitzen nur davor. Aber die Entscheidungen, zu kaufen oder zu verkaufen, treffen Computeralgorithmen. Und das sind keine Tanzautomaten für den Yoga-Kurs. Algorithmen sind, vereinfacht gesagt, Wenn-Dann-Szenarien. Einen ganz berühmten Algorithmus kennen Sie ganz bestimmt auch, nämlich den Satz: Wein auf Bier, das rat ich dir. Kennen Sie? Das ist ein Algorithmus. Und damit haben Sie den Grundkurs in Informatik soeben erfolgreich bestanden.

Und mit solchen Erkenntnissen sind die Festplatten dieser Investmentcomputer randvoll gefüttert worden, teilweise mit uraltem Zeug: Wenn die Erde eventuell doch keine Scheibe sein sollte, Vatikanaktien abstoßen. Und so weiter, und so weiter. Diese Typen in den Nadelstreifen machen dabei im Grunde nichts anderes, als rund um die Uhr rund um den Globus Nachrichten zu verfolgen, um dann ihre Computer damit zu füttern. Anschließend gleicht der Algorithmus dann die Informationen ab und trifft automatisch die Entscheidungen.

Da heißt es zum Beispiel: Geschäftsklimaindex für Papua-Neuguinea positiv. Dann tippt der Nadelgestreifte das da ein. Dann guckt er. Und da kommt auch schon die nächste Nachricht: Vulkanausbruch in Island blockiert Flugverkehr für unbestimmte Zeit. Reintippen. Gucken. Nächste Nachricht: Griechischer Wein ist so wie das Blut der Erde, komm schenk mir ein. Reintippen. Gucken. Und in dem Moment entdeckt der Algorithmus einerseits: Eintritt Griechenlands in den Euro wurde zuvor mit Bier begossen. Und dann entdeckt er andererseits die Programmierung: Bier auf Wein, das lass sein. Und in dem Moment macht's im Arbeitsspeicher dieses Computers: «Bumm!» Und innerhalb einer Tausendstelsekunde werden dann zum Beispiel alle griechischen Staatsanleihen automatisch verkauft. Der Investmentbanker macht da gar nichts. Der sitzt einfach nur davor. Dem geht's in dem Moment wie uns. Der zockt nicht, der zuckt. Und zwar zusammen. Mit uns. Und wegen uns.

Denn das wollen wir dabei nicht vergessen: Wer legt denn sein Geld in diesen Hedgefonds an? Klar, auch Millionäre und Milliardäre. Aber vor allem Banken, Lebensversicherungen, Privatrentenfonds et cetera. Da schau mal einer an, wir nennen diese Leute gierige Börsenzocker und vergessen dabei gerne, dass auch wir diejenigen sind, für die sie da zocken.

Aber so sind wir Deutschen: Wir wollen ein Kotelett auf dem Teller, aber keine Bilder vom Schlachthof sehen. Wir wollen billigen Sprit in unsere Autos tanken, aber die Bundeswehr aus Afghanistan abziehen. Wir wollen, dass unsere Renten sicher sind, aber überlassen das Kinderkriegen Blitzbirnen wie Boris Becker oder Heidi Klum, dieser spät geborenen BDM-Führerin von ProSieben. Von Ursula von der Leyen will ich erst gar nicht anfangen.

Aber zurück zu diesen Investmentcomputern. Denn auf der ganzen Welt ist auf jeder einzelnen dieser Festplatten noch ein ganz bestimmter Algorithmus gespeichert. Und der lautet: Wenn's irgendwo auf der Welt bei einem Computer «Bumm!» macht und irgendetwas massenweise verkauft wird, dann bitte bei uns sofort auch «Bumm!» machen und die entsprechenden Papiere bitte auch sofort massenweise abstoßen. Und so kommt es dann ganz automatisch immer wieder zu denselben Crash-Szenarien.

Dann können auch Politiker appellieren, so viel sie wollen, an Anstand, Sitte und Moral. Wie sagte der Köhler mal, als er noch der Bundeshorst war? «So was tut man nicht.» Vor den versammelten deutschen Investmentbankern hat der Köhler diesen Satz rausgehauen. Da sind natürlich den Algorithmen die Knie geschlottert. Und am nächsten Morgen hat der Köhler sich dann mit seinem Toaster unterhalten – wenigstens der ließ den Respekt vor seinem Amt nicht vermissen.

Das Dumme ist nur: Wenn irgendwo auf der Welt ein Computer «Bumm!» macht, reagieren alle andern Computer auf der ganzen Welt eine Sekunde später genau so. Im Grunde würde ein einziger Computer reichen. Alle anderen könnten wir eigentlich abschalten. Ich vermute, das weiß auch Josef Ackermann. Denn das ist wohl auch der Grund, warum unsere Politiker immer sofort den Schwanz einziehen, wenn es darum geht, strenger gegen die Banken vorzugehen. Weil der Ackermann sich nur hinzustellen und zu sagen braucht: «Wie schaut's aus? Soll ich alle diese Investmentbanker weiterhin auf meine Kosten vorm Computer sitzen lassen? Oder soll ich Hilfe vom Staat annehmen?»

Wir sollten uns das wirklich gut überlegen: Hunderttausende von sogenannten Finanzdienstleistern müssten wir von heute auf morgen zusätzlich in unsere Sozial- und Arbeitslosensysteme integrieren. Lauter lebensfähige Leute. Wenn der Westerwelle die zum Schneeschippen abkommandierte, müssten wir nach dem Winter sämtliche Bürgersteige neu pflastern lassen.

Alexander, der große «Debilius» von Goldman Sachs

Also lassen wir diese Leute ruhig den ganzen Tag vor ihren Computern sitzen. Im Grunde können die einem sowieso nur leidtun, denn das sind Menschen, die die meiste Zeit ihres Lebens nichts anderes tun, als auf einen Bildschirm zu glotzen, und dann aber glauben zu wissen, wie das Leben läuft. Wenn die eines Tages vor der Himmelstür stehen und Petrus fragt: «Na, wie war sie, die Welt?», dann gibt's zur Antwort: «Viereckig.» Verwechseln Sie das jetzt bitte nicht mit diesem 14-jährigen Pubertätspickling, der Ihr Sohn sein soll und auch nur den ganzen Tag vorm Computer rumhängt. Seien Sie gänzlich unbesorgt, Es gibt einen Unterschied zwischen einem 14-Jährigen und einem Investmentbanker: Ein 14-Jähriger spielt Ego-Shooter, aber mit etwas Glück kann aus dem noch etwas werden. Ein Investmentbanker *ist* ein Ego-Shooter, und ansonsten wird da nix mehr draus.

Nehmen Sie nur mal als Beispiel Alexander Dibelius. Kennen Sie den? Das ist der Chef von Goldman Sachs Deutschland. Und Goldman Sachs, das ist die größte Investmentbank der USA. Goldman Sachs ist vermutlich sogar die größte Investmentbank der Welt. Dieser Laden ist so groß, die mussten sogar Teile ihrer Büros von der Wall Street ins Weiße Haus verlegen. Kein Witz. Die Entscheidung, Lehman Brothers pleitegehen zu lassen, hat damals ein gewisser US-Finanzminister Henry Paulson beschlossen, und der war direkt vom Chefsessel von Goldman Sachs ins Finanzministerium gewechselt. Stellen Sie sich vor, Josef Ackermann übernimmt in Deutschland das Finanzministerium, und bei der ersten Krise beschließt er, die Commerzbank pleitegehen zu lassen. Na, da wäre aber Stimmung in der Bude. Dagegen ist ein Auftritt von Mario Barth im Olympiastadion Berlin eine Totenmesse – was sie angesichts 70 000 humorbefreiter Trauergäste eigentlich auch ist.

Die sollten besser alle mal dem Witzbold Alexander Dibelius lauschen. Das ist Spitzencomedy. Der hat im Januar 2010 nämlich etwas sehr Witziges gesagt, und zwar: «Banken haben keine Verpflichtung, das Allgemeinwohl zu fördern.» Herrlich, oder? Der Mann heißt Dibelius mit Nachnamen. Der sollte Debilius heißen. Denn in unserm Grundgesetz steht unter Artikel 14, dass Eigentum dem Allgemeinwohl zu dienen habe. Und dann kommt dieser Dibelius daher und verkündet einfach die Wahrheit. Was ist der Unterschied zwischen Goldmann Sachs und Scientology? Beide leben in einem Paralleluniversum, und beide benutzen Gehirnwäsche für ihre Ziele. Nur Goldman Sachs wird dabei nicht vom Verfassungsschutz beobachtet.

Dieser Alexander Dibelius hat seinen Wohnsitz übrigens in Deutschland. Der ist in Deutschland gemeldet, und zwar in München. Das ist bekannt. Die genaue Adresse steht sogar bei Wikipedia. Dort parkt der nachts sein Auto. Da fragt man sich doch, warum die Münchener Jugend ihren Frust immer in öffentlichen Nahverkehrsmitteln abbaut.

Banker-Bingo

Natürlich sollte man es nicht versäumen, immer wieder darauf hinzuweisen, dass diese Bankenbrüder bei all ihrem Tun und Treiben natürlich doch immens wichtig für unser Allgemeinwohl sind. Und außer Herrn Dibelius denken die auch immerzu an dieses höchste Gut. Rund um die Uhr. Zu jeder Zeit. Und an jedem Ort. Pausenlos und permanent denken die nur ans Allgemeinwohl. Das können Sie selber überprüfen, wenn Sie einfach mal Banker-Bingo spielen. Dieses Spiel kennen Sie auch nicht? Kein Problem, es geht ganz einfach.

Besteigen Sie an einem Werktag in Frankfurt/Main Hauptbahnhof einen ICE und setzen sich nacheinander in verschiedene Wagen. Und in dem Wagen, in dem abgestandener Fußgeruch die Atemluft durchmischt, rufen Sie laut «Bingo!». Das Spiel klappt fast immer, und meistens in der ersten Klasse, denn da können Sie es mit eigener Nase erleben, wie die duften Männer duften, die die Millionen bewegen. Weil da nämlich einige von denen immer wieder auf die ausgesprochen soziale Idee kommen, im Großraumwagen ihre Schuhe auszuziehen. Für unser Allgemeinwohl. Denn nur auf diese Weise erfährt die Allgemeinheit, wie sehr diesen Bankern der Schuh drückt, wenn ihnen im Dienste fürs Allgemeinwohl der Angstschweiß bis unter die Sohle rinnt. Kein Müllwagenfahrer und kein Kanalreiniger würde so etwas tun. Aber die rennen ja auch nicht mit Krawatte und Notebooks herum und sind deswegen ja auch nicht halb so wichtig.

Eine kurze Geschichte der Finanzkrise

Weil diese Banker fürs Allgemeinwohl so wichtig sind, haben die vor Jahren angefangen, am amerikanischen Immobilienmarkt mit Geldern zu zocken, die sie gar nicht hatten. Deswegen wären sie fast pleitegegangen. Da haben die zur Allgemeinheit gesagt: «Weil wir normalerweise euer Wohl retten, müsst ihr jetzt mit euren Steuergeldern uns wohl retten.» Und mit unseren Steuergeldern haben wir den Banken ja dann tatsächlich auch aus der Patsche geholfen. Warum eigentlich? Weil uns sonst Schlimmes erwarten würde, hieß es ganz allgemein aus Bankerkreisen. Wie nennt man so was normalerweise ganz allgemein? Schutzgelderpressung!

Gehen wir mal zurück an den Anfang der Finanzkrise. Ich weiß, das ist jetzt schon ewig her. Wer erinnert sich schon noch an die gute alte Zeit, September 2008? Damals hatten die Banken in den USA den Ärmsten der Armen Immobilienkredite aufgeschwatzt. Ungefähr so, als hätte man in Deutschland allen Hartz-IV-Empfängern geraten: «Kauft euch doch ein eigenes Häuschen. Den Kredit könnt ihr ganz locker abbezahlen. Das wird ganz sicher kein Problem, weil euer Haus ja einen Wert darstellt, der in Zukunft ganz sicher nur noch steigen wird. Also eine Immobilie, die immer wertvoller und wertvoller wird, und deswegen könnt ihr den in Zukunft ganz sicher gestiegenen Wert dieser Immobilie euch heute schon mal als Kredit ausbezahlen lassen und den in Zukunft ganz sicher anfallenden Gewinn heute einfach schon mal verjubeln.»

Mal unter uns, an so was können wir sehen, dass die USA nicht nur das Land der unbegrenzten Möglichkeiten, sondern auch der unmöglichen Begrenztheiten sind. Denn einige haben da natürlich schon gefragt: Wie hoch sind denn die Zinsen eigentlich für diese Kredite? Denen hat man geantwortet: «Kein Problem! Die Zinsen könnt ihr auf alle Fälle abbezahlen, denn den Zinssatz halten wir variabel. Das heißt, dann können die Zinsen zwischendrin sogar noch sinken. Ist das nicht schön?» Es gab wohl nur ein paar wenige, die noch einmal genauer nachgefragt haben: «Ja, Moment mal, können variable Zinsen dann zwischendrin nicht auch steigen?» Denen gab man zu Antwort: «Hm, na ja, also eigentlich schon, äh – aber die können auch noch sinken! Könnt ihr euch das denn nicht einfach vorstellen?» Da haben dann auch die letzten Zweifler geantwortet: «Yes, we can!»

Bringen wir es auf den Punkt: Man hat in den USA sogar Leuten Kredite gegeben, die auf einer Weltkarte nicht mal ihr eigenes Land finden würden. Gut, solche Leute bekamen auch in Deutschland Kredite. Aber die mussten ja nur wissen, wo die Schweiz liegt. Und als Nächstes haben die Banken in den USA dann alle diese «Arme-Schlucker-Kredite» zu veräußerbaren Werten erklärt und zum Weiterverkauf angeboten. Einfach so. Ich weiß auch nicht, wie, aber das geht. Im Grunde kann man auch einen alten Putzlappen nehmen, zur Börse tragen und behaupten: Der ist ab sofort ganz wertvoll. Alles, was man dann noch braucht, ist ein Zweiter, der darauf antwortet: «Einverstanden!» Das waren in diesem Fall sämtliche Banken, Finanz- und Kreditunternehmen auf der ganzen Welt. Die haben diese Kredite gekauft, allerdings nicht, ohne zuvor für den Ankauf dieser Kredite ihrerseits auch erst wieder Kredite aufgenommen zu haben.

Mit anderen Worten: Stellen Sie sich vor, Sie sitzen in einer Pokerrunde und brauchen dringend Geld. Dann sagen Sie zu einem Zweiten: «Leih mir was.» Der sagt dann: «Och, ich hab selber nix. Aber die Schulden, die der Dritte bei mir hat, die kann ich dir geben.» «Spitze», antworten Sie und sagen, «als Sicherheit kriegst du vom Vierten die Schulden, die ich bei dem habe». «Super!», rufen jetzt alle begeistert und fangen an zu zocken. Bis der Fünfte die entscheidende Frage stellt, und die lautet: «Wie viel Geld liegt jetzt eigentlich auf dem Tisch?» Wenn man diese Frage den Investmentbankern dieser Welt stellt, sind die völlig überrascht. Das sind die einfach nicht gewohnt. Das kennen die nämlich gar nicht. Die hören das zum ersten Mal und fragen sich: Geld? Was ist das denn?

Hier sollte man natürlich wieder etwas differenzieren. Denn diese Schrottkredite wurden nicht einfach so verkauft, sondern sie wurden beigemischt, oder mit anderen Worten: untergejubelt. In Drogenkreisen würde man sagen: gestreckt. Und zwar hat man einen Schrottkredit zusammen mit neun soliden Krediten in ein Paket gepackt, und dieses Zehnerpaket hat man dann zum Verkauf angeboten. Woraufhin die nächsten Schlauberger verschiedene Zehnerpakete zu einem Hunderterpaket zusammenschnürten, und dann Hunderterpakete zu Tausenderpaketen und so weiter, bis am Ende niemand mehr eine Übersicht hatte, in welchen Paketen sich wie viele von diesen Schrottkrediten genau befanden. Bis alle so viel Angst davor bekamen, dass sie sich wünschten, es hätte diese Dinger nie gegeben, und die Finger davon ließen. So kam es zur Finanzkrise.

Und an was erinnert uns das, wenn eine Dosis immer mehr verringert und verringert wird? Richtig, an die Homöopathie. Interessant, oder? Wenn also so ein pfiffiger Journalist sich das nächste Mal wieder in einem Zeitungsartikel zum Knecht der Pharmaindustrie macht und die Wirkung von Globuli in Frage stellt – einfach einen Leserbrief schreiben mit dem Hinweis: Bei Hypothekenkrediten hat es nachweislich gewirkt.

Gutes Rating ist teuer

Diese Banker allerdings haben sich mit diesen Kreditpapieren überhaupt nicht näher beschäftigt. Stattdessen haben sie sich all die Jahre einfach nur auf etwas verlassen, das sich «Rating-Agenturen» nennt. Sagt Ihnen das was? Noch vor drei Jahren habe ich ja nicht mal geahnt, dass es allein das Wort überhaupt gibt, und heute sind die in aller Munde. Und deswegen werden wir uns diese Rating-Agenturen jetzt etwas näher anschauen müssen. Denn was genau machen eigentlich diese Rating-Agenturen? Rating-Agenturen haben die Aufgabe übernommen, bei allem, wo man Geld investieren kann, vorher mal zu überprüfen, wie denn die Chancen stehen, in der Zukunft genau da sein Geld zu vermehren oder zu verlieren. Mit Betonung auf: «in der Zukunft»! Jetzt fragen Sie sich vielleicht: Ja, wie? Geht das denn? Ist es wirklich möglich, dass man schon heute überprüfen kann, wie sich die Zukunft entwickelt? Antwort: Natürlich nicht. Oder haben Sie schon mal bei Nostradamus von Rating-Agenturen gelesen? Noch nie? Eben. Im Grunde genommen sind Rating-Agenturen ganz ähnlich diesen Gruselköppen, die im Fernsehen auf den hinteren Kanälen Nacht für Nacht irgendwelchen Anrufern die Karten legen. Haben Sie das schon einmal gesehen? AstroTV heißt das. Ich fürchte, diese Horrorgestalten sind alle Mitarbeiter der Rating-Agenturen, die sich in ihrer Freizeit etwas dazuverdienen.

Und von diesen Rating-Agenturen gibt es übrigens nur drei auf der ganzen Welt. Und allein, wie die schon heißen, bestätigt das alte lateinische Nomen est Omen. Eine heißt nämlich Standard & Poor's, das heißt auf Deutsch: Norm & Arm. Die zweite Rating-Agentur heißt Moody's, und das heißt übersetzt: launisch. Und die dritte nennt sich Fitch, zu Deutsch: Iltis. Also zusammengefasst: Wenn der Iltis launisch wird, sind wir normalerweise arm. Und genauso bescheuert, wie das klingt, ist auch die Rolle, die diese drei Rating-Agenturen bei diesem ganzen Finanzdebakel gespielt haben.

Denn die Rating-Agenturen hatten sich die amerikanischen «Arme-Leute-Immobilienkredite» zuvor genau angesehen, und zwar ganz genau, und haben dann auch sofort gesehen, und zwar sofort, dass man eigentlich nur auf den Moment warten muss, wenn die Zinsen erhöht werden. Und dass dann von den Ärmsten der Armen vielleicht der eine oder andere in Zahlungsschwierigkeiten kommen könnte. Oder um genau zu sein, dass Zahlungsschwierigkeiten unter Armen gelegentlich öfter vorkommen als unter Reichen. Oder um ganz genau zu sein, dass Zahlungsschwierigkeiten und Armut irgendwie auch zwei Wörter für denselben Lebensstandard sind. Oder ganz einfach auf gut Amerikanisch: Standard & Poor's.

In den USA gibt es noch eine sehr interessante Regelung, und die besagt, dass jemand, der seinen Immobilienkredit nicht mehr abbezahlen kann, sich nicht um den Weiterverkauf der Immobilie kümmern muss. Das erledigt die Bank. Denn die Bank geht davon aus, dass sie die Immobilie ganz sicher wieder locker verkaufen wird, weil Immobilien in ihrem Wert ja ganz sicher in Zukunft weiterhin nur steigen und steigen werden. Jede bis dahin erhaltene Rate war also für die Bank bereits ein Gewinn, mal ganz zu schweigen von den Provisionen für die Vermittlung. Der zahlungsunfähige Eigentümer muss nun einfach den Haustürschlüssel zur Bank bringen und darf unbelastet von dannen ziehen. Frei nach Lust und Laune – in einem Wort: Moody's.

Fehlt nur noch einer, oder? Okay, dann will ich mich auch nicht lumpen lassen und serviere sogleich: Der «Fitch» stinkt immer vom Kopfe her. Und zwar wie ein Iltis. So, und damit hätte ich den jetzt auch untergebracht. Der eigentliche Gag aber kommt erst noch. Weil nämlich den Rating-Agenturen sofort klar war, dass diese Immobilienkredite 100 Prozent Schrott sind, haben sie diese Schrottkredite auch sofort knallhart beurteilt – aber so was von knallhart (Trommelwirbel und Tusch!). Und zwar mit den besten Noten, die sie überhaupt vergeben konnten, nämlich AAA. Das bedeutet normalerweise: Absolut Affengeile Aussichten. In diesem Fall aber eben ausnahmsweise auch: Abgrundtief Am Arsch.

Jetzt hören wir seit geraumer Zeit, dass an der Finanzkrise keiner wirklich schuld ist. Das Problem sei lediglich, dass sich mittlerweile alles auf der Welt global vernetzt hat. Da frage ich mich doch, ob man uns eigentlich für blöd verkaufen will. Denn diesen Rating-Agenturen war bewusst, dass sie bezüglich der Ramschkredite nicht die Wahrheit sagten. Da ist zwischenzeitlich eine E-Mail aufgetaucht, in der einer dieser Rating-Agenten einem anderen schrieb: «Hoffentlich sind wir längst in Rente, wenn dieses Kartenhaus zusammenbricht.» Eine solche Befürchtung so zu formulieren erinnert an die Worte des großen deutschen Philosophen Rudi Assauer, der einmal sagte: «Wenn der Schnee schmilzt, kommt die Kacke zum Vorschein.» Und man soll es nicht für möglich halten, aber es wurde Frühjahr, der Schnee schmolz, und was da zum Vorschein kam, übertraf alles, was menschliche Phantasie sich vorzustellen bislang überhaupt imstande war.

Man stellte nämlich fest, dass diese Rating-Agenturen nicht nur die Welt in die Katastrophe geritten hatten, sondern sich anschließend auch noch auf das Recht der freien Meinungs-äußerung beriefen und ihre Unschuld bekundeten mit der Begründung, sie würden bei einer Bewertung doch lediglich eine Meinung äußern. Und wissen Sie was? Das stimmt sogar. Wenn so eine Rating-Agentur ein bisschen Mist erzählt, wo ist das Problem? Nirgends. Eben. Wenn Nostradamus das darf, warum dann nicht auch eine Rating-Agentur?

Ein Problem entsteht nämlich erst in dem Moment, wenn Politiker die Banken per Gesetz dazu verpflichten, ihre Finanzprodukte zuvor von diesen Agenturen überprüfen lassen zu müssen. Genial, oder? Das ist ungefähr so, als würde

Ihr Bürgermeister sagen: «Bevor sich jemand bei uns im Ort von irgendjemandem Geld leihen will, muss er zuvor den erwiesenen Haushaltsexperten Butzko um seine Meinung bitten.» Dann würden Sie als Bürger sich doch auch fragen: Wer ist hier eigentlich der Blödere? Der Butzko oder der Bürgermeister? Antwort: Die Bürger, die so was zulassen.

Denn die Banken waren nicht so blöd. Die haben sich gesagt: Wenn die Politik uns diesen Rating-Agenturen verpflichtet, dann lass uns doch gleich mit denen verflechten. Diese Rating-Agenturen sind schließlich keine staatlichen Institutionen, sondern unabhängige Privatunternehmen. Also, so unabhängig man sein kann, wenn man Profit machen will. Und dann haben die Banken die Politiker gefragt: «Wenn diese profitabhängigen Rating-Agenturen unsere Papiere untersuchen müssen, wer soll die dafür bezahlen? Wir? Oder der Steuerzahler?» Und wenn irgendwo auf der Welt ein Politiker die Chance wittert, sich mit Steuereinsparungen beim Wähler einzuschleimen, springt ihm sofort ein kleiner blond gewellter FDP-Jüngling auf die Schulter und quakt ihm ins Ohr. Also einigte man sich nach zähen Verhandlungen und knallharten Abwägungen – also innerhalb von fünf Minuten – darauf, dass die Banken das bezahlen sollen. Und anschließend präsentierten sich alle als Gewinner: die Steuerzahler, die Politiker und die Banken. Aber nur bei Letzteren war das auch wirklich gerechtfertigt.

Denn was kam dabei am Ende heraus? Stellen Sie sich einmal vor, der TÜV in Deutschland wäre nur eines von drei profitorientierten Konkurrenzunternehmen. Und dann wäre da ein Gebrauchtwagenhändler, der für ein ziemlich stark verrostetes Auto eine Fahrgenehmigung haben möchte. Dieser Gebrauchtwagenhändler klappert nun mit seiner Rostkarre alle konkurrierenden TÜVs ab und sagt jedes Mal: «Ich brauche für dieses Fahrzeug ein günstiges Testergebnis.» Und dann wedelt er mit einem Geldschein und fragt: «Wer will den Auftrag?» Nebenbei bemerkt bitte ich Sie, meine lieben Leser, gut darauf zu achten, dass unser derzeitiger Verkehrsminister diese Zeilen nicht zu lesen bekommt. Wenn der davon erfährt, ist er imstande und führt das sofort ein.

Angesichts dieser Abhängigkeit von Banken und Rating-Agenturen braucht man sich doch nicht zu wundern, wenn Schrottkredite Bestnoten erhalten. Und jetzt kommt schon wieder ein Hammer: Das alles wäre auch kein Problem. Wenn die Banken diese Agenturen bezahlen, was soll's? Dann äußert der erwiesene Haushaltsexperte Butzko eben seine Meinung und wird von Ihnen dafür bezahlt, na und? Genau deswegen halten Sie jetzt dieses Buch in der Hand.

Aber unsere Politiker waren noch genialer. Die haben nämlich nicht nur die Banken, also die Verkäufer, verpflichtet, ihre Produkte von Rating-Agenturen überprüfen zu lassen. Sie haben auch die Käufer verpflichtet, auf diese Rating-Agenturen hören zu müssen. Versicherungen zum Beispiel sind per Gesetz verpflichtet, ihr Geld nicht unter AA anzulegen. Und «AA» heißt in der Kleinkindsprache: Wehe, wenn der Schnee schmilzt. Und jetzt stellen Sie sich also mal vor, Ihr Bürgermeister würde sagen: «Nachdem der erwiesene Haushaltsexperte Butzko seine von euch bezahlte Meinung frei geäußert hat, habt ihr euch alle auch danach zu richten.» Und mal ehrlich, genau das wäre doch jetzt der Moment, wo Sie sich einen Liter Brennspiritus, eine Schachtel Streichhölzer und die Information besorgen würden, wo Ihr Bürgermeister nachts sein Auto parkt.

Denn diese Gesetzesvorschriften haben einen wunderbaren Effekt. Als nämlich genau diese drei Rating-Agenturen ein paar Monate später bei griechischen Staatsanleihen den Daumen senkten und verkündeten: «Griechenland Kalinixda!», hat trotzdem die ganze Welt wieder auf sie gehört. Und das, obwohl inzwischen allen bekannt war, dass man diesen drei Rating-Agenturen trauen darf wie einem Doktortitel im deutschen Adelsgeschlecht. Und hastdunichtgesehen machte es auf den Festplatten der Investmentcomputer wieder «Bumm!». Und warum? Weil die Regierung ihnen genau das vorgeschrieben hat, dass es dann nämlich «Bumm!» machen muss.

Und das Schönste an diesem Kasperletheater ist: wenn sich dann anschließend dieselben Politiker hinstellen und über «diese Verwerfungen an den Kapitalmärkten» klagen und sie mit markigen Begriffen wie «das Monster» belegen – als wären sie bei deren Erschaffung gänzlich unbeteiligt gewesen. Als stünden sie machtlos davor wie David vor dem Drachen und Siegfried vor Goliath. Dabei starren sie angesichts dieser Verwerfungen nur auf den Scherbenhaufen, den sie selber angerichtet haben. Und wer schon mal eine Scherbe betrachtet hat, weiß, dass man darin nicht selten sein eigenes Spiegelbild erblickt. Und da kann ich mir schon vorstellen, dass so mancher unserer Politiker den Begriff «Monster» wohl angebracht findet. Dabei bräuchte man eigentlich nur einen Satz ins Gesetzbuch schreiben, so ähnlich wie: Die Würde des Menschen ist unantastbar. Und gleich darunter: Auf die Meinungen von Rating-Agenturen ist genauso zu hören wie auf das Wort zum Sonntag.

Mir ist einmal zu Ohren gekommen, dass diese Rating-Agenturen bei den letzten zehn wichtigen Entscheidungen siebenmal danebengelegen haben sollen. Wenn das zutrifft, hat also nicht mal die Hälfte gestimmt. Das heißt, eigentlich müsste nur im Gesetzbuch stehen: «Wenn eine Rating-Agentur ihre Meinung äußert, muss man unbedingt das Gegenteil machen.» So hätte man immer noch eine höhere Trefferquote.

Oder wenn gar nichts mehr hilft, hätte es ja sogar noch eine andere Möglichkeit gegeben. Worum geht es bei einer Rating-Agentur? Um die Frage, ob ich mein Geld irgendwo anlegen soll – ja oder nein? Soll ich ein Investment tätigen – ja oder nein? Es geht also nur um zwei Antwortmöglichkeiten: Ja oder nein. Und wenn es nur um zwei Antwortmöglichkeiten geht, hätte ich eine Lösung anzubieten, die nicht nur viel einfacher gewesen wäre, sondern auch viel genialer und effektiver noch dazu: Und zwar hat es doch zu der Zeit in Oberhausen in einem Aquarium einen Oktopus gegeben. Ich weiß nicht, ob Sie von dem schon einmal gehört haben, aber dieser Oktopus hatte bei zwei Antwortmöglichkeiten nachgewiesenermaßen eine höhere Trefferquote.

Am meisten begeistert war ich jedoch, als ich erfuhr, was die von uns gewählten Volksvertreter als Maßnahme gegen den Einfluss dieser drei weltmächtigen Rating-Agenturen zu unternehmen sich ausdachten. Ein genialer Masterplan: Wir gründen eine vierte Rating-Agentur. Und zwar eine eigene, das heißt eine europäische, und vor allem eine profitunabhängige. An dieser Stelle möchte ich meine lieben Leser fragen, ob Sie eigentlich das berühmte Comic-Duo Tom und Jerry kennen? Von den beiden gibt es nämlich einen Sketch, bei dem Tom, der Kater, auf der Verfolgungsjagd von Jerry, der Maus, sich versehentlich in einer Mausefalle seine Nase einklemmt, und zwar so, dass der Schmerz unerträglich wird. Was macht Tom in dem Moment? Nun, er nimmt sich einen Riesenhammer und haut sich damit volle Pulle auf die eigene Tatze. Warum macht er das? Das macht er, damit er den Schmerz in der Nase nicht mehr merkt. Genial! So ungefähr wirkt eine vierte Rating-Agentur.

Die erste Frage ist also, wo müsste man bei unseren Politikern mit dem Riesenhammer hinhauen, damit sie mal überhaupt was merken? Und die nächste Frage wäre, was sich unsere Politiker wohl dabei denken. Denken die, dass eine europäische Rating-Agentur bei griechischen Staatsanleihen zu einem anderen Ergebnis gekommen wäre? Dass eine europäische Rating-Agentur verkündet hätte: Griechische Staatsanleihen – da gibt's gratis Metaxa? Wobei «Gratis» nicht der Name des griechischen Finanzministers ist. Der heißt: Waskostas.

Und selbst wenn eine europäische Agentur eine andere Meinung verkündet hätte als die drei anderen Agenturen auf der Welt, wie würde dann der Algorithmus im Computer einer Investmentbank wohl entscheiden? Wenn Sie schon mal «Wer wird Millionär» mit Günther Jauch gesehen haben, dann kennen Sie doch sicherlich auch den Publikumsjoker. Der Publikumsjoker funktioniert so, dass ein Kandidat bei vier möglichen Antworten anhand von Prozentbalken erkennen kann, wie viele Zuschauer im Publikum zu welcher Antwort tendieren. Haben Sie das schon mal gesehen? Ja? Dann können Sie mir doch auch sicherlich sagen, wie viele Kandidaten da schon einmal die Antwort mit dem kürzesten Balken gewählt haben. Wie bitte? Sie kennen welche! Aha! Und wie viele von denen sind anschließend als Millionär nach Hause gegangen? Einer. Okay, aber der hieß Günther Jauch und war kein Kandidat.

Im Rausch der Rendite

Auf diese Weise sind wir nicht nur übergangslos, sondern auch sehenden Auges von der Finanzkrise in die Eurokrise geschlittert. Denn kaum waren die Banken gerettet, was haben sie als Erstes gemacht? Uns Steuerzahlern gedankt, sich erholt, den Sinn des Lebens überdacht und erst mal Schritt für Schritt, ganz langsam und ganz anders noch mal neu angefangen? Ja sicher, und deswegen sieht die Welt ja heute auch aus wie ein tibetanisches Zen-Kloster.

Außer eben in Griechenland. Da mussten die Zocker einfach weiterzocken. Da konnten die gar nicht anders. Die waren geradezu gezwungen weiterzuzocken. Unter unserem Schutzschirm mussten die weiterzocken, und zwar gegen uns Steuerzahler, also ihre Schirmbeschützer. Oder mit anderen Worten: Wir haben einem Herzinfarktpatienten drei Bypässe gelegt, und kaum ist er aus der Narkose aufgewacht, hat er sofort wieder weitergemacht mit Schampus, Koks und nackten Weibern. Mal unter uns, wenn so etwas zur Krone der Schöpfung zählt, frage ich mich, ob der Schöpfer an dem Tag wohl einen in der Krone hatte?

Spannend ist auch, wie unglaublich kompliziert und langwierig diese Zockerei im Einzelnen abgelaufen ist. Ungefähr so: Es trafen sich in New York fünf Hedgefonds-Manager nachmittags auf einen Kaffee, und tags drauf war Griechenland bankrott. Der Hammer, oder? Gott sei Dank haben sich nicht zehn Hedgefonds-Manager getroffen, sonst wäre Thüringen jetzt auch noch pleite.

Aber man fragt sich, wie das überhaupt möglich ist. Und warum einzelne Spekulanten so viel Geld zur Verfügung haben, dass sie die Zahlungsfähigkeit ganzer Staaten aushebeln können? Nun, ein Grund wird wohl der sein, dass die Notenbanken dieser Welt über Jahre hinweg Kredite für nahezu null Prozent Zinsen anboten, damit Unternehmen in Zeiten der Krise günstig an Kohle kommen. Und was ist passiert? Nur zehn Prozent von diesem billigen Geld kommt überhaupt in der Wirtschaft an. 90 Prozent davon leihen sich diese Zocker aus und zocken damit herum, kaufen davon zum Beispiel griechische Staatsanleihen. Weil die Zinsen, die sie dafür kassieren, höher sind als die Zinsen, die sie für die Kredite zahlen müssen.

Wir erinnern uns: Die Finanzkrise wurde ausgelöst, weil nach dem 11. September 2001 zu viel Geld für zu wenig Zinsen im Umlauf war. Und als Mittel dagegen gab's seitdem noch mehr Geld für fast gar keine Zinsen. Man rettet also jemanden vor dem Ertrinken, und kaum auf dem Trockenen, flößt man ihm als Erstes 3 Liter Wasser ein.

Ein Casino, in dem man nicht verlieren kann

Stellen Sie sich vor, Sie sind ein Grieche und bitten mich, Ihnen 100,– Euro zu leihen. Und weil Sie ein lieber Grieche sind, versprechen Sie mir, nächsten Monat 105,– Euro zurückzugeben. Und dann stellen Sie sich vor, dass ich mir selber diese 100,– Euro zuvor erst mal woanders, nämlich bei einer Notenbank, leihe. Und die Notenbank will von mir nächsten Monat aber nur 101,– Euro zurück. Das wäre doch für mich ein ziemlich sicherer Gewinn von 4,– Euro! Und jetzt stellen Sie sich aber vor, Sie wollen sich von mir nicht nur einmal 100,– Euro leihen, sondern 100 Millionen mal 100,– Euro, und ich frage die Notenbank, wie viele Hunderter ich mir bei ihr leihen darf. Und die Notenbank bietet mir an, so viel ich will. Und dann denke ich mir: Schau mal an! Millionär werden, ohne irgendetwas zu leisten. Die Boulevardpresse kennt das unter dem Namen Paris Hilton. Und Finanzprofis als «Carry-Trade».

Zugegeben, ein Risiko gibt es. Und zwar, wenn Sie, lieber Grieche, mir nächsten Monat keine 105,– Euro zurückzahlen, vielleicht noch nicht einmal 100,– Euro, sondern vielleicht nur 90,– oder 80,– Euro. Dann habe ich das Problem, wie ich der Notenbank 101,– Euro zurückbezahlen soll. Aber kein Problem ohne Lösung. Was mache ich? Ich leihe mir von der Notenbank einfach noch mal 2,– Euro und kaufe mir davon bei einer Versicherungsgesellschaft einen «Credit Default Swap», das heißt auf Deutsch: Fauler Kredite Schwips. Und genau so besoffen, wie sich das anhört, ist das Ganze auch. Das ist nämlich eine Kreditausfallversicherung für die 105,– Euro, die ich von Ihnen, lieber Grieche, zu erhalten habe. Zahlen Sie mir 105,– Euro zurück, gebe ich der Notenbank 101,– Euro zurück, ziehe noch die 2,– Euro Gebühr für diese Ausfallversicherung ab und bin auf der sicheren Seite. Zahlen Sie mir aber keine 105,– Euro zurück, springt die Versicherung ein und ersetzt mir den Verlust – und ich bleibe also auf der sicheren Seite. Globalisierungskritiker bezeichnen das als «Casinokapitalismus», was natürlich Blödsinn ist, denn das Spiel, das in einem Casino stattfindet, kann auch verloren werden.

Damit aber nicht genug. Denn diese Kreditausfallversicherung, die ich gekauft habe, die darf ich jetzt auch weiterverkaufen. Ich darf damit handeln. Allerdings nicht öffentlich, sondern das machen Banker nur untereinander. Spätestens hier macht der Begriff «Casino» überhaupt keinen Sinn mehr – ein verrauchtes Hinterzimmer wäre das passendere Bild. (Ich sehe das direkt vor mir, wie sich Josef Ackermann die Gummimaske vom Gesicht zieht, und Toni Soprano kommt zum Vorschein.) Bei diesem Handel kann es also passieren, dass jemand eine Ausfallversicherung für einen Kredit kauft, den er selbst gar nicht hat. Stellen Sie sich also vor, irgendein Fremder kommt in den Besitz einer Versicherung, die ihm ganz viel Geld ausbezahlt, wenn Ihr Haus abbrennt – ich wünsche entspanntes Schlafen.

Das Spielchen funktioniert jetzt folgendermaßen: Je wahrscheinlicher wird, dass Sie, lieber Grieche, Ihre Schulden nicht zurückbezahlen können, umso weniger wollen andere Leute Ihnen Geld leihen. Wenn diese anderen Leute aber trotzdem ein Geschäft machen wollen, können die sich stattdessen lieber meine Ausfallversicherung kaufen. Und zwar, weil die sich davon mehr Gewinn versprechen. Je mehr Leute jetzt aber meine Ausfallversicherung kaufen wollen, umso mehr steigt diese Ausfallversicherung im Wert, und umso teurer kann ich die verkaufen. Das heißt, um also mit diesen Ausfallversicherungen ein Geschäft zu machen, ist es unwichtig, ob Sie, lieber Grieche, tatsächlich zahlungsunfähig sind. Es reicht, wenn Sie in den Ruf geraten, zahlungsunfähig zu werden. Und Sie wissen ja, ist der Ruf erst ruiniert, können Sie es auch gleich als Rainer Langhans versuchen.

Mit anderen Worten: Bestandteil dieses Spiels ist eine gewisse Portion Rufmord, und das stellt vielleicht sogar beinahe einen Straftatbestand dar.

Außer natürlich für Josef Ackermann. Der saß nämlich im Mai 2010 bei Maybrit Illner im ZDF und erhielt dort ein öffentlich-rechtliches Forum, um fröhlich verkünden zu dürfen, er glaube nicht, dass Griechenland seine Schulden zurückbezahlen kann. So, und jetzt dürfen Sie dreimal raten, welche Art von Wertpapier der Ackermann sich wohl kurz zuvor in großen Mengen gekauft hatte. Kleiner Tipp: Papier für die Unterleibshygiene wird es nicht gewesen sein.

Gott sei Dank hatte aber die Regierung diese Ausfallversicherungen für Staatsschulden in der Eurozone verboten. Und zwar bis zum 31. März 2011. Seitdem sind die wieder erlaubt. Warum waren die nur bis zum 31. März verboten? Nun, weil man den 1. April für das beste Datum hielt, um damit wieder anzufangen.

Der Knüller dabei ist folgender: Je mehr die Besitzer von Ausfallversicherungen das Gerücht verbreiten, dass die Griechen ihre Schulden nicht zurückzahlen könnten, umso weniger bekommen die Griechen tatsächlich Geld geliehen. Das aber hat zur Folge, dass die Griechen umso eher wirkliche Probleme kriegen, ihre Schulden zurückzuzahlen. Und das heißt, dass Griechenland umso eher tatsächlich insolvent sein wird. Worauf die Besitzer dieser Ausfallversicherungen wiederum umso eher tatsächlich die Gewinner sind.

Und jetzt mal ehrlich, wann hat man es jemals erlebt, dass in einem Casino die Kugel auf eine Zahl rollt, weil man genau auf sie gesetzt hat? Daran erkennt man den Unterschied zwischen einem Banker und einem Gangster. Denn um ein Glücksspiel zu manipulieren, braucht der Banker keine asiatischen Wettbüros.

Fauler Kredite Schwips

Die richtigen Profizocker unter diesen Bankerbrüdern haben das Spiel sogar noch verfeinert. Denn die verdienen eben nicht nur an dem Verkauf dieser Ausfallversicherungen für riskante Kredite, sondern haben, wenn sie clever sind, zuvor auch noch genau diese riskanten Kredite selbst verkauft. Und wieder einmal war es unser unvermeidlicher Held Josef Ackermann, der uns das vormachte, als er nämlich darauf spekulierte, dass die IKB-Bank mit amerikanischen Immobilienkrediten in Schwierigkeiten geraten würde. Und wieso war der Ackermann sich da so sicher? Weil er selber es war, der der IKB-Bank zuvor diese Kredite verkauft hatte. Wenn Sie also mal einen Ehekrach mit Ihrem Partner haben, passen Sie gut auf, wer Sie dann am Telefon sprechen will. Ihre Freunde rufen an und wollen wissen, wie es Ihnen geht. Ein Investmentbanker ruft an und will wissen, welche Telefonnummer Ihr Partner hat. Die Lieblingslektüre von Herrn Ackermann sollen übrigens Börsenkurse sein. Das halte ich für ein Gerücht. Wahrscheinlich liest er «Unter Geiern» von Karl May.

Erinnern Sie sich noch an den Gebrauchtwagenhändler, der für sein Rostauto vom TÜV eine Unbedenklichkeitsplakette erhalten hat? Ich möchte an dieser Stelle Josef Ackermann natürlich nicht mit einem Gebrauchtwagenhändler vergleichen. Schließlich will ich mir keine Beleidigungsklagen der deutschen Gebrauchtwagenhändler einhandeln. Aber stellen Sie sich vor, besagter Gebrauchtwagenhändler verkauft Ihnen dieses Rostfahrzeug mit dem Argument, das sei eine absolut sichere Sache und eine günstige Gelegenheit, die Sie sich jetzt nicht entgehen lassen dürften. Und kaum haben Sie sich dieses Gefährt aufschwatzen lassen, schließt der Gebrauchtwagenhändler bei einer Versicherung einen Vertrag ab, der ihm ganz viel Geld ausbezahlt, wenn Sie damit einen Unfall bauen. Na, was sagen Sie dazu? Echt vertrauensbildend, oder?

Und dann stellen Sie sich jetzt aber außerdem noch vor, dass das nicht bloß ein einziger Gebrauchtwagenhändler so macht, sondern alle. Und dass deswegen natürlich alle Gebrauchtwagenhändler wissen, dass ganz viele Schrottautos auf den Straßen unterwegs sind. Und anstatt aber irgendwann mal zur Polizei zu gehen und die Gefahr zu melden, geschweige denn sich selbst anzuzeigen, handeln alle diese Gebrauchtwagenhändler untereinander mit Unfallversicherungen. Denn je nachdem, wessen Auto als erstes kaputtgeht, dessen Versicherung zahlt auch als Erstes viel Geld. Und je nachdem, wessen Ruf am schlechtesten ist, dessen Unfallversicherung steigt am meisten im Wert. Genial! So was muss einem erst einmal einfallen. Und das alles fürs Allgemeinwohl.

Genau das ist so geschehen während der Finanzkrise. Als alle Banker und Börsenzocker voneinander wussten, dass in ihren Bilanzen haufenweise Schrottkredite schlummerten, haben die tatsächlich mit Hilfe dieser Ausfallversicherungen noch gegeneinander darum gewettet, wer von ihnen als Erster pleitegeht. Und wer auf Lehman Brothers tippte, bekam ganz viel Geld. Und zwar Geld, das in dem Moment überhaupt nur noch deswegen fließen konnte, weil der Steuerzahler dafür bürgte. Sie erinnern sich doch sicher noch an die Berliner Blockade nach dem 2. Weltkrieg. Millionen Berliner schrien: «Hilfe! Unser System bricht zusammen! Wir brauchen dringend Rettung!» Und die Amis beschlossen: Okay, wir schnüren ein Notfallpaket und schicken Rosinenbomber. War doch nett von den Amis, oder? Wären diese Berliner damals alles Banker gewesen, hätten die vier Wochen später schon wieder geschrien: «Hilfe! Jetzt brauchen wir dringend noch Korinthenbomber!» Dann hätten die Amis gefragt: «Was habt ihr denn mit den Rosinen gemacht?» Und die Berliner hätten geantwortet: «Mit denen haben wir spekuliert, wer von uns als Erster verhungert!»

Master of Zaster

Was ich, neben vielem anderen, bei dieser ganzen Angelegenheit allerdings überhaupt nicht verstanden habe: Bei einer tatsächlichen Pleite Griechenlands würden doch all diese schönen Kreditausfallversicherungen den Verlust ersetzen. Dafür gibt es die doch, oder? Korrigieren Sie mich, wenn ich mich irre, aber der Sinn dieser Ausfallversicherungen ist doch, bei einer Zahlungsunfähigkeit den Gläubigern ihren Ausfall zu ersetzen? Dafür wurden die doch abgeschlossen, oder? Hm, jetzt frage ich mich aber: Wofür musste dann eigentlich der deutsche Steuerzahler den Griechen Geld zur Verfügung stellen?

Werfen wir doch noch einmal einen Blick auf Ihr Rostauto, das Sie vom Gebrauchtwagenhändler Ihres Vertrauens erworben haben und das nun schon seit geraumer Zeit als muntere Zeitbombe über unsere Straßen tuckert. Jetzt stellen Sie sich vor, dass Sie mit dieser Karre doch tatsächlich eines Tages einen Unfall bauen. Und in dem Moment schreit die deutsche Gebrauchtwagenhändlerinnung laut: «Hilfe! Hilfe!» Und während Sie sich noch fragen, was da überhaupt los ist, verkündet die Regierung, dass alle 80 Millionen Deutsche für diesen Schaden bezahlen müssen.

Wie bitte? Das klingt für Sie absurd? Nun, bei Gebraucht-wagenhändlern mag das stimmen, bei Bankern ist das aber genau so passiert. Was aber auch nicht überrascht, wenn man erfährt, dass die Regierung die führenden Vertreter der Finanzindustrie schließlich dazu einlädt, an Diskussions-runden teilzunehmen und Ideen beizutragen zur Lösung ge-nau der Probleme, die sie selber verursacht haben. Ist doch aber logisch, oder? Wenn Ihr Kind barfuß und mit freiem Oberkörper bei minus 15 Grad im Schnee spielt und sich eine Lungenentzündung holt, dann setzen Sie sich doch nach überstandener Rettung auch mit dem Sprössling an einen Diskussionstisch und fragen: «Wärst du damit einverstanden, im nächsten Winter mal zu probieren, Schühchen, Mützchen und Pullöverchen anzuziehen?» Und weil Ihr Kind die Ar-gumentation der Banken gelernt hat, gibt es Ihnen dann zur Antwort: «Nö. Wieso denn? Letztes Mal hast du mich ja auch vorm Abnippeln gerettet.» Und was sagen Sie darauf? «Was für ein Monster!»

Wissen Sie, was ich mir manchmal wünschen würde? So eine Art politische Super Nanny, die dem Ackermann ein-fach mal Grenzen setzt und sagt: «Nein, Josef, das darfst du jetzt nicht mehr. Ich will das nicht noch einmal sehen. Sonst kommst du auf die stille Treppe.» Dann quengelt der Josef natürlich herum: «Ja, aber das vernichtet Wachstum und Arbeitsplätze.» Und dann sagt die Super Nanny: «Ach so.

Und die Deregulierung und die Krise hat ganz viel Wachstum und Arbeitsplätze geschaffen, oder was?» Dann ruft von hinten Mutti Merkel: «So habe ich das ja noch nie gesehen.» Und dann sagt die Super Nanny: «Das glaube ich dir sofort.» Denn im Wort «Bundeskanzlerin» steckt eine verborgene Wahrheit. Man muss nur genauer hinsehen. Wenn man nämlich die Buchstaben von «Bundeskanzlerin» in eine andere Reihenfolge bringt, dann ergibt das plötzlich: Bankenzinsluder.

Weil es aber diese Supernanny nicht gibt, wurden die Vorschläge der «Master of Zaster» von der Regierung entsprechend umgesetzt. Und zwar nach endlosen und zähen Debatten in Parlamenten, Vermittlungsausschüssen und Kommissionen zur Entscheidungsfindung, die immer ermüdend waren, und zwar sehr ermüdend, weil das alles nämlich über Nacht beschlossen wurde. Und das mit der Begründung, dass die Rettung Griechenlands alternativlos ist. Und das stimmt auch. Ein Austritt Griechenlands aus dem Euro und die Wiedereinführung der Drachme würde ja bloß die Lage in Griechenland entspannen, aber nicht bei den Gläubigern, also bei unseren Banken. Und deswegen müssen wir die Griechen mit unseren Steuergeldern retten, obwohl wir in Wahrheit eigentlich wieder die Banken retten. Denn die haben den Griechen Geld geliehen, und wenn sie das nicht zurückbekämen, würden sie schon wieder pleitegehen. Und weil wir dann aber alle sauer wären, wenn wir erfahren würden, dass wir schon wieder die Banken retten müssen, nennt man das einfach Griechenland.

Und weil die Banken aber wiederum wissen, dass sie mit griechischen Staatsanleihen nicht pleitegehen können, zocken sie die Griechen inzwischen mit Wucherzinsen ab, für die wir Steuerzahler bürgen. «Safe money» nennen die das. Ein Spielchen, das sich mit den Iren wiederholt, weil ja auch die Iren ihre Banken vor der Pleite retten müssen, weswegen wir dann die Iren vor der Pleite retten müssen. Und die nächsten, die sich in der Schlange anstellen, sind dann die Portugiesen, dann die Spanier, die Belgier oder die Italiener.

Aber keine Panik. Es gibt auch gute Nachrichten. Denn das alles dauert nur genau so lange, bis der Geldbeschaffungsdruck auf Griechenland, Portugal, Irland etc. so groß geworden ist, dass diese Länder ihre Banken und ihren Staatsbesitz privaten Investoren zum Verkauf anbieten müssen. Und spätestens dann dürfte der Spuk ein Ende haben. Jede Wette: Genau an dem Tag wird man urplötzlich feststellen, dass all diese Sorgenkinder ihre Schulden mehr oder weniger so abbauen wie Deutsche, Franzosen oder Niederländer, nämlich: mehr oder weniger.

Und bis dahin stimmen wir alle zusammen das bekannte Lied an: «Sag, wo die Soll-Daten sind.»

Sag, wo die Soll-Daten sind

Sag, wo die Soll-Daten sind.
Wo sind sie geblieben?
Toxische Subprimekredite?
Im Nichts zerrieben?

Sag, wo es die Bad Banks gibt.
Wo hat man sie je gesehen?
Steinbrück wollt' sie etablier'n.
Was ist geschehen?

Wo ist unser Rettungsschirm?
500 Milliarden aufgespannt.

Für die Banken schnell gebürgt.
Welt wär' sonst abgebrannt.

Wo ist das Konjunkturpaket?
70 Milliarden war es teuer.
Dass das Rad sich weiterdreht.
Finanziert von unsrer Steuer.

Wie läuft die Hypo Real Estate?
100 Milliarden wurden investiert.
Dann 40 Milliarden noch einmal.
Was ist passiert?

Was macht heute Griechenland?
Ist der Euro jetzt stabil?
Zig Milliarden bereitgestellt
im Finanzen-Pokerspiel.

Denn haste nich gesehen
schnürt man noch manch Milliarden-Paket.
Was müssen wir noch alles überstehen,
bis der Euro steht?

2300,– Euro pro Sekunde
wuchs unser Schuldenberg anno 2010.
2000,– Euro pro Sekunde waren's anno 2005.
Was ist geschehen?

Gestern hieß es noch weltweit,
dass wir knapp vorm Kollaps stehen.
Heut' ist wieder Partyzeit.
Wann wird man je verstehen?
Wann wird man je verstehen?

Zugegeben, Hölderlin ist es nicht, aber dafür auch nicht Rilke.

Peer Steinbrück, der Komiker unter den Kabarettisten

Nun gibt es ja Leute, die sagen, dass sämtliche Probleme mit dem Kapitalismus komplett vermeidbar seien, wenn man die Banken verkleinern würde. Dadurch wäre schon mal wenigstens ein Risiko ausgeschlossen. Nämlich, dass eine Bank nicht pleitegehen darf, wenn sie zu groß ist und durch ihre Insolvenz zu viele ihrer Gläubiger und Schuldner mit in den Abgrund reißen würde. In Deutschland war man auch ganz begeistert von dieser These – so begeistert, dass man zunächst die Commerzbank unterstützt hat, sich die Dresdner Bank einzuverleiben. Und zwar mit 18 Milliarden Euro. Warum? Damit sie noch größer wird! Und woher stammte dieses Geld? Vom Steuerzahler. Von dieser Summe hat die Commerzbank inzwischen zwar einen Teil wieder zurückgezahlt. Das wollen wir hier auch ganz fair erwähnen. Allerdings nicht alles. Und ohne Zinsen. So viel Fairness muss sein. Damit wurde der Steuerzahler um eine Einnahme von zirka 1,5 Milliarden geprellt, und die Konkurrenzbanken hatten einen klaren Wettbewerbsnachteil. Mal ehrlich, noch fairer geht's ja wohl nicht.

Beschlossen wurde der 18-Milliarden-Deal damals übrigens von einem gewissen Finanzminister Peer Steinbrück. Der war offensichtlich mit seinem «Geh Wissen!» ganz im Reinen und veranlasste, von der Commerzbank 25 Prozent der Aktien zu kaufen. Und zack – einen Moment später wurde ein Viertel der Commerzbank ein volkseigener Betrieb. Schade, dass Erich Honecker das nicht mehr erleben durfte. Und nebenbei erwähnt werden sollte an dieser Stelle noch, dass diese 18 Milliarden Euro ungefähr das Vierfache dessen waren, was diese Bank zu diesem Zeitpunkt insgesamt überhaupt noch an Börsenwert hatte. Da fragt man sich: Was hatte sich der Steinbrück denn dabei gedacht? Nun, der Steinbrück hatte sich gedacht: Ein Viertel ist schon ein bisschen wenig. Besser gewesen wäre ein Fünftel. Aber dann hätten wir ja das Fünffache bezahlen müssen. Und womit hätte die Commerzbank dann noch die Dresdner Bank kaufen können? Gute Frage, Herr Steinbrück.

Vermutlich hieße die Dresdner Bank heute immer noch Dresdner Bank, während die Commerzbank eventuell pleitegegangen wäre. So etwas darf aber nicht sein. Unter gar keinen Umständen. Das ist alternativlos. Und das hat der Steinbrück sich auch direkt von der Natur abgeguckt. Denn da ist das ja auch so, dass die todkranken Tiere die gesunden fressen. Das Schönste aber ist, noch ein halbes Jahr zuvor hatte der Steinbrück laut getönt: «Die deutschen Banken sind robust aufgestellt. Die werden sowieso kein Geld vom Staat brauchen.» Ich dachte mir damals schon: Schau mal an, ich bin ja nur Kabarettist. Aber der Steinbrück, das ist ein richtiger Komiker.

Wir wollen uns an dieser Stelle aber auch noch mal daran erinnern, dass so ein Minister ja meistens nur irgendwo seine Unterschrift druntersetzen darf, dann aber den Kopf hinhalten muss. Erst in eine Kamera, und je nach Verlauf dann aber auch unters Schafott, also zumindest unters mediale. Aber ausgearbeitet werden die meisten Gesetze und Erlasse ja von Staatssekretären. Und wie hieß jetzt noch der Staatssekretär vom Steinbrück? Ich sagte Ihnen ja bereits, dass Sie sich den Namen gut merken sollen. Tja, Pech gehabt, wer hätte geahnt, dass ich Sie hier noch mal abfrage? Kleiner Tipp: Klingt so ähnlich wie Arschmuskel.

Bank und Spielbank

Und so stellt sich eigentlich nur noch die eine Frage: Ob wir wirklich zur Lösung der Probleme die Banken einfach verkleinern und gegebenenfalls auch einfach wieder trennen sollten? Diese Trennung gab es ja sogar mal, und die wurde 1999, also in den Hochphasen der Deregulierung, aufgehoben. Und es gibt Kritiker, die sagen, dass man das einfach nur wieder rückgängig zu machen bräuchte. Also die Banken einfach wieder trennen in Investment- und Kreditgeschäft, also in Bank und Spielbank, also in Konto und Casino. Das heißt, die Zockerbanken könnten dann ruhig gerne weiterzocken. Aber die Geschäftsbanken sollten sich nur noch um ihren gesellschaftlich relevanten Auftrag kümmern. Sie erinnern sich: Von Sparern Geld entgegennehmen und dieses Geld anderen als Kredit zur Verfügung stellen. Für die Kredite sollte die Bank höhere Zinsen verlangen, als sie an die Sparer ausbezahlt. Und von der Differenz könnte die Bank leben. Fertig, aus, Reihenhaus. Süß!

Würde das aber die Probleme des Kapitalismus wirklich lösen? Ich gebe zu, auch ich habe ja lange Zeit geglaubt, so eine Bank denkt sich: Och, wir haben ja so viele Rücklagen und Sparguthaben von so vielen Kunden hier herumliegen – davon können wir ja anderen Leuten mal einen Kredit geben. Gut, ich habe lange Zeit aber auch geglaubt, mit der FDP an der Regierung hätte ich mehr Netto vom Brutto.

Der Papst hat recht: Wir alle leben in großer Schuld

Bis dann ein Banker, der übrigens Wert darauf legt, hier nicht namentlich erwähnt zu werden, mir einmal folgende interessante Frage stellte: «Wenn das Geld für Kredite aus Sparguthaben stammt, woher stammt eigentlich das Geld auf diesen Sparguthaben?» Da habe ich geantwortet: «Ist mir doch egal! Hauptsache, man hat Geld – wo es herkommt, interessiert mich doch gar nicht.» Aber Banker können ja ganz schön hartnäckig und beharrlich, um nicht zu sagen klebrig und lästig sein, und so fragte der mich einfach noch einmal: «Das Geld, das du als Sparer zur Bank bringst, um dafür Zinsen zu kassieren – aus welcher Quelle stammt dieses Geld?» Und da fragte ich mich selbst: Aus welcher Quelle? Na, wo wird Geld wohl herkommen? Wahrscheinlich vom Staat, oder? Schließlich ist doch der Staat der Währungshüter.

Der anonym bleiben wollende Banker fragte mich weiter: «Wenn dem so wäre, dass der Staat Geld in Umlauf bringt, wie könnte dann ein Staat Schulden haben? Und vor allem, bei wem? Bei sich selbst? Das wäre doch so, als wärst du ein Taschendieb und klautest dir aus deiner eigenen Hosentasche dein eigenes Portemonnaie.» Und da dachte ich spontan, wenn der Jörg Asmussen eines Tages Finanzminister ist, der bringt das. Der klaut dann außerdem noch sein eigenes Handy, damit er selber die Polizei rufen kann. Aber noch ist der Asmussen nicht Finanzminister. Und der deutsche Staat hat zurzeit Schulden von zirka 1,94 Billionen Euro. Und wie bereits erwähnt, wachsen diese Schulden jede Sekunde um 2300,– Euro. An dieser Stelle machen Sie doch mal eine Übung: Legen Sie das Buch zur Seite, stehen Sie auf, gehen Sie zum nächsten Gully und werfen Sie dann jede Sekunde 2300,– Euro da rein. Frage: Wie lange brauchen Sie, bis Ihr Portemonnaie leer ist?

Ja, diese Frage könnte auch ich leicht beantworten. Aber die Frage, woher dieses Geld zuvor überhaupt ins Portemonnaie gekommen ist, da hatte ich nicht die geringste Ahnung. Dabei habe ich regelmäßig Geld in der Hand. Sie auch? Irre, nicht wahr? Es gibt so viele Dinge, mit denen wir täglich zu tun haben, die für uns völlig selbstverständlich geworden sind, ohne dass wir uns jemals fragen: Hallo, was ist das denn? Also habe ich mich gefragt, warum ich mich eigentlich noch nie gefragt habe, wie ich eigentlich an Geld komme. Und dann *habe* ich mich das zum ersten Mal gefragt. Alles, was da an Münzen und Scheinen in einem Portemonnaie so drin ist, wo kommt das eigentlich her?

Schauen wir uns doch einmal die Möglichkeiten an. Also, die erste Möglichkeit, an Geld zu kommen, ist natürlich durch Arbeit. Möglichst ehrliche. Sie können natürlich auch Tier-futtermittel herstellen oder im Vorstand von Siemens sitzen. Hier interessiert jetzt aber die Frage, wie man durch ehrliche Arbeit an Geld kommt. Zum Beispiel als Arbeitnehmer. Da bekommt man Lohn oder Gehalt. Und von wem bekommt man als Arbeitnehmer Lohn oder Gehalt? Antwort: Von ei-nem Arbeitgeber. Damit man aber von einem Arbeitgeber Geld bekommen kann, muss es diesen Arbeitgeber zuvor na-türlich überhaupt erst einmal geben. Und das ist die andere Möglichkeit, wie man durch Arbeit an Geld kommen kann: als Selbständiger. Man ist also entweder angestellt oder selb-ständig, ein Begriffspaar, bei dem Ältere jetzt reflexartig an Robert Lembke denken.

Oder anders formuliert: Entweder man ist Arbeitnehmer oder Unternehmer, entweder angestellt, oder man stellt sich dauernd an. Und wenn man Unternehmer ist, hat man höchst-wahrscheinlich sein Unternehmen mit Hilfe des Kredites einer Bank gegründet. Sie wissen ja, einen Kredit bekommt man nur dann, wenn man Sicherheiten bieten kann. Und wie gesagt, wenn man wirklich mal einen Kredit braucht, dann bekommt man keinen. Aber ohne Kredit wird so gut wie kein Unternehmen gegründet. Denn ein Unternehmen braucht erst einmal Kapital, bevor es etwas unternehmen kann. Und von diesem Kredit kauft der Unternehmer zunächst mal all die vielen wichtigen Dinge für den Betrieb: Maschinen, Büroeinrichtung und brasilianische Luxusnutten. Was man halt alles so dringend braucht.

Und hat man als Unternehmer auch noch Arbeitnehmer, dann werden sogar auch deren Löhne und Gehälter aus diesen Krediten bezahlt. Und wer auch immer von den Angestellten das Geld aus diesen Krediten wozu auch immer dann ausgibt, bringt dieses Geld dadurch in Umlauf. Bis so ein Unternehmen irgendwann auch mal Gewinn macht. Das heißt, dann bekommt es Geld von den Kunden. Und die sind in diesem Spiel eine schöne Sache. Deswegen spricht schon die Bibel von der frohen Kundschaft.

Wie aber sind diese Kunden an ihr Geld gekommen? Antwort: Entweder als Angestellte oder als Selbständige. Das heißt auf alle Fälle in einem Betrieb, der durch Bankenkredite gegründet wurde. Und das heißt, auch von einem Kunden bekommt man Geld, das über eine Bande aus einem Kredit einer Bank stammt. Und wenn ich im Zusammenhang mit dem Thema Bankenkredite die Formulierung «über eine Bande» verwende, ist auch das wörtlich gemeint. Halten wir also fest, die erste Möglichkeit, an Geld zu kommen, ist über den Kredit einer Bank.

Kommen wir zur zweiten Möglichkeit, an Geld zu kommen. Denn es kann ja sein, dass Sie sich etwas kaufen wollen – ein Haus, ein Auto, ein Boot, Rheumadecke, Edelstahlfritteuse, elektrischer Nasenhaarschneider, Klobürste mit integriertem MP3-Player. Was man halt so dringend braucht. Und nun kann es ja außerdem sein, dass Sie sich nicht nur diese Dinge kaufen wollen, sondern außerdem Ihr derzeitiges Einkommen dafür gerade nicht ausreicht. Was machen Sie? Sie besorgen sich für Ihren Konsum einen Kredit bei einer Bank. Sie merken so langsam, eine Kreditvergabe ist so etwas Ähnliches wie die unerträgliche Seichtigkeit des

Leihens. Die erste Möglichkeit, an Geld zu kommen, läuft also über den Kredit einer Bank. Und die zweite Möglichkeit, an Geld zu kommen, ist wieder über den Kredit einer Bank.

Kommen wir zur dritten Möglichkeit, an Geld zu kommen: Und die stellt jetzt tatsächlich der Staat bereit. Und zwar, wenn der Staat der Arbeitgeber ist. Dann ist man vielleicht Beamter, eventuell auf Lebenszeit, oder vielleicht Soldat, auf eventuell nicht ganz so lange Lebenszeit. Machen wir uns nichts vor, Soldat ist ein Beruf mit geringer Arbeitslosenquote, denn in einer Armee werden regelmäßig Stellen frei.

Eine andere Möglichkeit, vom Staat Geld zu bekommen, ist durch irgendwelche finanziellen Zuwendungen, beispielsweise Kindergeld, Rente, Hartz IV. Oder Subventionen, also Hartz IV für Unternehmer. Das heißt, auch der Staat bringt Geld in Umlauf. Aber woher kommt nun das Geld, das der Staat in Umlauf bringt? Antwort: Durch Steuererhebungen bei seinen Bürgern. Und worauf erhebt der Staat bei seinen Bürgern Steuern? Auf Löhne, Unternehmensgewinne und Konsumausgaben. Mit anderen Worten, der Staat knapst sich ein Teil des Geldes, das durch Bankenkredite in Umlauf gekommen ist, für sich selber ab. Das heißt, der Staat ist so etwas wie ein Taschendieb und Hehler.

Und wenn das nicht reicht, und das hat es noch nie getan, was macht der Staat dann? Dann nimmt auch er Kredite auf. Und zwar bei wem? Bei den Banken. Wann immer wir den Begriff Staatsanleihen hören – das ist das, womit sich Staaten Geld von Banken leihen. Und sei es nur, um mit diesem Geld Banken zu retten. Sachen gibt's! Baron von Münchhausen hat sich selber am eigenen Schopf aus dem Sumpf gezogen. Banken ziehen dafür Staaten zu sich in den Sumpf herunter.

Kommen wir zur vierten Möglichkeit, an Geld zu kommen: Die gibt es nicht! Zumindest habe ich eine vierte Möglichkeit tatsächlich nicht mehr gefunden. Und das heißt, wenn das stimmt, dann war's das. Und das heißt, wenn's das war, dann stammt alles Geld, das existiert, aus Krediten. Also mal abgesehen von alten Familienvermögen, Erbschaften, Besitztümern, Ländereien und anderem. Adelsdynastien, August von Hannover, Gloria von Thurn und Taxis, alle diese wandelnden Exemplare für die zerebralen Verwerfungen, die jahrhundertelanger Inzest im Menschen anrichten kann. Die haben durchaus auch Geld in Umlauf gebracht, aber abgesehen davon ist das allermeiste Geld nur deswegen im Umlauf, weil es mal als Kredit vergeben wurde. Wissen Sie, was das heißt? Wenn die katholische Kirche sagt, dass wir alle uns in großer Schuld befinden, dann meint die das zwar anders, es stimmt aber trotzdem!

Und wissen Sie, was das außerdem heißt? Wenn wir alle morgen auf einen Schlag alle unsere Kredite zurückbezahlen würden, dann wäre kein Geld mehr im Umlauf. Dann gingen hier die Lichter aus. Und mit Lichter mein ich jetzt aber nicht diesen Fernsehkoch. Nein, unser ganzes Geldsystem würde zusammenbrechen, wenn keiner mehr Schulden hätte. Ist das nicht der Hammer? Da glauben wir, Terroristen am Hindukusch würden unsere Gesellschaftsordnung bedrohen, dabei würde ich schnellstens mal die KSK bei Peter Zwegat vorbeischicken.

Am achten Tag schuf die Bank das Geld

Und dann habe ich zu dem immer noch anonym bleiben wollenden Banker gesagt: «Jetzt weiß ich ja die Antwort auf die Frage: Wenn das Geld für Kredite aus Sparguthaben stammt, woher eigentlich das Geld für diese Sparguthaben stammt.» «Nämlich?» Meine Antwort kam wie aus der Pistole geschossen: «Aus Krediten!» Erst habe ich kurz gestutzt, dann länger innegehalten und schließlich zu dem Banker gesagt: «Äh, Moment mal, wenn das Geld für Kredite aus Sparguthaben stammt, dann stammen die auch wieder aus Krediten? Aus Krediten, die ebenfalls wieder aus Sparguthaben stammen? Also aus Sparguthaben, die wieder aus Krediten stammen, die wieder aus Sparguthaben stammen, die aus Krediten stammen, die aus Sparguthaben stammen, die aus Krediten ... usw. usf. – dann frage ich mich jetzt aber, wie euer Geschäftsmodell überhaupt funktionieren soll.» Und da hat der Banker gesagt: «Erst jetzt? Uns geht's schon viel länger so.» Was war ich beruhigt.

Ein Gefühl, das aber leider nicht für lange anhalten sollte, denn als Nächstes hat der Banker sich zu mir vorgebeugt, bis seine Zunge sich fast schon in meine Ohrmuschel bohrte, und geflüstert: «Butzko, der Trick ist folgender: Das Geld, das man für einen Kredit bekommt, das stammt gar nicht unbedingt aus Sparguthaben.» «Nicht? Aha. Sondern?» «Das Geld, das man für einen Kredit bekommt, entsteht auch gerne überhaupt erst genau in dem Moment, wenn man von der Bank den Kredit bekommt. Dieses Geld hat es vorher nicht gegeben.» «So», hab ich da geantwortet, «das geht jetzt aber schon in intellektuelle Höhen, in denen mein Gehirn so langsam Sauerstoffmangel bekommt.» Oder schwindelte mir vielleicht, weil die Schallwellen aus seinem Mund zu nah auf mein Trommelfell prallten?

Doch ein leises Lächeln umspielte die Augen dieses immer noch anonym bleiben wollenden Bankers, und also setzte er wieder zu flüstern an: «Butzko, wenn dir das jetzt schon zu hoch ist, befindest du dich aber erst auf der Ebene des Tisches, über den einen zu ziehen die Banken gerade mal anfangen.» Ich nickte: «Jaja, die Ebene kenn ich.» «Pass mal auf, Butzko», fuhr er fort, «wie läuft eine Kreditvergabe ab, hm? Du gehst zu einer Bank und sagst, dass du gerne einen Kredit hättest, und dann wird da ein bisschen palavert, und dann drückt da einer auf einen Knopf. So, und dann?» «Erscheint da eine Zahl auf meinem Kontoauszug.» «Und wo kommt die wohl her, na?» Ich zuckte nur die Schultern, und er präsentierte mir des Rätsels Lösung.

«Butzko, normalerweise ist das so, dass eine Bank das Geld, das sie für einen Kredit vergibt, sich von der Notenbank besorgen muss. Denn eine Bank darf ja nicht einfach so Geld in Umlauf bringen. Das darf bei uns zum Beispiel nur die Europäische Zentralbank. Eine Bank aber darf etwas anderes. Eine Bank darf dir einen sogenannten Anspruch auf Zentralbankgeld einräumen. Und auch das ist aber einfach nur eine Zahl, die auf deinem Kontoauszug erscheint. Nennt sich Giralgeld oder auch Sichtguthaben. Und das dürfen die Banken selber schaffen. Einfach so. Aus dem Nichts.» «Aha», lachte ich, «wie die Gedankengänge im Gehirn von Thilo Sarrazin.» «Oder seiner Frau», erwiderte er. «Und die Notenbank?», fragte ich. «Kann diesen Anspruch ablehnen oder gewähren», antwortete er, «und bei Gewährung heißt das dem Kunden als Bargeld zur Verfügung stellen.» «Na, dann ist doch alles paletti», flötete ich erfreut. «Beinahe», erwiderte der Banker meines Vertrauens, «denn frag dich doch mal, wie oft du mit Scheinen oder Münzen und wie oft du bargeldlos bezahlst.»

«Och, oft beides.» «Also auch oft virtuell?» «Jaja.» «Einfach so von Konto zu Konto, per Überweisung?», fragte er. «Ja, genau», gab ich stolz zum Besten, während ich mich fragte, worauf dieser verfluchte Kerl eigentlich hinauswill. Doch die Auflösung ließ nicht lange auf sich warten. «Dann stell dir doch jetzt mal vor, du hast durch einen Anspruch auf Zentralbankgeld einen Kredit auf deinem Konto und möchtest dir davon etwas kaufen. Vielleicht sogar etwas sehr, sehr

Teures.» «Wie zum Beispiel Windeln für meine Wir-AG?» «Genau. Was machst du? Wartest du, bis du von der Zentralbank das Geld bar zur Verfügung hast, oder bezahlst du vorab schon mal per Überweisung?» «Per Überweisung.» «Eben. Und zack, befindet sich dieses Geld im Umlauf, und zwar ohne dass die Notenbank dir Bargeld ausgehändigt hat.» «Ja und?», fragte ich. «Ja und?», fragte er. «Wenn das jetzt nun alle machen würden?» «Huch!», sagte ich. «Ja, huch!», erwiderte er darauf.

«Und wissen das die Banken?», hab ich gefragt. «Aber natürlich. Sie verdienen sogar daran. Denn für Bargeld müssen Banken eine Benutzungsgebühr bezahlen. Nicht aber für den bargeldlosen Zahlungsverkehr mit EC-Karten, Euroschecks oder Ähnlichem.» «Dafür sparen sie sich jetzt die Gebühren?» «Wenn's nur das wäre. Für den bargeldlosen Zahlungsverkehr kassieren sie sogar Gebühren. Wennschon, dennschon.» «Praktisch.» «Ja, Vertrauen ist der Anfang von allem.» «Und weiß das die Merkel?», habe ich gefragt. «Natürlich. Denn Geld, das einfach von irgendwoher auftaucht, ist für unsere Bundeskanzlerin nichts Neues. Schließlich ist sie Mitglied in der CDU. Da kennt man das unter dem Begriff anonyme Spende.»

Ach so. Hm, sollte da eventuell ein Zusammenhang mit meinem anonymen Banker bestehen, fragte ich mich, denn nun holte er aus zum großen Resümee: «Butzko», fragte er mich, «kannst du rechnen?» «Mathematik», antwortete ich, «wird überschätzt.» «Butzko», ließ er sich nicht mehr aufhalten, «wenn das Geld für Kredite nur aus Sparguthaben stammen würde, dann dürften Banken ja insgesamt immer nur höchstens so viel an Krediten vergeben, wie sie Sparguthaben haben, hm? Eigentlich dürften Banken sogar nur weniger an Krediten vergeben, als sie Guthaben vorhalten. Wenn sie nämlich alles rausrücken, könnte eine Bank ja auch pleitegehen.» «Aber», entgegnete ich, «es sind doch Banken pleitegegangen!»

«Eben. Ich sehe, so langsam denkst du mit. Diese Banken sind nämlich unter anderem deswegen pleitegegangen, weil sie grundsätzlich viel, viel, viel mehr für Kredite zur Verfügung gestellt hatten, als sie Sparguthaben besaßen. Denn das Geld, das eine Bank durch Sichteinlagen in Umlauf bringt, stellt für diese Bank selber eine Schuld dar und keinen Vermögenswert. Hingegen die Forderung an den Kreditnehmer, die stellt die Bank in ihrer Bilanz auf die Vermögensseite.»

«Hä?», fragte ich, während mein Vorderhirn so langsam seinen Geist aufgeben wollte. «Butzko, wenn wir eine Bankenaufsicht hätten, die die Banken auch beaufsichtigen würde, könnte sie in den Bilanzen der Banken sehr schnell etwas sehen, das nennt sich ‹Forderungen gegen Nichtbankkunden›. Das sind nichts anderes als Schulden. Die sind gedeckt durch ‹täglich verfügbare Verbindlichkeiten gegen Nichtbankkunden›. Und das sind aber keine Spargelder, sondern Sichtguthaben, also erschaffenes Geld.»

«Aha. Und warum werden unsere Banken nicht durch unsere Bankenaufsicht beaufsichtigt?» «Kennst du das Staatssekret im Bundesfinanzministerium?» «Alles klar, rede nicht weiter. Aber kannst du mir das alles vielleicht mal so erklären, dass ich es auch verstehe?» «Also, Butzko, vereinfacht gesagt, wenn du einem Kumpel 100,– Euro leihst, dann fehlen dir diese 100,– Euro. Das sind deine Miese. Weil du aber diese 100,– Euro in Zukunft zurückerwartest, darfst du diese Erwartung in deiner Bilanz heute schon als dein Vermögen angeben.» «Das ist ja so, als würde ich für meinen Nachwuchs, den ich in Zukunft erwarte, heute schon Kindergeld verlangen.» «Richtig. Auf der einen Seite hast du also nach wie vor ein Vermögen von 100,– Euro, auf der anderen Seite aber fehlen dir die gleichen 100,– Euro. Und wenn der Kumpel nicht zurückzahlt, löst sich der Vermögenswert in Luft auf, wohingegen die Schuld von 100,– Euro erhalten bleibt. Und hast du diese 100,– Euro aber vorher gar nicht besessen, sondern per Knopfdruck einfach mal aus dem Nichts erschaffen, dann fallen von den sogenannten Nichtbankkunden ganz viele Kunden weg, und was davon übrig bleibt, ist die ‹Nichtbank›. Oder mit anderen Worten: Game over!»

«Boah!», staunte ich nicht schlecht. «Und was macht man in so einem Fall?» «Nun, entweder Zementschuhe anrühren oder den Steuerzahler zur Kasse bitten.» «Hm, müsste so was dann eigentlich nicht vielmehr strafbar sein? Wegen erwiesener Veruntreuung oder so?» «Eigentlich schon», lachte er, «stattdessen wurden diese Banken aber gerettet wegen angeblicher Systemrelevanz. Alternativlos.»

«Aber Moment mal», fiel mir da ein, «von diesen Krediten werden doch aber auch Dinge geschaffen, wie zum Beispiel Produkte oder Infrastruktur oder andere Leistungen usw., und das sind doch Werte. Und die stehen doch dann den Verbindlichkeiten gegenüber. Und wenn dadurch ein Wirtschaftswachstum entsteht, sind das doch sogar mehr Werte als Verbindlichkeiten.» «Mensch, Butzko, du denkst ja wirklich mit.» Stolz schwellte meine Brust im Abendwind, aber es dauerte nicht allzu lange, bis der Banker mir die Luft rausließ. «Dann mach doch mal ein Experiment, Butzko. Leih dir bei einer Bank 100,– Euro, und dann produzierst du davon 10 Aschenbecher aus Ton. O. K.? Das sind dann Werte, die du geschaffen hast. Und jetzt frag dich: Wie viele Aschenbecher wird die Bank als Rückzahlung akzeptieren?»

«Huch!» war das Letzte, was ich noch sagen konnte, bevor mir die Spucke wegblieb. «Willkommen in der Finanzkrise!», verabschiedete er sich und verschwand mit dem Hinweis, dass er seinen Namen in meinem Buch nicht lesen möchte. «Alles klar», habe ich gesagt, «ist versprochen, Jürgen.»

Wenn der Banker kleine Brötchen backt

Das heißt also, eine Kreditvergabe ist im Grunde so etwas wie eine David-Copperfield-Show. Simsalabim! Das nächste Mal, wenn ich einen Kredit bekomme, zwinkere ich dem Bankberater zu und bitte ihn, er möge mir jetzt auch noch ein Kaninchen aus dem Hut zaubern. Und wenn die Brüder, die in der Finanzwirtschaft arbeiten, so drauf sind, ist es doch kein Wunder, dass sie den Kontakt zur Realwirtschaft längst verloren haben. Was passiert beispielsweise, wenn ein Banker Hunger auf ein Brötchen hat? Er geht in eine Bäckerei und bittet um den Verkauf eines Brötchens. Wenn es dort dann genauso abliefe wie in einer Bank, wären alle Auslagen zunächst komplett leer. (Wer noch den real existierenden Sozialismus am eigenen Leib erlebt hat, könnte jetzt nostalgische Gefühle bekommen, was aber für den Banker kaum zutreffen dürfte.) Der Banker sagt also zum Bäcker, dass er gerne ein Brötchen kaufen möchte. Dann drückt der Bäcker auf einen Knopf – und zunächst passiert erst mal gar nichts. Stattdessen rollen zwei Quadratmeter Ackerboden rein. Dann streut der Bäcker eine Handvoll Samen über dem Boden aus, begießt ihn ausreichend mit Wasser und lässt die Sonne kräftig draufscheinen.

Es dauert natürlich seine Zeit, bis das Korn irgendwann endlich reif ist, aber dann wird es geerntet, geschrotet, gemahlen, zu Teig verarbeitet, in den Ofen geschoben und schön knusprig ausgebacken. Und wenn das dann aus dem Ofen kommt, dann ist das Brötchen tatsächlich endlich fertig. Das ist für den Banker eine völlig neue Erfahrung. Wachstum, das dauert, mit einer Sekunde kommt man da nicht hin. Ab der zweiten Sekunde, wenn nichts passiert, ist das für einen Banker die beste Gelegenheit, sich mal wieder die Länge seiner Fingernägel genauer zu betrachten. Vor allem, wenn ihm jetzt noch einfällt, dass er ja auf das Brötchen noch eine Scheibe Spanferkel haben will. Dann drückt der Metzger nebenan eben auch noch auf seinen Knopf – und dann kommen erst mal Sau und Eber rein. Und das dauert ... Spätestens jetzt kann der Banker seine Fingernägel wachsen sehen.

Monopoly ohne Gefängnis

Jetzt stellt sich vielleicht die Frage, worin eigentlich das Problem besteht, wenn ein Geldsystem durch Kredite finanziert ist. Nun, machen wir doch mal wieder ein Experiment und stellen uns vor, es ist Sonntagnachmittag, die Wir-AG sitzt am Kaffeetisch, und einer hat die Idee: «Lasst uns doch mal wieder zusammen Monopoly spielen.» Wobei ich an dieser Stelle natürlich darauf hinweisen möchte, dass der Vergleich unserer Finanzwirtschaft mit Monopoly selbstverständlich nicht nur abgedroschen, sondern auch unzutreffend ist. Denn beim Monopoly kann man auch dann ins Gefängnis kommen, wenn man gar nichts verbrochen hat. Im real existierenden Kapitalismus ist das gerne mal genau andersherum.

«Lasst uns doch mal wieder zusammen Monopoly spielen», ertönt also der Ruf. Alle sind begeistert, und kurz darauf sitzen Vater, Mutter, Tochter und Sohn zusammen, breiten das Spielbrett vor sich aus, legen Ereignis- und Gemeinschaftskarten, Wasser- und Elektrizitätswerk, vier Bahnhöfe, Besitzrechtskarten für die Straßen, Spielfiguren, Würfel, Häuser und Hotels zurecht. Alle reiben sich vor Freude die Hände. Aber kurz bevor es losgehen kann, kommt es zum Eklat. Denn leider hat man vergessen, Großvater zu fragen, ob er auch mitspielen will. Scheiße! Jetzt sitzt er beleidigt auf dem Sofa und droht, den Spielnachmittag zu vermiesen.

Was macht man jetzt am besten? Man fragt ihn verlegen, ob er denn nicht wenigstens die Bank machen möchte. Worauf Opa entgegnet, dass er dazu bereit sei, aber, um dem Ganzen etwas Pfiff zu geben, nur nach dem Prinzip eines kreditfinanzierten Geldsystems. Das heißt, die Spieler bekommen nicht von vornherein ihr Geld, sondern nur, wenn sie Opa ganz lieb um einen Kredit bitten. Alle sind sofort einverstanden, schließlich ist dieses ganze Bankgeschäft ohnehin recht aufwendig, und es ist doch viel schöner, wenn man sich einfach auf das Spiel konzentrieren kann.

Und schon geht es los, alle würfeln mit viel Elan, ziehen ihre Figuren übers Brett, und es dauert auch nicht lange, da steht Vati auf der Turmstraße und möchte sie kaufen. Und wie macht er das jetzt in einem kreditfinanzierten Geldsystem? Er geht zur Bank und bittet um einen Kredit, das heißt, er sagt dem Opa erst mal: «Grüß Gott.» Darauf sagt Opa zu Vati: «Och, nicht doch!» Und dann sagt Vati, dass er sich die Turmstraße kaufen möchte, und dann sagt Opa, dass er ihm dafür gern 100,– Euro leiht. Und weil Opa Copperfield spielt, drückt er also auf einen Knopf, sagt «Simsalabim» – und schon hat Vati 100,– Euro in der Hand.

So, und jetzt kommt Opi noch mit einem kleinen lustigen Problemchen daher, denn er will jetzt, dass Vati der Bank für diese 100,– Euro wie bei einem richtigen Kredit etwas bezahlt. Denn genau in diesem Moment ist Geld nicht mehr nur ein Tauschmittel für Waren, sondern plötzlich selber zur Ware geworden. Und für eine Ware muss man etwas bezahlen, umsonst ist nur der Tod, und geschenkt will selbst den keiner haben.

Deswegen verlangt die Bank vom Vati für die Ware Geld – und jetzt kommt's – die Ware Geld. Opa sagt, dass die Bank für die 100,– Euro zehn Euro Zinsen will. Klar, normalerweise werden Zinsen in Prozent angegeben. Aber meistens sind das so krumme Zahlen, irgendetwas zwischen 1,68354 und 16,52785, und dann stellt sich die Frage: per anno oder effektiv? Nominal oder variabel? Geschnitten oder am Stück? Und dann ginge die Rechnerei aber so richtig los. Und mal ehrlich, man spricht zwar immer von Prozent, gemeint ist damit aber immer Geld. Sie können ab morgen ja mal versuchen, Ihren Kredit in Naturalien abzubezahlen. Was meinen Sie, wenn Sie mit einem Schwein unterm Arm die Bank betreten – kann sein, die Banker rufen Ihnen zu: «Och nöh! Wir haben schon so viele Schweine hier rumlaufen.» Und das wäre vermutlich nicht mal gelogen.

Also gibt die Bank dem Papa nun 100,– Euro und will von ihm 110,– Euro zurück. Alles klar so weit? Alles normal so weit. Allerdings bemerken wir, dass Geld also nicht nur eine Ware ist, die man bezahlen, sondern auch die einzige Ware auf der ganzen Welt, die man komplett wieder zurückgeben muss. Auch doof, oder? Selbstverständlich nicht alles auf einmal, sondern in Raten. Wenn Sie alles auf einmal zurückgeben müssten, dann gingen ja bei uns die Fernsehköche, also die Lichter aus. Und wer würde dann das Schleimsüppchen für Markus Lanz kochen?

Wir stellen also fest, dass so ein kreditfinanziertes Geldsystem weniger ein Kreislauf ist, sondern eher ein Reinschütten und wieder Abpumpen. Oder so was wie Kaninchen-aus-dem-Hut-raus – Simsalabim! – und dann als Ragout wieder in den Hut rein. Kein Wunder, dass Schweizer Banken so beliebt sind. Denn die kennen sich aus mit Zürcher Geschnetzeltem. Als ich Sie einige Seiten vorher bat, Sie möchten sich das Finanzsystem so vorstellen, als sei in Ihren Adern zu 90 Prozent heiße Luft, so traf dieses Kreislaufbild den Vergleich eigentlich gar nicht. Eher hätte ich sagen müssen: Stellen Sie sich vor, Sie haben ein Brötchen mit Spanferkel verspeist, und der Bäcker will das hinterher von Ihnen stückchenweise wieder zurück, das käme der Sache schon viel näher. Auch Peer Steinbrück hat als Finanzminister mal über die Finanzkrise gesagt: «Wir standen vorm Kollaps des Arteriensystems der Weltwirtschaft.» Auch der hat in dem Moment das Bild von einem Kreislauf verwendet, was, wie gesagt, irreführend ist. Aber daran sehen wir, dass unser Finanzministerium nicht erst seit Wolfgang Schäuble von einem Irren geführt wird.

Zurück zu unserer Monopoly-Runde. Die Bank gibt dem Papa also 100,– Euro und will von ihm 110,– dafür zurück. So, und genau da stellt sich doch jetzt unter Umständen eine kleine, uninteressante, nebensächliche, nicht wirklich wichtige, eher locker zu vernachlässigende, winzig kleine und lustige Frage, die da lautet: Wo nimmt Papi diese zusätzlichen zehn Euro eigentlich her? Vergessen wir nicht, Opa hat ja bislang außer den 100,– Euro für Vater noch kein anderes Geld in Umlauf gebracht. Und die Bank will von ihm aber 110,– Euro zurück. Gut, die 100,– Euro, die kann Papa natürlich sofort wieder zurückbezahlen. Denn das ist ja der Sinn eines Kredites. Man nimmt ihn auf, um ihn sofort wieder zurückzuzahlen. Warum auch nicht? Es gibt die verrücktesten Hobbys.

Anders wäre es, wenn man für die 100,– Euro jetzt nur die zehn Euro bezahlen müsste, das wäre kein Problem. Nach dem Motto: Hey, Leute, die Bank verschenkt 90,– Euro! Aber die Bank will die 100,– Euro natürlich zuzüglich der zehn Euro. Und wo nimmt der Papi die her?

Leider ist er kein Copperfield. Wenn er mit Simsalabim auf einen Knopf drückt, passiert ungefähr genauso viel wie in der Bäckerei. Um in diesem Bild zu bleiben, stellen Sie sich vor, Sie hätten ein Brötchen mit Spanferkel gegessen, das Bäcker und Metzger nun wieder zurückhaben wollen, und nicht nur stückchenweise, sondern auch noch plus Kartoffelsalat. Und das, obwohl Sie gar keinen Kartoffelsalat gegessen haben. Bescheuert, oder? Willkommen im kredit-finanzierten Geldsystem!

Also sagt der Opi zu Vati: «Ich mach dir einen Vorschlag. Wecke bei den anderen drei Mitspielern irgendwelche Bedürfnisse, deren Befriedigung du gegen Bezahlung anbietest. Schlag zum Beispiel vor, dass du deiner Frau ein Buch schreibst, das alle ihre Probleme lösen wird. Rede ihr ein, dass die Suche nach Glück der Sinn des Lebens ist. Und dann biete ihr ein Buch an mit ganz brandneuen Tipps, wie ‹Freundschaft ist wichtiger als Wohlstand›. Gut, überall kommst du damit natürlich nicht in die Buchregale. Denn es gibt ja Hartz-IV-Empfänger, die haben so viele Freundschaften, von denen sie gerne mal ein paar gegen ein Leben als Glücksautor eintauschen würden. Aber das Unglück anderer Menschen im Land muss deine Frau ja in ihrem persönlichen Glücksempfinden nicht weiter stören. Wer im Unglück lebt, ist nämlich selber schuld. Warum? Weil er die falschen Bücher liest.»

Und man soll es nicht für möglich halten, aber Mama ist tatsächlich hin und weg bei dem Gedanken, endlich mal das wahre Glück zu finden, und will von Vati ein Buch kaufen. Und dieses Buch kostet zehn Euro. An dieser Stelle stellt sich schon wieder eine Frage, nämlich: Wo nimmt Mami jetzt zehn Euro her? Vergessen wir nicht, es ist gerade außer Papas 100,– Euro kein Geld im Umlauf. Und dass Papa erst der Mama zehn Euro leiht, damit sie sich sein Buch kaufen kann, das würde nicht mal Jörg Asmussen bringen.

Was also macht Mami? Sie sagt dem Opa: «Grüß Gott», worauf dieser antwortet: «Och, nicht doch.» Mama sagt: «Ich hätte bitte gerne einen Kredit über 100,– Euro.» Opa drückt auf einen Knopf: «Simsalabim, bitte sehr, bitte gleich! Hier sind 100,– Euro. Das macht dann 110,– Euro bitte zurück.» Und schon sagt die Mama zum Papa: «Ich hätte bitte gerne ein

Buch mit dem Titel: ‹Glück wächst mit seinen Aufgaben selten allein›.» Das Buch kostet zehn Euro. Und schon wechseln ein Buch und ein 10-Euro-Schein die Besitzer. Und das heißt, Papi hat jetzt tatsächlich zu seinen 100,– Euro zehn Euro dazu und könnte dem Opa jetzt 110,– Euro zurückzahlen. Wenn er sonst nichts mehr braucht, nun, warum nicht? Einen Kredit über 100,– Euro aufnehmen, um 110,– Euro sofort zurückzuzahlen – Vatis Hobbys werden immer verrückter.

Egal. Das kleine lustige Problemchen liegt jetzt nämlich bei der Mutter. Wie viel Euro hat die Mama vom Opa bekommen? 100,– Euro. Wie viel hat die Mami davon ausgegeben? 10,– Euro. Wie viel hat die Mutti also jetzt von 100,– Euro noch zur Verfügung? 90,– Euro. Wie viel muss sie an die Bank zurückbezahlen? 110,– Euro. Wie viel braucht sie jetzt also noch zusätzlich? 20,– Euro. Huch?! Na so was? Ja, was machen wir denn da? Wo nimmt Mama denn jetzt bloß die zusätzlichen 20,– Euro her?

Aber schon wieder hat Opi eine geniale Idee, und so sagt er der Mutter: «Veranstalte ein Modelcasting für eine Aufnahmegebühr von 20,– Euro und rede deiner Tochter ein, dass sie nur dann liebenswert ist, wenn Heidi Klum sie sexy findet.» Gesagt, getan. Und so vergeht keine Minute, bis die Tochter zum Opi «Grüß Gott» sagt, worauf dieser «Och, nicht doch» erwidert und «Simsalabim! Hier sind 100,– Euro. Das macht dann 110,– Euro zurück». Und eine weitere Minute später ist die Mutter aus dem Schneider, während ihre Tochter von 100,– Euro nur noch 80,– Euro zur Verfügung hat, sodass ihr nun 30,– Euro fehlen, um 110,– Euro zurückbezahlen zu können. Da schau her, das kleine Problemchen wird ja immer lustiger.

Aber kein Problem ohne Lösung. Opa weiß schließlich Rat und erklärt der Tochter: «Du siehst zwar nicht aus wie ein Model, aber du bist clever wie die Klum. Drum erzähl doch einfach deinem Bruder, dass er so lange keine Chance bei den Mädels hat, bis er den neuesten Geländewagen besitzt. Schließlich haben wir in Deutschland abseits der Straßen so viel Prärie, und wenn die Indianer angreifen, sollte man in der Wüste wendig sein. Die erste Rate kostet 30,– Euro, und der Rest der Abzahlung wird variabel gestaltet.» Und zack – hören wir vom Sohn «Grüß Gott» und vom Großvater: «Och, nicht doch. Simsalabim! Hier sind 100,– Euro. Das macht dann 110,– Euro zurück.» Und schon ist die Tochter auf der sicheren Seite. Während dem Sohn jetzt 40,– Euro fehlen, um 110,– Euro zurückzuzahlen. Aber auch ihm rät Opa, doch mal was richtig Schräges auszuprobieren, und rennt damit beim Jungen offene Türen ein, denn der wollte schon immer eine Klobürste mit integriertem MP3-Player erfinden. Und so gründet Sohnemann die Firma: Sanitär & Tinnitus GmbH.

Werfen wir bei der Gelegenheit doch mal wieder einen Blick auf Vati. Vati ist nämlich inzwischen ein berühmter Glücksguru geworden, der nach dem Erfolg seines Buches große Visionen entwirft, wie zum Beispiel, dass man noch auf Lesereise gehen könnte. Weil aber eine Lesung bei den Gästen immer nur eine kurzfristige Glückshormonausschüttung auslöst, kann man ja dann außerdem auch noch Seminare anbieten. Und um die Hormonausschüttung aufzufrischen, dann noch die CD zum Seminar. Und dann das Video zur CD, dann die TV-Sendung zum Video, und dann das Hormonausschüttungs-Geschenkset zur Sendung.

Bevor jetzt aber alle merken, dass das immer nur oberflächliche Effekte sind, wird es schleunigst Zeit für ein zweites Buch. Und wo hat ein Autor seine kreativsten Ideen? Richtig, auf dem Klo. (Was meinen Sie, wo das Buch entstanden ist, das sie gerade in Händen halten?) Also zahlt Vati dem Sohnemann 40,– Euro, um beim Schüsselputzen in Zukunft gleichzeitig noch Tokio Hotel hören zu können, unter dem Motto: Wenn schon Kacke, dann mit allen Sinnen. Na, dieses Finanzsystem flutscht ja wie geschmiert. Also zumindest für den Opa.

Die anderen wollten eigentlich nur Monopoly spielen, stehen jetzt aber vor dem kleinen lustigen Problemchen, das da lautet: Wie macht man aus 400,– Euro 440,– Euro, wenn nur 400,– Euro vorhanden sind? Also treiben die vier untereinander einen dermaßen regen Handel mit Waren und Dienstleistungen, dass alle ganz begeistert von Wirtschaftswachstum faseln. Und währenddessen sitzt Großvater auf dem Sofa wie Don Corleone und wartet auf sein Geld. Und da kennt er jetzt aber keine Verwandten mehr. Man hätte ihn wohl besser nicht vergessen dürfen. Denn jetzt besteht Opa darauf, dass das Spielchen konsequent zu Ende gespielt wird. Und plötzlich weiß die ganze Familie, wer diese berühmten Wesen sind, diese Geister, die man einmal ruft und dann nie mehr loswird: Kreditwesen!

Und ehe man sich's versieht, droht auch schon dem Ersten die Insolvenz, und zwar unausweichlich. Das stand von Anfang an fest, während sich jeder Einzelne die ganze Zeit über fragte, wie man nur dieses kleine lustige Problemchen lösen könnte. Aber Opi weiß auch jetzt wieder Rat, und so schlägt er vor: «Fragt doch einfach mal nebenan im Haus nach, ob da nicht eine Familie einsteigen will in unser kleines lustiges Kredit-Monpoly. Aber Vorsicht», mahnt Opa, «man muss das Ganze natürlich schmackhaft machen. Wenn man fragt: Hey, habt ihr nicht Lust, mitzumachen bei unserem verzweifelten Versuch, Zinsen zu bezahlen, klingt das gar nicht nett. Besser wäre, von Freiheit oder Wohlstand zu reden. Das klingt auch viel verlockender als Burnout oder Infarktrisiko.

Und so dauert es auch gar nicht lange, bis sich tatsächlich eine Familie findet, die mitspielt. Und noch viel weniger lang dauert es, bis sie zu acht an denselben Punkt kommen, an dem man zuvor schon zu viert war. Und so muss man bald schon die nächste Familie im nächsten Nachbarhaus fragen, und dann die nächste und die übernächste und so weiter, bis der ganze Häuserblock von Opi mit Krediten finanziert wird. Was aber zur Folge hat, dass irgendwann trotzdem eine ganze Familie komplett pleitegeht. Doch auch das ist kein Problem, denn jetzt schlägt Opa vor, dass ja die anderen Familien aus Steuergeldern einen Schutzschirm bilden können. Auf diese Weise ist der Kollaps noch mal verschoben. Und damit kennt sich Opi bestens aus, denn als sein Arzt ihm die Zigaretten verboten hatte, ist er in den nächsten Tabakladen gerannt und hat erfreut gerufen: «Zigarre darf ich noch.»

«Am besten ist, man fragt im nächsten Häuserblock weitere Familien», schlägt Großvater darum vor. Und so werden immer mehr Leute in dieses Spielchen einbezogen – man zieht von Haus zu Haus, von Viertel zu Viertel. Und so machen immer mehr Leute mit, bis irgendwann ganze Stadtteile involviert sind, dann komplette Landkreise, Bundesländer, Staaten, Kontinente, bis Großvater die Katze aus dem Sack lässt: «Ich glaube, wir sollten die Globalisierung erfinden. Und wenn dann eines Tages endlich auch die bescheuerten Iraner und Nordkoreaner mitmachen, dann endlich wird das kleine lustige Problemchen – nun, tja, äh, auch nicht gelöst sein, aber wenigstens wissen wir jetzt, warum die Nasa heute schon nach Leben auf dem Mars sucht.»

Eine Liegenschaft mit hoher Kante

Deswegen schlägt Opi vor: Wenn Geld ein knappes Gut ist, das hinten und vorne fehlt, sollte man am besten möglichst ganz viel von diesem Gut bunkern. Und zwar auf der hohen

Kante. Am besten also bei einer Bank. Und am allerbesten bei einer großen Bank. Denn je größer die Bank, umso mehr Stockwerke, und je mehr Stockwerke, umso höher bei dieser Bank die hohe Kante. Und je höher die hohe Kante, umso höher die Wahrscheinlichkeit, dass die Bank nicht fällt. Denn fällt eine Bank, dann liegt sie auf der Seite, und dann ist sie keine hohe, sondern nur noch eine lange Bank, und auf die kann man nur noch was schieben, aber nichts mehr anlegen. Am besten also, man gibt sein überschüssiges Geld gleich dem Opi. Das legt er an, etwa auf einem Sparbuch, Tages- oder Festgeldkonto, in Aktien oder Immobilienfonds und zahlt davon dem Anleger pro 100,– Euro Sparguthaben fünf Euro Zinsen. Das sind fünf Euro weniger als für einen Kredit. Und von der Differenz kann Opi prima leben.

Doof ist jetzt nur, dass jeder einzelne Euro, der irgendwo auf einer hohen Kante parkt, um Zinsen und Rendite zu bringen, irgendwo jemand anderem fehlt, um einen Kredit zurückzuzahlen. Das heißt also, dessen Schuldenproblem wird dadurch sogar noch verschärft. Je mehr Leute sparen, umso eher gehen andere Leute bankrott. Für letztere klingt die Aufforderung, Geld irgendwo zu investieren, wie der Befehl beim Hinrichtungskommando: «Legt an!» Und deswegen ist ja auch ein anderes Wort für Kredit «Vorschuss». Und spätestens, wenn Peter Zwegat bei Michael Schumacher vor der Tür steht, sollten wir vielleicht so langsam mal anfangen, ein Glas Champagner zu öffnen, und uns Gedanken machen.

Glück gehabt

So dauert es auch nicht lange, bis sich die muntere Monopoly-Runde wundert, warum eigentlich die Schere zwischen Arm und Reich immer weiter auseinanderklappt. Das ist ja auch eine von diesen Fragen, die immer wieder mal aufkommen. Was macht man dagegen? Die Antwort ist ganz einfach: Wenn eine Schere nämlich erst mal ihren größtmöglichen Spagat erreicht hat, und man überdehnt sie dann weiter, nähert sie sich zwangsläufig hintenrum wieder an. Je weniger also ein Hartz-IV-Empfänger an seinem Unglück selber schuld ist, umso eher kommt er eventuell auf die Idee, sich der Villa des reichen Buchautors auch mal von hinten anzunähern, und zwar unangemeldet. Was denkt einer, der einem Glücksguru die Wohnung leer klaut? Glück gehabt. Willkommen im Raubtierkapitalismus!

Übrigens ist der Begriff «Raubtierkapitalismus» etwas irreführend. Denn er suggeriert, dass nur die Heuschrecken die ganz bösen Bestien sind und dass in diesem System jederzeit auch eine andere Art von Kapitalismus problemlos möglich wäre. Dabei ist Raubtierkapitalismus ein Pleonasmus! (Wie ich es bereits an einer anderen Stelle mal sagte: Wer mehr Bildung will, muss auch Klugscheißer ertragen können.)

Oder mal anders gefragt: Was meinen Sie, wie lange dieses Spielchen eigentlich noch gutgeht? Stellen Sie diese Frage mal einem Finanzdienstleister. Wissen Sie, was mir da mal ein anonym bleiben wollender Banker zur Antwort gab? «Wenn den Letzten die Hunde beißen, reicht es, wenn ich der Vorletzte bin.» Das heißt, wer zuletzt lacht, lacht nicht mehr am besten, sondern hat sich zu früh gefreut. Oder er hat's verjubelt. Erst unser Geld, und dann sich.

Der amerikanische Automobilhersteller Henry Ford soll einmal gesagt haben: «Wenn die Leute wüssten, wie das Geldsystem organisiert ist – sie würden eine Revolution anfangen, gleich morgen früh.» Ich glaube, in Deutschland würden sich die Leute zuvor fragen: «Aber wo bekommen wir jetzt nur über Nacht diese Mengen Milch bloß her?»

9,36 98,37 +1,01% +0,99 108,80 75,90 109.345.500 13:49

,50 112,55 +0,84% +0,95 126,00 98,20 216.851.318 13:4

09 50,68 +0,81% +0,41 51,09 38,00 12.069.089 13:

19,69 21.841.874 13

40,00 +0,61% +0,25 51,56 36,02 101.469.718 13

7,11 +0,61% +0,04 8,31 4,13 64.102.028 1

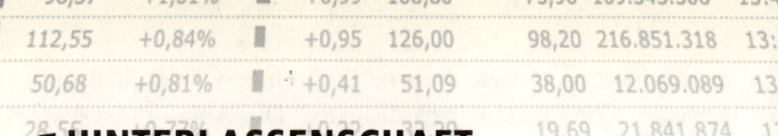

HINTERLASSENSCHAFT

Alles im Lack

Was also tun, um das kleine lustige Problemchen eines kreditfinanzierten Geldsystems zu lösen? Die Sozialdemokraten verkünden, sie wollen vor allem die Einführung von Mindestlöhnen, dicht gefolgt von den Grünen, die vor allem einen Ausstieg aus der Atomenergie wollen, und die CDU will vor allem an der Macht bleiben. Die Linke schlägt vor, eine Reichensteuer einzuführen und das Geld umzuverteilen. Die FDP will die Steuern senken und Hartz-IV-Bezieher diskriminieren. Und die NPD behauptet, dass die Ausweisung von Ausländern die beste Lösung für alles ist. Alle diese Ansätze sind ungefähr so genial, als würde man Verdurstenden in der Wüste UV-Schutzcreme empfehlen, weil die doch da so eine intensive Sonnenstrahlung haben. Und deswegen glaubt ja auch die Partei Bibeltreuer Christen, das Beste sei, an den Herrn zu glauben. Und ich glaube, das ist dann doch von allen Vorschlägen tatsächlich die beste Idee.

Also stellen Sie sich mal wieder vor, Sie würden nach wie vor im Rostauto ihres Vertrauens über die Autobahn fahren, und plötzlich blinkt ein kleines Lämpchen auf, weil die Bremsflüssigkeit knapp wird. Was machen Sie? Sie peilen die nächste Werkstatt an, um den Schaden reparieren zu lassen. Logisch. Wehe aber, Sie haben Mitfahrer verschiedener Parteien im Wagen sitzen. Dann können Sie mit anhören, wie erwachsene Menschen sich darüber streiten, welche Farbe draußen am Auto der neue Lack haben soll, und das, während Sie mit 180 km/h weiterfahren. Ich wünsche eine gute Reise.

Wer Visionen hat, soll zum Arzt gehen

Selbstverständlich gibt es auch parteiübergreifende Überlegungen, wie zum Beispiel die Verkürzung der gymnasialen Schulausbildung auf ein G8-Modell. Oder die Erhöhung des Renteneintrittsalters auf 67. Das würde helfen. Fürs Erste. Später irgendwann müssen wir das Alter für den Schuleintritt natürlich auf fünf Jahre herabsetzen, das Abitur nach sieben Jahren erreichen und die Rente ab 70 einführen. Nur als Übergang, ist klar. Unsere Enkel werden vor der Geburt eingeschult, beim Windelwechseln ihre Ausbildung abgeschlossen haben und dürfen dann im Grab ihren wohlverdienten Ruhestand genießen. Allerdings nur, wenn sie mindestens 105 Jahre alt werden, anderenfalls müssen die Nachfahren Lebensdauerabschlagssteuer zahlen. Die wird es geben, wollen wir wetten?

Allerdings wäre damit unser kleines lustiges Problemchen immer noch nicht gelöst. Was macht man dagegen? Vielleicht wäre es klug, wenn wir alle einfach aufhören würden, Steuern zu hinterziehen. Bei einer Staatsverschuldung von 1,94 Billionen und einer jährlichen Hinterziehung von 100 Milliarden hieße das, nach 15 Jahren wären wir so gut wie schuldenfrei. Und wenn zusätzlich unsere Politiker und Beamten dann noch aufhören würden, jedes Jahr 30 Milliarden zu verschwenden, dann bekämen wir sogar Dividende. Von den Zinsen könnten wir unsere Renten bezahlen. Und von den Zinseszinsen würden wir unsere Politiker bezahlen. Aber dieses Privileg werden sich unsere Wirtschaftsbosse natürlich nicht nehmen lassen, und auch unser kleines lustiges Problemchen würde das nicht wirklich lösen.

Was also tun? Wolfgang Grupp, Chef des Bekleidungsherstellers Trigema, sagt, die Lösung sei eine neue Unternehmenskultur. Alle Unternehmer geloben im Chor: «Wir verzichten ab sofort auf den Super-Mega-Spitzen-Profit. Und mit ganz normalen Umsätzen geht es uns noch immer besser als 99,9 Prozent der Weltbevölkerung. Probleme entstehen nur, wenn man zu gierig wird. Das Spielchen spielen wir aber nicht mehr mit. Und deswegen geloben wir feierlich, erstens freiwillig darauf zu verzichten, die Produktion ins Ausland zu verlagern, und zweitens genauso freiwillig jedem Angestellten Mindestlohn und Kündigungsschutz und all seinen Kindern noch eine Arbeitsplatz-Garantie zu geben. Zu guter Letzt geloben wir außerdem, dass unsere Fernsehwerbung ab sofort nur noch von Schimpansen moderiert wird.»

Das wäre von allen Lösungsvorschlägen vermutlich der realistischste, aber wie sagte schon Altkanzler Helmut Schmidt? «Wer Visionen hat, soll zum Arzt gehen.» Womit wir wieder bei unseren Neoliberalen wären, denn die sagen, die Lösung sei Privatisierung. Das Wort stammt vom lateinischen «privare» und heißt übersetzt «berauben», was ich auch nicht wusste. Aber genau das passiert dabei. Dinge, die wir über Jahre mit unseren Steuergeldern aufgebaut haben, wie beispielsweise Nahverkehr, Abwassersysteme, Müllentsorgung et cetera, verkaufen die von uns gewählten Bürgermeister, Kämmerer und Stadtverordneten an private Betreiber. Warum? Weil sie Geld brauchen. Warum brauchen sie Geld? Weil sie leere Stadtkassen füllen müssen. Warum müssen sie leere Stadtkassen füllen? Weil sie ein kleines lustiges Problemchen mit ihrer Bank lösen müssen. Sachen gibt's.

Und wenn aber die von uns gewählten Provinzpolitiker

die von uns finanzierte Infrastruktur an diese privaten Betreiber verkauft haben, dann kommt das ganz Geniale. Dann nämlich mieten sie das von diesen privaten Betreibern an. Wie ein Immobilienbesitzer, der 30 Jahre lang sein Häuschen abbezahlt und es dann verkauft, um es anschließend von diesem Käufer zu mieten. «Cross-Border-Leasing» nennt sich das. Klingt ein bisschen nach Borderline und führt tatsächlich auch zu ähnlicher Unzurechnungsfähigkeit.

Andere schlagen vor, solche Politiker gleich mit zu verkaufen, nach dem Motto: Wenn schon Müllentsorgung, dann auch richtig. Und dann können sich diese Kommunalstrategen ihre Gehälter auch von privaten Investoren bezahlen lassen. Das wäre schon mal eine erste Lösung. Was aber macht man zur Lösung des kleinen lustigen Problemchens?

Es gibt Bürgerinitiativen, die fordern «bedingungsloses Grundeinkommen für alle». Oder: «Bürgergeld statt Hartz IV». Finde ich eine prima Sache. Und zwar ungefähr so prima, als würde man versuchen, eine Blutvergiftung mit Hustenbonbons zu heilen. Und jetzt gucken wir uns noch mal diese wunderschöne Idee der Kapitalismuskritiker an, die vorschlagen, Banken zu trennen, damit sie sich auf ihr Kerngeschäft reduzieren und nur noch Kredite vergeben können. Na, finden Sie das immer noch eine gute Lösung für das kleine lustige Problemchen? Mal ehrlich, genauso gut könnte man auch fordern, dass der Bock unter Umgehung des Gärtners direkt zum Landwirtschaftsminister wird.

Ein Bock im Gemüsegarten

Von der Landwirtschaft zum Gemüse ist es nur ein kleiner Schritt, was Thilo Sarrazin wiederum veranlasst hat, zur Lösung des kleinen lustigen Problemchens vor den Gemüsehändlern in Deutschland zu warnen. Und zwar vor allem vor den türkischen. Denn die seien unproduktiv. Und wenn es einen Sinn des Lebens gibt, dann den, produktiv zu sein. Und was produktiv ist und was nicht, das bestimmt der Thilo. Und der Thilo sagt, wenn es in einer Bevölkerungsgruppe unproduktive Leute gibt, muss man am besten diese ganze Gruppe unter Generalverdacht stellen. Diese Thilosophie klingt zunächst mal nicht nur total logisch und plausibel, sondern auch komplett nachvollziehbar und überzeugend.

Allerdings führt mich das zu der Frage, ob wir nach erfolgreicher Bekämpfung der ersten unproduktiven Gruppe aufhören müssen oder konsequent bei der zweitunproduktivsten dann weitermachen dürfen. Zum Beispiel bei den spanischen Gemüsehändlern oder bei den holländischen? Und wenn wir die dann erfolgreich bekämpft haben, wie viele unproduktive Gemüsehändler müssen wir dann noch bekämpfen, bis wir endlich entdecken, dass es in Deutschland vor allem noch eine ganz andere unproduktive Minderheit gibt, die sich auf Kosten der übrigen Bevölkerung breitmacht, nur dass man die nicht unbedingt in Berlin-Neukölln antreffen kann, sondern eher im Zentrum von Frankfurt/Main.

Deswegen war es auch ganz bestimmt nur ein Zufall, dass mit Thilo Sarrazin ausgerechnet ein Banker – zudem ein Bundesbanker, noch dazu aus dem Vorstand der Deutschen Bundesbank – in Zeiten «der schwersten Krise seit 1929» monatelang nichts Wichtigeres zu tun hatte, als ein Buch zu schreiben, um die Stoßrichtung eines zukünftigen Unmutes in der Bevölkerung präventiv von den Verursachern dieses Unmutes abzulenken. Denn was gibt es Praktischeres für den wütenden Mob, als zu wissen, dass er bei Ausbruch der nächsten Krise seinen Frust gleich beim Türken nebenan abbauen kann, statt ins nächste Bankenviertel laufen zu müssen?

Denn in den Bankenvierteln dieser Welt arbeiten ja wirklich produktive Leute. Noch mal zur Erinnerung: Die sind so produktiv, die schlagen zur Lösung des kleinen lustigen Problemchens vor, dass man Kredite zu Werten erklärt und diese Wertpapiere zum Weiterverkauf anbietet. Und wer so was ankaufen will, kann das sogar über einen Kredit finanzieren. Und falls ein Kredit mal platzen sollte, kann man sich zuvor mit Kreditausfallversicherungen gegen den Verlust absichern. Und das alles in einem kreditfinanzierten Geldsystem. Ist das nicht von geradezu göttlicher Genialität? Das ist so, als würde man Leukämie mit Eigenbluttherapie behandeln. Es gibt Ameisenarten, deren geistiger Horizont weiter reicht. Vor allem wenn sie knien.

Richtige Schlaumeier geben übrigens zum Besten, dass dieses System von den Rockefellers und den Rothschilds und der gesamten «jüdischen Hochfinanz» (wer auch immer das eigentlich sein soll) in einer gigantischen und raffinierten Verschwörung erfunden wurde, um den Rest der Welt zu knechten. Mit anderen Worten: Die haben ein System erfunden, in dem völlig unkontrolliert u. a. auch Araber oder Antisemiten profitieren wie Bolle. Das ist der Beweis! Irgendwas stimmt da nicht mit diesen Genen. Man weiß nur noch nicht, ob mit den jüdischen oder den arabischen. Vielleicht kann Herr Sarrazin uns das demnächst noch mal genau erklären.

Wieder andere schlagen vor, zur Lösung des kleinen lustigen Problemchens die Zinsen abzuschaffen. Die Zinsen machen alles kaputt, und deswegen müssen die weg. Hm, dann rechnen wir doch noch mal durch. Wenn Opi seinen vier Nachfahren am Monopolybrett 400,– Euro als Kredite zur Verfügung stellt und dafür keine Zinsen will, dann will er aber diese 400,– Euro trotzdem zurückhaben, notfalls auch ragoutweise, also in Raten, aber nichtsdestotrotz will er das Geld zurück, und zwar komplett. Das heißt, wenn alle sich gegenseitig Waren und Dienstleistungen, also Häuser, Hotels, Übernachtungen mit und ohne Frühstück, Glücksbücher, Casting-Shows et cetera, tauschen, handeln und mit Geld bezahlen, sind am Ende trotzdem die 400,– Euro nicht mehr im Spiel, sondern an Opi zurückbezahlt. Und das heißt nach wie vor, dass Geld zu sparen, sprich, auf die hohe Kante zu legen, immer noch für jemand anderes das Problem verschärft, seinen Kredit zurückzahlen zu können. Ohne Zinsen führt der Raubtierkapitalismus dann zwar zum Aussterben der Finanzhaie. Aber Blutegel und Zecken gibt es nach wie vor, und auch die können ziemlich lästige Viecher sein.

Der Tunnel am Ende des Lichts

Die richtigen Fachidioten – Sie erinnern sich an das eine Prozent der Menschheit? –, die sagen, es gibt im Grunde nur eine einzige effektive Maßnahme. Und die besteht darin, dass der Staat regelmäßig neue Schulden aufnimmt, um Geld in Umlauf zu bringen. Damit kann der Kollaps einigermaßen verhindert werden, und zwar ziemlich lange. Also mindestens für die nächste Legislaturperiode. Und mal ehrlich, was sind schon Schulden? Schulden zu haben bedeutet: Einnahmen, die man in der Zukunft erwartet, sich heute schon ausbezahlen zu lassen. Und Zukunft ist ja ein weitgefasster Begriff. Wann endet Zukunft? Die Schulden eines Staates müssen doch sowieso künftige Generationen abbezahlen. Und wie viele künftige Generationen künftig künftige Generationen sein werden – da gibt es ja noch so viel Zukunft in der Zukunft!

Wir haben eine Staatsverschuldung von zirka 1,94 Billionen Euro. Unsere Steuereinnahmen betragen jedes Jahr im Schnitt rund 500 Milliarden Euro. Mal mehr, mal weniger.

Das aber heißt: Im Moment haben wir eine Staatsverschuldung, die uns die gesamten Einnahmen für die nächsten vier Jahre auffrisst. Also ohne neue Schulden müssten wir ab heute (Stand 2011) bis zirka 2015 arbeiten, um alles wieder zurückbezahlt zu haben. Mal ehrlich, jeder Häuslebauer würde sich bei solchen Laufzeiten doch vor Freude Pipi in die Hosen machen. Was spricht also dagegen, uns heute schon mal unsere Einnahmen bis zum Jahr 2020 ausbezahlen zu lassen? Oder bis zum Jahr 2050? Oder wie wär's mit dem Jahr 3100? Warum sollen wir uns denn nicht heute schon mal die Einnahmen aus dem Jahr 3100 ausbezahlen lassen? Kann sein, dass im Jahr 3100 gar keine Menschheit mehr existiert. Dann ist es doch auch egal! Und wenn da doch noch Menschen existieren, bei wem wollen die sich dann beschweren?

Man muss einfach mal die Denkblockaden auflösen, mal nicht so kleinkariert denken. Wenn in einer globalisierten Welt der Raum begrenzt ist, muss man eben die Zeit ausdehnen. Bei den privaten Krankenkassen klappt das schließlich auch. Und man muss ja nicht beim Jahr 3100 aufhören. Warum nicht gleich bis zum Jahr 31000 denken? Oder bis zum Jahr 476000? Und die Menschen, die dann leben, lassen sich eben schon mal die Einnahmen aus dem Jahr 1500000 ausbezahlen. Wo ist das Problem? Die Sonne verglüht doch erst in ungefähr fünf Milliarden Jahren. Wir könnten uns heute schon mal die Einnahmen aus dem Jahr 4,9 Milliarden ausbezahlen lassen, und die Menschen, die dann leben, die spannen aus Steuergeldern einen Schutzschirm auf gegen aggressive Spekulanten. Und noch einen zweiten gegen aggressive Sonneneinstrahlung.

Also wenn wir wollen, dass dieses Finanzsystem nicht kollabiert, gibt es im Grunde nur diese eine Chance. Nämlich, dass der Staat ständig Schulden macht. Aber Moment mal! Da war doch was? Richtig! Unsere Politiker, die von uns gewählten Volksrepräsentanten haben doch gerade erst – mir ist, als wäre es erst gestern gewesen – etwas ins Grundgesetz aufgenommen, etwas – wie hieß das noch? Wie hieß denn das noch? Ach, ja! Richtig! Schuldenbremse! In Worten: Schulden und Bremse. Wahrscheinlich hat die Regierung inzwischen herausgefunden, wie man für Verdurstende in der Wüste aus Sonnencremes wertvolles Trinkwasser herstellt.

Kohlenstaub

Also noch einmal: Unsere Regierung will in vollstem Anbetracht unseres Finanzsystems darauf verzichten, Geld in Umlauf zu bringen. Ab 2011 ist der Staat verpflichtet, jährlich zehn Milliarden weniger Schulden zu machen als im Vorjahr. Ab 2016 darf der Staat gar keine neuen Schulden mehr machen. Angela Merkel hat im März 2010 gesagt: «Die Schuldenbremse ist so was wie die Leitplanke, aus der wir nicht mehr herauskommen.» So eine wagemutige Aussage war ich von unserer Kanzlerin gar nicht mehr gewohnt. Hätte sie jetzt noch «Leidplanke» gesagt, hätt ich ihr auch zugestimmt.

Gott sei Dank steht aber auch im Grundgesetz, dass die Regierung in Notsituationen und Krisen die Schuldenbremse in die Tonne kloppen und unsere Notenbank die Druckerpresse anschmeißen darf. Und das ist doch eine schöne Zwickmühle. Denn wenn wir keine Schulden machen, dann wirds Geld irgendwann knapp. Und der Preis, den wir dafür bezahlen, hört auf den Namen Pleitewelle. Auch bekannt als Hypo Real Estate, WestLB, Commerzbank, BayernLB, HSH Nordbank et cetera. Und wenn so eine Situation dann keine Notsituation ist, ja was denn dann? Also hätten wir dann Gott sei Dank einen Anlass, neue Schulden zu machen.

Machen wir aber neue Schulden, dann wird's Geld irgendwann zu viel. Und der Preis, den wir dafür bezahlen würden, ist die Inflation. Wobei das viele schöne und überschüssige Geld zunächst mal nur in Aktien, Anleihen oder Immobilien gesteckt wird. Damit werden dann die Preise für diese Aktien, Anleihen oder Immobilien in die Höhe getrieben, ohne dass die tatsächlichen Werte in der Realwirtschaft auch wertvoller geworden sind. (Sie erinnern sich an das Kapitel mit unserem Apfelbaum?) Bis es dann wieder zu dem Moment kommt, in dem die Realität den Märkten so weit hinterherhinkt, dass die virtuellen Werte zusammenkrachen. Dann fließt das ganze überschüssige Geld in die Realwirtschaft. Und weil dort aber nach wie vor gar nicht so viele Waren im Angebot sind, wie Geld zur Verfügung steht, steigen die Preise. Worauf die realen Werte jetzt wieder interessant werden für Spekulanten, die dann wieder loszocken mit Aktien, Anleihen oder Immobilien und deren Kurse aufs Neue höher treiben, ohne dass es dafür eine tatsächliche Grundlage gäbe.

Dieses Spielchen kann man so lange wiederholen und wiederholen, bis sich die Inflationsraten so schnell erhöhen, dass auf der Speisekarte beim Betreten eines Restaurants kleinere Zahlen stehen als beim Erhalt der Rechnung. Und das Datum auf dem Geldschein, mit dem man bezahlt, ist nicht mehr der Termin der Herausgabe, sondern das Verfallsdatum. Und weil sich unsere Kohle auf diese Weise aus dem Staub macht, bekommt der Begriff «Kohlenstaub» eine völlig neue Bedeutung. Der Fachbegriff dafür lautet: «Hyperinflation». Oder auf gut Deutsch: Rien ne va plus.

Phönix aus der Asche

Das ist dann der Moment, in dem gar nichts mehr geht. Und dann gibt es etwas, das nennt sich Währungsreform. Und die ist lustig. Denn die ist das beste Beispiel dafür, dass die Rettung einer Währung nicht unbedingt alternativlos ist. Es gibt ja inzwischen selbst Kabarettisten, die behaupten, dass die Rettung der Banken alternativlos sei. Und zwar mit der Begründung, dass es nämlich sonst keine Kindergärten mehr geben würde. Das klingt so ähnlich wie Erich Honeckers «Den Sozialismus in seinem Lauf halten weder Ochs noch Esel auf». Der Honecker glaubte nämlich auch mal, dass die Ostmark alternativlos sei. Und dann kam es erst zum Fall der Mauer und danach zu einer Währungsreform. Und was ist passiert? Die Kindergärten in Ostdeutschland haben davon wunderbar profitiert.

Eine Währungsreform könnte nämlich so organisiert werden, dass der Wert von Guthaben nicht so stark abgewertet wird wie der Wert von Schulden. Vermögenswerte werden beispielsweise halbiert, Schulden aber gezehntelt. Das heißt, dass ein Vermögen von 100,– Euro danach nur noch 50,– Euro wert ist, 100,– Euro Schulden aber nur noch 10,– Euro. Im härtesten Fall wird vielleicht sogar alles auf null gesetzt, und jeder Bürger bekommt dann von der neuen Währung einen Hunderter, egal, wie viel man vorher hatte. Und wer sich zuvor noch auf Pump ganz viele Sachwerte besorgt hat, darf die behalten und muss aber nichts mehr dafür abzahlen. So sind dann nach so einer Währungsreform alle redlichen und verantwortungsvoll Handelnden die Gelackmeierten, und genau die Brüder, die mit ihrer kurzsichtigen Verschwendungssucht den ganzen Schlamassel angerichtet haben, werden für ihr Verhalten belohnt. Das klingt nicht nur nett – nur so macht eine Währungsreform überhaupt Sinn. Wenn Sie Guthaben und Schulden gleichsam neu bewerten, können Sie ja alles beim Alten lassen. Und wer will das schon? Also müssen Schulden hinterher stärker entwertet sein als Guthaben. Was aber logisch ist, denn wenn Sie einen Tumor wegoperieren, entfernen Sie ja auch nicht genauso viel gesundes Gewebe. Na, sehen Sie?

Gold und Silber kann man nicht essen

Deswegen gibt es ja auch Leute, die vorschlagen, dass man sich am besten Gold besorgen soll. Und zwar nur Gold, also nur echtes, also physisches Gold. Keine Zertifikate oder sonstigen Papiere, die Ihnen ein Anrecht auf Gold versprechen. Vergessen Sie nicht, was ein Stück Papier wert ist. Vor allem, wenn Sie erfahren, dass auch bei diesen Zertifikaten inzwischen bereits mehr Felle verkauft wurden, als es Bären gibt. Wenn alle Inhaber dieser Zertifikate gleichzeitig zur Bank rennen, um den Gegenwert in Gold eintauschen zu wollen – na, inzwischen wissen Sie ja, wie dieser Satz zu Ende geht.

Und deswegen empfehlen ein paar sehr besorgte Leute, dass man sich physisches Gold besorgen soll. Weil das das Einzige ist, das immer schon einen Wert hatte. Und wenn das Finanzsystem zusammenbricht, dann wird man mit ein bisschen Gold zum reichsten Pascha im Viertel. Und das scheint für einige Zeitgenossen ein dringendes Bedürfnis zu sein. Was dabei nur gerne übersehen wird: Wenn das Finanzsystem wirklich zusammenbrechen sollte, dann könnte eine Regierung auch einfach den Privatbesitz von Gold verbieten und unter Strafe stellen. Dann sollte man lieber Käthe-Kruse-Puppen besitzen. Wie bitte? Das klingt absurd? Das ist so schon mal geschehen. Kein Witz.

1933 in den USA. Da hatte Präsident Franklin D. Roosevelt den Privatbesitz von Gold unter Strafe gestellt. Und wenn Sie dann mit Gold einkaufen gehen wollten, wurden Sie vom Pascha zum Partisanen. Da konnte man nur froh sein, dass das Finanzministerium nicht auch noch Zahnärzte rumschickte, um für die Goldfüllungen der Bürger eine Gebühr zu verlangen. Sie halten das für abwegig? Vergessen Sie nicht, dass im Moment einer Währungsreform bei uns dann vielleicht immer noch ein gewisser Jörg Asmussen das Sagen hat. In den USA wurde die Strafe für privaten Goldbesitz übrigens erst 1974 wiederaufgehoben. Und als was bezeichnen sich die USA in ihrer Hymne? «The land of the free». Ja, nee, is' klar.

Deswegen sagen wieder ganz andere, ganz besorgte Leute: Gold und Silber kann man nicht essen. Und deswegen sei es am besten, wenn man sich ein kleines Stückchen Land besorgt und sich dem Anbau eigener Nutzpflanzen widmet – auch nicht schlecht. Das Problem ist nur, woher man sich die Waffen beschafft, um im Falle eines Zusammenbruchs unseres Finanzsystems seine Bohnen- und Tomatensträucher zu verteidigen? Ich sehe es direkt vor mir, wie der Senioren-Schrebergartenverein eine Flak in Stellung bringt, um seine Parzellen zu schützen. Das wird aber auch nichts nutzen. Spätestens wenn Thilo Sarrazin um die Ecke kommt und Probleme mit Ihrem Gemüsehandel hat, müssen Sie aufgeben.

Ein Gesellenstück der anderen Art

Gut, jetzt fragen Sie sich vielleicht: Kann denn der Butzko eigentlich nur draufklopfen? Immer nur alles in den Dreck ziehen? Das ist doch keine Kunst. Wo bleiben bitte schön die

Gegenvorschläge? Die Alternativen? Die positiven Aussichten? Jedes Buch, das Kritik übt, muss doch auch Lösungsvorschläge anbieten! Ja sicher. Mach ich doch gerne. Damit ich mich nahtlos einreihe in die Riege der Spinner und Bekloppten, von denen es ja nicht schon genug auf der Welt gibt!

Kennen Sie zum Beispiel Silvio Gesell? Schon mal von dem gehört? Silvio Gesell lebte von 1862 bis 1930, und der war nicht nur voll bekloppt, der hatte sogar richtig einen an der Waffel. Aber wirklich richtig. Wissen Sie, was der gesagt hat? Der hat gesagt, das Problem sei, dass Geld überhaupt gehortet werden kann, um dafür Zinsen zu kassieren. Und das sei widernatürlich, und deswegen müsste man das Finanzsystem wie die Natur organisieren, nämlich vergänglich. Und dann hat dieser bekloppte Gesell vorgeschlagen, dass man das System so ändern soll, dass man für Sparguthaben nicht Zinsen erhält, sondern zahlen muss. So was Bekloppten, oder?

Denken Sie das mal für sich konsequent durch: Sie haben 100,– Euro auf dem Konto, und wenn Sie das nicht ausgeben, haben Sie einen Monat später nur noch 99,– Euro auf dem Konto. Und einen weiteren Monat später nur noch 98,– Euro und so weiter. Stellen Sie sich mal vor, was das für Konsequenzen hätte. Wenn Sie reich werden wollen, müssten Sie tatsächlich arbeiten gehen. Ja, wo gibt's denn so was?

Und so ginge es dann aber nicht nur Ihnen, sondern allen. Wo soll das denn enden? Denken Sie darüber mal nach. Was würde passieren? Irgendwann würden Sie sich sagen: Weil ich keinen Wertverlust haben will, gebe ich das Geld doch lieber aus und kauf mir etwas Schönes. Und jetzt stellen Sie sich mal vor, wenn das dann alle machen würden. Ein unaufhaltsamer Geldfluss, blühender Handel mit Waren, Gütern und Dienstleistungen. Denken Sie das bitte konsequent zu Ende! Wollen Sie das wirklich? Reichtum für alle?

Ein ganzes Volk, das vor lauter Wohlstand nicht weiß, mit welchem Champagner man den Swimmingpool fluten lassen soll. Also den einen hinterm Haus. Den zweiten im Vordergarten haben Sie ja bereits mit Kaviar aufgefüllt. Und wo wollen Sie in Ihrer vierstöckigen Villa mit zwölf Badezimmern überhaupt noch einen Fuß auf den Boden setzen? Ist doch alles voll mit Designer-Möbeln, 50 000-Watt-Dolby-Surround-Boxen und Chihuahuas beziehungsweise deren Kötteln. Stellen Sie sich das bitte vor: ein Volk von Messies in Überfluss und Verschwendung. Müllberge, die in Neapel nur ein müdes Gähnen verursachen. Das würde doch nie gutgehen, oder?

Gut, man hat das mal ausprobiert. Zwei Jahre nach Gesells Tod hat man dieses System mal eingeführt, und zwar in Schwanenkirchen im Bayerischen Wald. Außerdem auf der Insel Norderney und in Wörgl in Österreich. Und jetzt kommt's: Da ist es gutgegangen. Aber das war vermutlich nur Glück. Das war nämlich rein zufällig genau zu der Zeit, als auf dem restlichen Planeten die Weltwirtschaftskrise tobte. In diesen Gesell-Finanz-Biotopen aber blieb es relativ ruhig und stabil. Keiner weiß, wieso. Ungefähr 200 Gemeinden in Deutschland, Österreich und der Schweiz standen kurz davor, das ebenfalls einzuführen, Frankreich und die USA hatten bereits Beobachter entsandt, um das Experiment zu studieren. Und dann?

Dann ist einigen Bankern aufgefallen, dass das ihr Ruin wäre. Und dann? Dann haben diese Banker ins Gesetzbuch geguckt und gesagt, dass das verboten ist. Und dann? Dann war die Sache damit erledigt. Dieser Gesell hatte echt gedacht, er könne sich mit den Banken anlegen. Also, wenn das kein Beweis dafür ist, wie bekloppt der war?

Tausche Beeren gegen Bären

Das Einzige, was rudimentär davon übrig geblieben ist, sind Tauschringe. Und wenn es nur den Zentralbanken erlaubt ist, Geld in Umlauf zu bringen, und dieses System weder geändert noch in seinem ruinösen Verlauf gestoppt werden kann, dann gibt es immer noch die Möglichkeit, Handel mit Waren und Gütern wie in der Steinzeit ganz ohne Tauschmittel durchzuführen. Sie erinnern sich an unsere Vorfahren in der Höhle. Das ist etwas, was Sie tatsächlich machen können. Sie können einem Tauschring beitreten. Davon gibt es in Deutschland etliche, und die sind legal und nicht verboten und sogar weit verbreitet. Damit wird das kleine lustige Problemchen zwar auch nicht gelöst, aber wer da mitmacht, löst zumindest sich selbst davon.

Das Prinzip ist ganz einfach: Wenn Sie Brot backen können, dann geben Sie einem Kunden Ihr Brot nicht gegen Geld, sondern gegen etwas, was dieser Kunde Ihnen zu bieten hat. Wenn der zum Beispiel einen Kopfstand machen kann, dann buchen Sie den für Ihren nächsten Kindergeburtstag. Und wenn Sie zwei Kinder haben, kann der sich sogar ein zweites Brot bei Ihnen kaufen. Er muss sich halt nur sehr dünne Scheiben abschneiden, um sich den Rest des Jahres davon ernähren zu können. Aber was früher in der Höhle geklappt hat, klappt auch heute wieder. Und wird vielleicht auch in der Zukunft wieder vermehrt klappen müssen.

Sie können tatsächlich einem Tauschring beitreten. Die gibt's und die sind offen für jeden. Und dann gehen Sie da hin und bieten eine Handvoll Beeren zum Tausch gegen eine Handvoll Bären an. Das Einzige, worauf Sie dringend achten müssen: Tauschen Sie bloß nicht einmal mit dem Kopf vor die Wand rennen gegen einmal FDP wählen. Sonst müssen Sie dieses Buch wieder von vorne lesen.

Noch mal von vorne

Ich habe einmal gehört, wenn man alles Geld auf der Welt gleichmäßig unter allen Menschen auf der Welt verteilen würde, hätte jeder eine Million Euro. Und bereits nach einer halben Stunde wären die ersten Leute wieder total pleite. So weit, so bekannt. Nach zehn Jahren aber – und jetzt halten Sie sich gut fest – wäre alles wieder genau so verteilt, wie es heute der Fall ist. Habe ich jedenfalls so gehört. Der Hammer, oder? Kann aber auch sein, dass das gar nicht stimmt. Vermutlich ist das erst später der Fall. Oder früher. Oder vielleicht doch genau nach zehn Jahren? Sie sehen, wie unanfechtbar wirtschaftswissenschaftliche Erkenntnisse sind.

Deswegen vergessen Sie nicht: Alles, was ich hier geschrieben habe, habe ich mit eigenen Augen gesehen. Ob das aber auch der Wahrheit entspricht, kann ich nicht garantieren. Vielleicht haben Sie soeben ein komplettes Buch voller Mist gelesen. Weil ich keine Ahnung von Wirtschaftsdingen habe, außer von denen in Gelsenkirchen.

Deswegen: Unabhängig davon, ob Sie sich beim Lesen meiner Ausführungen bloß gut unterhalten oder darüber hinaus auch noch bestätigt gefühlt oder sogar eventuell was Neues dazugelernt haben, es wird Zeit, das Buch beiseitezulegen und es wie unsere «Wir-AG» zu halten. Die hat nämlich nach dieser Erkundungstour durch den Wirtschaftswahnsinn beschlossen, ab sofort öfter einen Betriebsausflug zu machen. Sie wissen schon: mal wieder eine Runde spazieren gehen, in die Sonne blinzeln, den Wind auf der Haut spüren, einen Sternenhimmel bei wolkenloser Nacht bewundern, klasse Musik hören, ins Theater gehen, mit guten Freunden ein gutes Essen genießen. Und wer weiß, vielleicht spielt ja heute noch irgendjemand gegen den FC Bayern München. Toi, Toi, Toi!

Ackermann, Josef

Chef der Deutschen Bank, Erfinder des Victory-Zeichens, nimmt keine Hilfe vom Staat an. Verkündet in einem Satz 1,88 Mrd. Euro Quartalsgewinn sowie die Entlassung von 6000 Angestellten. Die werden dann in Sozialversicherungssystemen vom Steuerzahler aufgefangen. Mit anderen Worten: Herr Ackermann nimmt keine Hilfe vom Staat an.

Bank

➡ 1. Geldinstitut, ohne das man am Leben nicht teilnehmen kann.

➡ 2. Sitzgelegenheit im Stadtpark. Schlaflager für Leute, die versuchen, ohne Geldinstitut am Leben teilzunehmen.

Cross-Border-Leasing

Kommunalpolitiker verkaufen öffentliche Infrastruktur an Privatinvestoren, um sie dann von diesen zu leasen. Ungefähr so, als würde man 30 Jahre lang sein Häuschen abbezahlen, und kurz bevor es einem endlich ganz gehört, verkauft man es, um es dann vom Käufer zu mieten.

Devisen

Ausländische Zahlungsmittel (zum Beispiel Schweizer Franken), nicht zu verwechseln mit Devise (= Motto). Außer, man hortet Schweizer Franken auf einem Schweizer Konto, dann ist eventuell Steuerbetrug mit Devisen die Devise.

Einlagensicherungsfonds

➡ 1. Kein Sonderetat der Krankenkassen für Patienten mit Anspruch auf orthopädisches Schuhwerk.

➡ 2. Eine Geldreserve, die von allen Banken zusammengetragen wird, um den Kunden einer bankrotten Bank jeweils eine Entschädigung von 100 000,– Euro zu garantieren. Funktioniert aber nur, wenn lediglich eine Bank pleitegeht. Wenn alle Banken gleichzeitig bankrott sind, sollte man lieber Zigaretten, Nylons und Kartoffeln im Wert von 100 000,– Euro im Keller haben.

Finanzexperte

Jemand, der vor Ausbruch der Finanzkrise nicht die leiseste Ahnung davon hatte, was sich da zusammenbraut, seitdem aber ganz genau weiß, wie es dazu kommen konnte.

Finanzsystem

Bricht zusammen, wenn zehn Prozent aller Bankkunden ihre Rücklagen bar ausgezahlt bekommen wollen. Dieses System ist direkt von der Natur abgeguckt: In den Adern eines Menschen befindet sich nämlich auch zu 90 Prozent heiße Luft, und Blut ist immer nur an der Stelle, an der es gerade gebraucht wird. (Männer können das bestätigen.)

Gehalt

Anderes Wort für Lohn. Früher gerne in der Tüte, heute eher in der Pfeife zu rauchen, nicht immer unbedingt gehaltvoll.

Inflation

Wenn von einer Ware mehr angeboten wird, als Nachfrage besteht, verliert diese Ware an Wert. Ausnahme: Geld. Diese Ware kann auch an Wert verlieren, obwohl die Nachfrage immer größer sein wird als das Angebot.

Insolvenz

Jedes Unternehmen muss jederzeit alle Rechnungen beglei-chen können, andernfalls ist es gesetzlich verpflichtet, Insol-venz anzumelden. Ausnahme: Banken. Bei denen heißt das nicht Insolvenz, sondern Normalzustand.

Investmentbanker

Anderes Wort für Spekulanten (siehe auch: Börsenzocker, Schweinepriester, Drecksäcke, Talibanker).

Kapitalismus

Apfelmus wird aus Äpfeln hergestellt, Pflaumenmus aus Pflaumen. Aber wer ist eigentlich dieser Kapitalis? Vermut-lich ein Grieche, oder?

Kapitalismuskritik

Methode, mit der man viel Geld verdienen kann (siehe auch den Preis für dieses Buch).

Kredit

Geld, das die Bank verleiht. Bekommt man nur, wenn man Sicherheiten bieten kann. Mit anderen Worten: Wenn man wirklich einen braucht, bekommt man keinen (siehe auch: die unerträgliche Seichtigkeit des Leihens).

Kreditausfallversicherung

(siehe auch: Credit Default Swaps = Fauler Kredite Schwips)

Eine Versicherung ersetzt den Verlust von geplatzten Krediten. Wird als Wertpapier gehandelt. Ungefähr so, als würde Ihr Nachbar eine Versicherung erwerben, die ihn dann ausbezahlt, wenn Ihr Haus abbrennt. Ich wünsche ent-spanntes Schlafen.

Leerverkäufe

Warenhandel ohne Waren.

A: «Ich verkaufe dir eine Kiste Bier für 20,– Euro.»

B: «Einverstanden. Ich kenn aber einen, der verkauft die mir für 17,– Euro.»

A: «Gut, dann krieg ich von dir noch 3,– Euro, und wir sind quitt.»

Pumps

➡ 1. Aufforderung an jemanden, Geld zu verleihen.

➡ 2. Hoher Damenschuh (siehe auch: Absatzschwierigkeiten und Blasenbildung).

Rating-Agentur

➡ 1. Management des Kabarettisten Arnulf Rating.

➡ 2. Unternehmen, das bei Finanzanlageprodukten die Renditechancen für die Zukunft überprüft (siehe auch: Gruselgestalten, die nachts im Fernsehen auf hinten platzierten Kanälen Tarotkarten legen).

Renten

Die sind sicher! Allerdings nur, wenn es sich dabei um den Ertrag eines verzinslichen Wertpapieres handelt. Die heißen nämlich auch Renten. Wenn es sich aber um Ihre Altersvorsorge handelt, sollten Sie vielleicht lieber verzinsliche Wertpapiere kaufen.

Sicherheiten für die Ansprüche der Bank gegen den Kunden

Paragraph in den «Allgemeinen Geschäftsbedingungen» eines jeden Geldinstituts. Da wird es offen zugegeben: Eine Bank ist gegen den Kunden! Wer in diesen «Allgemeinen Geschäftsbedingungen» den Paragraphen «Sicherheiten für die Ansprüche des Kunden gegen die Bank» suchen möchte, möge viel Proviant mitnehmen und mich kontaktieren, wenn er ihn gefunden hat.

Stresstest
Banken simulieren eine Krisensituation. Das ist ungefähr so, als würden Sie tief Luft holen und dann mal gucken, wie lange Sie Ihren Kopf unter Wasser halten können.

Stress
Jemand hält Ihren Kopf länger unter Wasser, als Sie Luft geholt haben.

Verdienst
Ein Einkommen, das nicht immer wirklich verdient ist (siehe auch: Managergehälter).

Vertrauen
Laut Deutscher Bank der Anfang von allem (siehe auch Misstrauen – das dicke Ende kommt zum Schluss).

Vorstellungsvermögen
Vermögen, das man sich vorstellt.

Zumwinkel, Klaus
Idol aller Steuerhinterzieher (= zirka 80 Millionen Bundesbürger).

,36	↗	98,37	+1,01%	▮	+0,99	108,80		75,90	109.345.500	13:49
50	↗	112,55	+0,84%	▮	+0,95	126,00		98,20	216.851.318	13:49
9	↗	50,68	+0,81%	▮	+0,41	51,09		38,00	12.069.089	13:4
7	↗	28,55	+0,77%		+0,22	32,29		19,69	21.841.874	13:
	↗	40,00	+0,61%	▮	+0,25	51,56		36,02	101.469.718	13
	↗	7,11	+0,61%	▮	+0,04	8,31		4,13	64.102.028	1

↗ DANKSAGUNG

Im Laufe eines Kabarettistenlebens trifft man auf unzählige Leute, denen man zu Dank verpflichtet ist. Würde ich alle hier aufzählen, wäre meine Liste dafür so lang, dass ich unzählige Seiten damit füllen könnte. Aus diesem Grund kann ich die hier leider nicht alle erwähnen, auch wenn diese Liste womöglich gehaltvoller und spannender sein könnte als all das Geschreibsel und Geschwurbel über Wirtschaft und Finanzen. Aber da mir bei der Zusammenstellung dieses Buches ein paar sehr nette Menschen mit sehr konkreten Informationen und sonstigem Rat und Tat sehr nett zur Seite standen, bedanke ich mich an dieser Stelle also bei:

Christof Blome, Jörg Erb, Raimund Brichta, Hans Gerzlich, Michael Glebocki sowie dem unbekannten Banker, der namentlich nicht genannt werden möchte, und dem Kontoauszugsdrucker in der Bank meines Vertrauens.

HG.BUTZKO
Verjubelt

1 CD, 15,95 €

Ausgangspunkt für dieses Programm ist der legendäre Satz des Fußballspielers George Best, der mal sagte: „Das meiste Geld hab ich für Frauen und Autos ausgegeben. Den Rest hab ich verjubelt." Und schaut man sich um in der Welt, gewinnt man den Eindruck, als hätte diese Philosophie inzwischen Denken und Handeln in Politik und Wirtschaft komplett übernommen.